신발,
스타일의
문화사

신발,
스타일의
문화사

**샌들, 부츠, 하이힐,
스니커즈에 담긴
시대정신과 욕망**

엘리자베스 세멀핵 지음
황희경 옮김

아날로그

신발이라는 평범한 사물에 감춰진 놀랍고도 매혹적인 이야기

신발이란 무엇인가? 답은 꽤 명백하다. 이동성을 높이기 위해 발에 착용하는 것이다. 하지만 대부분의 신발은 실용적 기능을 훨씬 뛰어넘는 다양한 역할을 하며 종종 신체적 필요보다는 사회적 필요에 따라 디자인되고 사용된다. 예를 들어 윙 팁 옥스퍼드화wing-tip Oxford와 '실용적인' 힐의 경우를 살펴보자.

두 신발 모두 출근용 신발로 적절하고 때로는 필수적이라고까지 여겨진다. 하지만 디자인은 비즈니스 환경을 고려한 신체적 필요와는 크게 상관이 없다. 오히려 힐을 신으면 사무실에서 편하지도 않고 움직임에도 방해된다. 게다가 두 신발 모두 적절한 비즈니스 복장으로 공인되어 있지만, 서로 호환이 거의 불가능하다. 평범한 남성 은행가가 하루는 옥스퍼드화를 신고, 다음 날에는 하이힐을 신는 식으로 번갈아가며 원하는 대로 신발을 신을 수는 없다. 이 남성은 생물학적 필요 때문이 아니라 신발에 부여된 사회적 의미에 따라 신발을 선택한다. 만약 '부적절한' 신발을 선택했을 때는 손가락질을 받을 수 있을 정도로 고정된 사회적 인식이 신발에 매우 깊이 뿌리박혀 있다. 하이힐을 선택했다면 웃음거리가 될 테고, 발을 노출하는 샌들이나 튼튼한 부츠 또는 고급 브랜드의 스니커즈를 선택했더라도 대부분의 사람은 그가 상황에 맞지 않는 신발을 신었다고 생각할 것이다.

그저 신발을 신는 행위가 어쩌다 이렇게까지 큰 의미를 지니게 되었을까? 신발은 어떻게 사회적 정체성 구축에 중요한 역할을 하게 되었을까? 어떤 과정을 거쳐 특정 유형의 신발과 특정 신발 브랜드가 라이프 스타일과 신념 체계 전체를 대표하게 되었을까? 그리고 우리는 왜 신발에 그렇게 대단한 사회적 · 경제적 가치를 부여하고, 지금 같은 '신발 중독' 상태에 이르렀을까? 이는 발을 보호한다는 신발의 쓰임을 훨씬 넘어서는 신발의 역할을 살펴보면서 이 책에서 다루게 될 몇 가지 질문들이다. 이 책은 신발의 유형 분류 체계를 정리한 것도 아니고, 신발 제작 기법에 대한 연구나 스타일 변천을 알려주는 카탈로그도 아니다. 이 책에서는 문화 · 역사 · 경제 · 사회 정체성 구축과 관련 있는 신발의 의미와 중요성을 다룬다.

신발은 성별을 표시하고 충의를 표명하며 지위를 선언하고 저항을 표현하는 데 역사적으로 중요한 역할을 해왔다. 시간이 지남에 따라 매우 규범적이고 쉽게 해석할 수 있는 의미들이 부여됨으로써 광범위한 사회적 동맹부터 좀더 미묘한 개성의 표현에 이르기까지, 의미를 전달하기 위한 비언어적 표현으로서도 기능했다. 산업화의 결과로 오늘날에는 전례 없이 다양한 신발이 폭넓은 가격대로 제공되고 있다. 이에 따라 더 많은 소비자가 신발 선택을 통해 점점 더 미묘해지는 사회적 정체성의 차이를 표현할 수 있게 되었다. 실제로 시중에 나와 있는 신발의 종류는 놀라울 정도로 다양하다. 북미 소매업체인 노드스트롬 백화점의 웹사이트(www.nordstrom.com)만 간단히 살펴봐도 이 책을 쓰는 시점에 15,000개 이상의 각기 다른 신발을 판매 중이라고 나온다. 만약 노드스트롬에서 원하는 신발을 찾을 수 없더라도 오프라인이든 온라인이든 끊임없이 변화하며 매혹적인 새 모델로 소비자들의 관심을 끌기 위해 노력하는 상점들이 무수히 많으니 걱정할 필요는 없다. 좀더 독특한 상품에 관심 있는 소비자라면 중고 판매점, 빈티지 상점과 경매 웹사이트를 통해 과거에 출시된 매우 다양한 신발을 구할 수도 있다.

현대의 소비자들은 신발에서 영감을 얻어 만든 다양한 상품들도 접할 수 있다. 신발 모양의 크리스마스 장식과 슬리퍼 형태의 전채 요리 접시 같은 색다른 실내 장식품부터 스니커즈에서 아이디어를 얻어 만든 열쇠고리와 하이힐 모양의 토트백 장식까지 고객의 관심을 끌기 위해 각축을 벌인다. 실제 신발 그리고 신발과 관련된 상품의 구매뿐 아니라 신발과 관련된 정보의 소비도 늘어나고 있다. 신발 이미지로 가득한 소셜플랫폼 핀터레스트와 인스타그램과 페이스북 페이지처럼 인터넷에는 신발을 주제로 하는 웹사이트와 블로그가 넘쳐난다. 사람들은 신발 '셀카'를 올리고 신발이 주제인 책을 읽고 신발을 주제로 한 미술관 전시회에 들르며, 신발에 유명 디자이너의 사인을 받기 위해 오랫동안 줄 서서 기다린다.

이와 같이 신발이 문화적으로 중요해진 것은 그 다양성과 가용성이 끊임없이 확장되었기 때문이다. 또한 이는 전통적으로 성별과 계급의 정체성을 드러내는 역할을 했던 다른 복식 액세서리들이 사라진 현상과도 연관이 있다. 예를 들어 모자는 20세기 중반까지 수세기 동안 남녀 모두가 착용했다. 모자는 남성과 여성, 성인과 아동, 부유층과 빈곤층 사이의 차이를 드러내고 전파하는 동시에 더 다양한 사회와 하위문화 내에서 집단 정체성을 강화하고 드높이는 역할을 해왔다. 그러다 점점 모자를 쓰지 않게 됨으로써 그 역할을 신발이 떠안게 되었다. 오늘날 개성이 점점 더 중요해짐에 따라 신발 소비도 늘었고 많은 사람들의 옷장에는 착용자의 다양한 사회적 정체성을 드러내주는 신발들이 갖춰져 있다. 직장에서의 자아, 여가 시간의 자아, 축하하는 자리에서의 자아, 운동하는 자아, 반항적인 자아는 이제 모두 다양한 종류의 신발과 깊은 관련을 맺는다.

신발과 관련한 이야기를 다 하자면 책 한 권으로는 부족할 것이다. 따라서 이 책에서는 20세기와 21세기 서구 사회에서 사회적 정체성을 나타내는 데 가장 핵심적인 역할을 했던 네 가지 주요 신발의 전형인 샌들, 부츠, 하이힐, 스니커즈에 초점을 맞춰 이야기를 하고자 한다. 네 가지의 넓은 범주로 분류한 이 신발들은 같은 시대를 거쳐왔지만, 각각 더 폭넓은 역사적·사회적·문화적 쟁점들을 조명하며 놀라울 정도로 독특한 통찰을 제공한다.

I 부는 로마 제국 말기에 버림받은 뒤, 수세기 지나 18세기 말에 다시 서구 패션에 도입된 샌들에서 시작한다. 다시 도입되던 순간부터 샌들은 종종 용인성의 한계에 도전하고자 했던 사람들이 착용해왔다. 19세기 중반 검소하고 단순한 생활을 지향했던 영국의 '심플 라이프족'이 신었던 인도풍 샌들이나 20세기 중반 히피가 신었던 근동의 레반트 지방에서 유래한 지저스 샌들jesus sandal처럼 샌들은 그것을 신었던 매우 별난 사람들과

함께 서구의 관점에서 본 이국의 '낯선 이들'과 더욱더 깊은 연관성을 지녔다. 샌들은 간헐적으로 고급 패션에 받아들여지기도 했는데 그러한 맥락에서 착용될 때는 정치색을 드러내지 않은 채 기능을 수행했다. 흔히 말하듯 '날 것'과 '닳고 닳은 것' 사이의 충돌로, 샌들은 레저와 놀이를 상징하는 신발이자 우아함과 세련됨을 상징하는 신발이기도 하면서 동시에 개인 특유의 남다름과 급진적인 정치 성향을 상징하는 신발이 되었다. 성별과 공개적인 노출 문제 또한 샌들 파트에서 다룰 중요한 주제다.

Ⅱ부에서는 부츠와 권력, 지배, 남성성, 동일성이라는 개념의 관계를 살펴본다. 19세기 후반 이전까지 부츠는 남성 영역에 속해 있었고 오랫동안 활동을 위한 신발이자 사냥과 전쟁을 상징하는 신발이었다. 19세기 후반, 산업화와 도시화가 진행됨에 따라 많은 남성의 일상 의복에서 패션 아이템으로서 부츠의 중요성에 대한 의문이 제기되었다. 하지만 19세기 제국, 특히 미국 서부에서는 여전히 최고의 지위를 지켰으며 아직까지도 카우보이 부츠에는 철저한 개인주의와의 연관성이 내재해 있다. 부츠는 일반적인 남성 복식에서 설 자리를 잃었지만 여성 복식에서 중요한 아이템이 되었다. 19세기 말이 되자 여성용 부츠는 점점 에로틱해졌다. 20세기 중반에 이르러서는 신발 선택을 통해 결속력을 표현하고자 했던 오토바이 폭주족이나 스킨헤드족 같은 하위문화를 포함한 다양한 집단들이 부츠를 착용하기 시작했다. 20세기 후반부터는 복장의 구성 요소로서 더 많은 기능을 하며 유행을 통해 흡수되고 매우 다양한 방식으로 주류 패션에 수용되었다.

Ⅲ부 하이힐에서는 우선 서아시아에서 남성들이 승마용으로 처음 신었던 굽이 달린 신발의 기원을 살펴본다. 이어서 힐이 17세기 서양 복식에

도입되어 자리 잡은 과정과 천박함의 상징이자 기만적이고 지나치게 성적인 여성성의 상징으로 변하게 된 과정을 따라가본다. 여성 참정권 시대부터 오늘날에 이르기까지, 여성이 비합리적이라는 인식 그리고 성 정치학에서의 불안정한 역할과 힐의 상관관계는 Ⅲ부의 핵심 주제이며 힐과 에로틱의 관계, 그리고 포르노에서의 쓰임도 살펴볼 것이다. 여성 복식에서 점점 더 커지고 있는 하이힐의 중요성과 유명 하이힐 디자이너들을 중심으로 이 천재들의 추종자들이 어떻게 생겨나게 되었는지도 알아본다. 대부분의 사람들이 힐 신은 남성을 불편하게 여기는 이유와 이와 관련해 이상화된 남성성에 대한 진화론적, 우생학적 개념도 살펴볼 것이다.

Ⅳ부에서는 19세기 중반 스니커즈의 첫 등장부터 새로운 기술, 남성성이라는 개념의 변화 그리고 계급, 지위, 특권의 표현과 관련된 스니커즈 문화의 부상에 이르기까지 스니커즈의 진화를 살펴본다. 1930년대 스니커즈 대중화에 우생주의와 파시즘이 영향을 미쳤던 것처럼, 19세기 스니커즈의 인기 증대에 있어 '강건한 기독교Muscular Christianity 운동'의 역할과 신체 문화의 중요성도 알아볼 것이다. 제2차 세계대전 이후 베이비붐 시대에 스니커즈의 지위 상실과 더불어 1970년대 '나 세대' 지위의 상징으로서 스니커즈의 부활과 문화의 등장은 이 장을 구성하는 핵심 내용이다. 또한 남성 패션의 '스니커즈화'를 통해 남성들이 패션 경제로 유입된 과정과 전통적으로 여성의 관심사로 치부되었던 패션 소비에 남성들이 더 많이 관여하게 됨에 따라 이를 남성성의 전형적 개념과 조화하려는 노력과 과제를 다룬다.

마지막으로 결론이 될 Ⅴ부에서는 신발에 담긴 역사적 의미와 그 의미를 확장하는 데 핵심 동인이 된 산업화의 역할을 살펴본다. 21세기의 시장에 넘쳐나는 신발, 그리고 관련 상품의 수가 계속 증가함에 따라 신발 스타일의 표현 형식은 사회 정체성을 해석하는 데 중요한 부분이 되었다. 신발 생산의 역사는 오랜 전통의 맞춤 제작에서 신발 제작 기술의 탈전문화를 거쳐 기계화에 이르렀다. 오늘날 생산 자동화와 3D 프린팅은 새로운 과제와 더불어 기회를 제시하고 있다. 과잉 생산의 영향과 더불어 다수의 이름 없는 노동자를 착취해 생산된 신발이 유명 디자이너들을 중심으로 한 명성 숭배 현상을 지속시키고 있는 이유도 생각해본다.

이 책은 샌들, 부츠, 하이힐, 스니커즈 네 가지 유형의 신발을 중심으로 변천사를 살펴보며 각각의 신발이 역사 속에서 수행했던 사회 문화적 역할에 대해 상세히 알아볼 것이다. 하지만 단순히 신발 스타일의 흥미진진한 역사를 이야기하기보다는 우리가 신발을 선택하는 이유와 그 선택이 무엇을 말하는지를 알아보는 것이 주요 목적이다. 분명히 오늘 아침에도 당신은 신발장 앞에 서서 어떤 신발을 신어야 할지 고민했을 것이다. 오늘 하루의 일정을 생각하며 때와 장소에 맞는 신발을 골랐을 것이다. 신발은 가장 아래에 있어 잘 보이지 않는 것 같아도 그것을 신은 사람에 대한 모든 것을 가장 확실하고 정확하게 말해준다. 이제 신발과 사람들이 영향을 주고받으며 만들어 낸 독특하고 아름다운 세계로 떠나보자.

II 부츠: 포용 Inclusivity
다리 전체를 감싸 안은 우아함의 상징

III 하이힐: 불안정 Instability
바라보는 것만으로도 아찔해지는 유혹

IV 스니커즈: 특별함 Exclusivity
대중성과 개성의 가장 완벽한 구현

V 신발: 집착 Obsession
사람들은 왜 신발에 중독되었나?

I 샌들:남다름

발에는 자유를,
사회에는 유연함을

Eccentricity

샌들은 그 의미와 형태가 모두 가변적이어서 꼭 집어 무엇이라 말하기 가장 어려운 신발이다. 샌들은 신화 속 영웅과 신성한 인물, 그리고 서구의 관점에서 볼 때 이국의 '낯선 이'가 신어온 신발이다. 여름을 대표하며 휴식과 놀이를 상징하는 신발이기도 하다. 레드 카펫에 어울리기도 하지만 정치적인 불만을 나타내기도 한다. 샌들로 간주하는 신발의 유형도 세월이 흐르면서 놀랄 만큼 많이 바뀌었다. 19세기에는 다리에 리본을 둘러 묶는 신발을 샌들이라 불렀고 19세기 초에는 신발에서 발을 감싸는 부분인 갑피가 뚫려 있으면 샌들로 생각했다. 현재는 플립플롭같이 단순한 형태든 끈이 달린 스틸레토같이 복잡한 형태든 거의 맨발이 드러나는 신발이면 이를 샌들이라 한다.

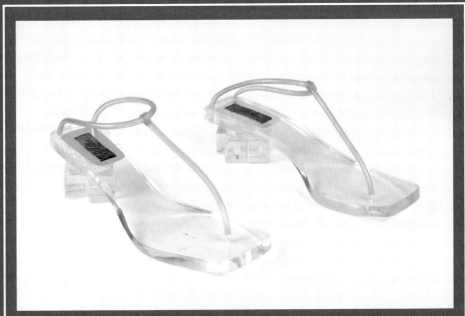

이즈리얼 밀러의 샌들은 클래식하면서 동시에 미래적이다. 간결한 끈으로 고대의 아름다움을 되살리며 투명한 소
재를 사용해 앞서가는 감각을 선보였다. 1965~1969년, 미국

1장

신성하고 이국적인
낯선 이의 신발

기본적인 샌들은 끈이 달려 있고 평평한 밑창으로 구성되어 있는데, 이는 신발의 가장 초기 형태 중 하나다.[1] 투탕카멘의 무덤에서는 가죽과 더불어 식물 섬유로 정교하게 땋아 만들고, 귀금속과 희귀한 돌을 가공한 구슬로 장식한 샌들의 전형이 출토되었다.[2] 샌들의 끈을 묶거나 푸는 것은 에로틱함을 나타내는 고대 그리스의 도상학적 표현의 한 형태이기도 하다. 아프로디테 여신이 자신을 유혹하는 파우누스를 샌들로 물리친 이야기는 유명하다. 이스라엘의 여장부 유디트의 샌들은 아시리아 장수 홀로페르네스의 눈을 호렸고 그녀의 아름다움이 혼을 빼놓아 마침내 유디트는 그의 목을 벨 수 있었다.

그리스와 로마 시대의 샌들은 비교적 단순한 끈 샌들thong sandal부터 샌들 부츠까지 다양했는데, 대개 정교한 장식과 복잡한 끈이 특징이었다. 로마 문화에서 샌들은 여러 신발 종류 중 하나였으며 까다로운 복장 규정에

고대 이집트 샌들의 간결하고 우아한 디자인은 오늘날에도 여전히 쓰이고 있다. 기원전 332년~기원후 395년, 고대 이집트

| 샌들: 남다름

따라 샌들을 신었다. 201년경으로 연대를 추정하는 곡물 운반선이 독일 라인강에서 인양되었다. 이때 고고학자들은 모든 선원이 적어도 한 켤레씩 신발과 샌들을 각각 가지고 있었다는 사실을 발견했고, 이로써 신발 종류에 따라 기능이 달랐음을 확인할 수 있었다.[3]

샌들은 광대한 로마 제국 전역에서 널리 착용되었으나, 제국 몰락 이후 유럽에서는 인기를 얻지 못해 천 년이 훨씬 지난 19세기에 들어서서야 패션 아이템으로 다시 소개되었다. 하지만 외면당한 세월 동안에도 샌들은 잊히지 않았다. 교회에는 샌들을 신은 성서 속 인물의 초상화가 가득했으며 고대 조각상의 발은 샌들로 장식되어 있었다. 그리고 유럽인들이 널리 해상 무역에 참여하기 시작했을 때, 이국의 '낯선 이들'이 신는 다양한 샌들에 대해 알게 되었다. 실제로 서구에서 일상복으로 착용하지 않았을지는 몰라도 샌들의 이미지는 도처에 널려 있었으며, 신성하고 고전적이며 소박하고 이국적이기도 한 이미지로 유럽인들의 통념 속에 자리 잡혀 있었다. 일상에서 샌들 신을 엄두를 내는 사람은 거의 없었지만, 어느 가톨릭 수도회의 회원들처럼 세속을 거부한다는 표시로 샌들을 신는 사람은 있었다. 오늘날에도 샌들에는 이러한 의미의 잔재가 남아 급진주의자들과 관련 있는 신발이라는 이미지가 있다.

이 고대 로마 시대 청동 조각상에는 로마 시대 샌들에서 보이는 여러 가지 복잡한 구조가 잘 나타나 있다. 1세기, 고대 로마

18세기에 '샌들'로 묘사된 여성용 신발은 그저 샌들 스트랩을 암시하는 장식이 달린 온전한 신발이었다. 1970~1995년, 영국

고전에 대한 관심이 샌들을 부활시키다

19세기에 접어들 즈음 고전적인 모든 것에 대한 관심이 커지면서 샌들이 여성 패션에 다시 도입되었다. 18세기에 고대 로마의 도시인 헤르쿨라네움과 폼페이가 발견되어 고고학적 발굴이 이루어졌고 정치적 · 철학적으로 그리스 합리주의에 대한 관심이 높아지면서 신고전주의가 탄생했다. 세기가 끝날 무렵, 그리스 민주주의에 대한 높은 관심과 고대 그리스 로마 시대풍의 유행은 새로운 세계 질서 확립의 전조가 되었다. 이 결과, 자유를

상징하는 혁명의 화신인 프랑스 여신 마리안느와 미국의 여신 컬럼비아는 고대 그리스 로마의 여신인 리베르타스처럼 고전풍의 드레스를 입고 샌들을 신은 것으로 표현되었다. 하지만 이러한 본보기가 있음에도 18세기 말 여성 패션에서 샌들에 영향을 받은 신발에서 고대 그리스 로마 시대 신발과의 관련성은 거의 드러나지 않았다. 오히려 1790년대에 유행한 '샌들'은 사실 발을 완전히 감싸는 굽이 낮은 신발이었다. 이 신발에서 샌들의 속성을 담고 있는 유일한 요소는 샌들 끈을 암시하는 발등의 장식용 아플리케뿐이었다. 하지만 18세기 말 프랑스 총재정부 시절, 모험심 강한 몇몇 프랑스 여성이 제대로 된 샌들을 신고 대담하게 발가락을 노출했다. 이 메르베이유즈Merveilleuses, 즉 '멋쟁이들'은 속히 훤히 비치는 드레스와 함께 발을 드러낸 그리스풍 샌들을 신었다. 이는 남성 멋쟁이를 뜻하는 앵크루아야블Incroyables(영어로는 인크레더블Incredibles)의 별난 복장과 함께 무자비한 공포정치 시절, 복장을 포함해 모든 행동을 규제했던 프랑스 혁명 정치에 반항하려는 의도를 품은 패션이었다.

사회적으로 영향력 있는 유명 인사였던 테레사 탈리앵도 메르베이유즈 중 한 명으로, 보석 박힌 발가락 고리 장식에 끈을 다리에 묶고 맨발을 드러내는 샌들을 신었다고 한다. 하지만 정치적 의도가 담긴 스타일임에도 이 스타일을 받아들인 대부분의 사람은 정치보다는 패션에 더 온 신경을 쓰고 있다는 비판을 받았다. 1804년『문예지와 미국 인명록』에는 이렇게 언급되었다.

이러한 미인들의 정치적 견해를 겉모습으로 판단하면 처음 보는 사람들은 종종 오류를 범하게 된다. 그런 사람들은 자연스럽게 이들을 공화당 지지자로 단정해버리기도 하는데, 아테네인들의 꾸밈 없는 태도를 조금도 지니지는 못했지만 아테네 복식을 대충 받아들이기는 했기 때문이다. 이들은 팔을 거의 어깨까지 드러내고 가슴을 상당히 많이 노출하며 샌들의 끈 묶음을 흉내 내어 발목에는 가느다란 리본을 감는다.… [4]

19세기가 시작되면서 이러한 극단적인 패션은 한물가고 고풍스러운 취향이 계속해서 패션에 스며들면서 여성들이 덜 파격적인 스타일을 선택함으로써 발가락을 내보일 생각은 하지 않게 되었다.[5] 대신 여성 대부분은 발을 감추고 발목이나 종아리에 둘러 묶을 수 있는 리본 같은 장식 정도로만 샌들임을 간접적으로 나타내는 더 얌전한 신발을 선택했다. 1810년《하이버니어 매거진》의 기사에는 이 시대의 전형적인 신발이 다음과 같이 묘사

18세기에서 19세기로 넘어가는 세기의 전환기에 등장한 이 대담한 샌들은 이탈리아의 여배우 클라라 노벨로가 신었다. 발가락은 노출되지만 분홍색 새틴 안감이 있어 발의 대부분을 가렸다. 1795~1805년, 이탈리아

EVENING DRESS.

Engraved for N° 41 New Series of La Belle Assemblee Feb.ry 1st 1813.

이 패션 삽화에 등장하는 모든 요소, 즉 헤어스타일, 드레스와 끈을 묶는 샌들은 19세기 초 여성 패션에 나타난 신고전주의의 영향을 보여준다. 1813년, 영국

되어 있다.

> 반 부츠 형태로 레이스 스타킹을 드러내기 위해 뚫어 낸 부분이 있
> 으며 흰색, 파란색 또는 옅은 분홍색 염소가죽으로 만들고 은으로
> 감아 묶는 그리스풍 샌들이 바스 지역에서 호평을 받고 있다. 예쁜
> 발을 돋보이게 드러낼 수 있도록 솜씨 있게 만든 신발이다.[6]

여성 신발 패션에는 샌들의 개념이 어느 정도 영향을 미쳤지만, 남성 의
복에서 샌들은 완전히 배제되었다. 나폴레옹이 자신의 대관식에서 샌들 풍
의 신발을 신었을지는 모르지만, 적어도 샌들에서는 그가 유행의 선도자라
기보다는 그 반대임이 분명했다.

신고 걸으면 안 되는 신발

19세기를 거치며 여성 패션에서는 계속해서 샌들을 참조한 신발이 도
입되어 발목이나 다리에 둘러 묶는 리본이 달린 얇은 새틴 소재의 실내용
슬리퍼 샌들이 큰 인기를 끌었다. 〈런던의 구두장이〉라는 1807년의 해학
적인 기사에는 19세기 초 높아진 구두장이의 지위와 일부 여성 신발이 터
무니없이 약했다는 사실이 분명히 나타나 있다. 문제의 유명 구두장이는
"패션과 우아함을 상징하는 인물, 즉 멋의 귀감"이었다. 기사에 따르면 한
여성이 그 구두장이가 만든 신발 한 켤레를 6시에 받아 8시까지 넋을 잃고

보다 9시에 신기 시작해 잘 때까지 신고서는 아침에 하녀가 한쪽으로 치워 놓았다. 그런데 아침에 일어 나보니, 신발이 닳아 해져서 깜짝 놀라 구두장이를 불렀다.

"그럴 리가요. 좀 봅시다. 오오! 이런! 얼마나 신은 거죠?"
"신고 걸은 건 두 시간밖에 안 돼요."
"신고 걷다니요, 부인. 걷다니요! 그렇다면 놀랄 일도 아닙니다. 왜
냐고요? 부인, 그 신발은 신고 걷는 게 아니라 신기만 하는 것이니
까요."[7]

사실 19세기 초 많은 여성이 착용한 빈약한 신발은 막 신어도 될 정도로 튼튼하게 만들어지지 않았음이 분명하다. 그것들은 신으려는 목적보다는 새롭게 떠오르기 시작한 이상적 여성상을 반영하기 위한 신발이었다. 여성들은 자유로워진 정치 세계의 일원이 아닌, 가정 안에서의 감성적이고 정신적인 삶의 중심 역할을 했다. 여성의 감상성과 유년기의 중요성을 주창한 18세기 루소 식의 자연주의 사상은 가족 안에서 모성의 역할에 특권을 부여하는 새롭게 해석된 신교도의 이상과 결합했다. 모성은 사회 경제적 · 인종적 장벽까지 초월하여 모든 여성을 하나로 묶는 여성의 근본적인 특성으로 여겨졌다. 이 '가정 예찬'에 따르면 여성이 있어야 할 적합한 장소는 말 그대로 집 안이었다. 이러한 한계를 넘어서려는 시도는 비난이나 조롱당하기 일쑤였고 당시 평론가들은 연약한 신발의 유행을 다음과 같이 감히 사회 일반 영역에 발을 들이려는 이들을 조롱하는 수단으로 이용했다.

이맘때의 축축하고 질퍽거리는 거리의 상태를 생각해볼 때, 거의 예외 없이 모두 얇은 신발을 신고 다니는 여성들을 보면 놀랍기도 하고 반갑기도 하다. 이 우아한 패션은 발목 관절을 아름답게 보이게도 하지만, 외과의사 입장에서는 또 다른 좋은 점이 있다. '얇은 종이 한 겹 위에 진창을 딛고 있는 것이나 마찬가지인 그 가냘픈 발을 바라본다. 있으나 마나 한 천을 제외하면 무방비 상태인 아름다운 발등이 보인다. 그 체격에 추위와 습기가 미치는 영향에 대해 곰곰이 생각한다. 발을 그렇게 두면 어쩔 수 없이 걸릴 수밖에 없는 코감기, 기침, 늑막염, 폐렴, 폐결핵 그리고 여러 가지 관련 질병이 떠오른다. 그러고 나서는 그 아름다운 환자들에게 처방하게 될 알약, 환약, 가루약, 물약, 혼합약, 의료용 거머리, 발포제를 모두 합해 전부 얼마가 나올지 계산하고 이미 그 돈이 내 주머니에 있었으면 좋겠다고 생각한다.'[8]

진창길을 가끔 걸을 뿐인 특권 계층 여성이 조롱을 받아야 했다면, 일반 계층인 노동 계급 여성들은 끊임없이 경멸과 의심의 눈초리를 받아야 했다. 사람들은 그들이 경제적인 이유 때문에 밖으로 떠밀려 나왔다고 생각했으며, 노동 계급 여성이 실내용 실크 샌들 슬리퍼를 신을 일은 없었다. 대신 노동 계급이 신던 신발은 내구성 좋은 가죽이나 직물로 만든 질긴 앵클부츠ankle boots인 경우가 많았다.

좌우 구분이 필요 없는 발레슈즈

패셔너블한 구두형 샌들sandal-shoes을 신을 필요가 있었던 유일한 직업
은 발레 댄서였다. 19세기에 발레는 프랑스 궁정과 연관된 여흥에서 부르
주아적 숭배의 대상이 되어갔고 그 가운데 남성들의 욕망이 젊은 발레 댄
서에게 집중되었다. 실크 샌들을 신은 우아하고 여성스러운 발은 이미 성
적 욕망의 대상이 되었다.

발등과 발목을 부드럽게 휘감아 샌들(리본)을 엇갈리게 묶어 신는
여성의 신발은 수수한 퀘이커 교도처럼 보이는 노처녀의 신발에
비하면 엄청나게 훌륭하다. … 여성들은 이 가냘픈 리본의 선이 얼
마나 외모를 돋보이게 해주는지 진작 알고 있었다. … 그런 효과가
없었다면 여성들은 이 신발을 신지 않았을 것이다.[9]

이 '조언'에 귀를 기울인 것은 발레리나들이었다. 리본으로 발에 신발
을 고정할 수 있고 갑피가 부드러워 발을 움직이기 좋은 샌들 슬리퍼는 춤
출 때 신기에 완벽했다. 스트레이트Straights, 즉 왼발과 오른발이 구분되어
있지 않은 여성용 신발의 형식 역시 발을 보기 좋게 대칭으로 보이게 했으
므로 발레에 안성맞춤이었다. 19세기 초 스트레이트가 유행한 이유는 반은
스타일 때문이고 반은 산업화 때문이었다. 신발 제조업자들은 수세기 동안
오른쪽과 왼쪽이 구분된 신발을 만들었지만 좌우 구분이 없는 신발이 훨씬
더 경제적이었다. 이렇게 되면 신발 한 켤레당 좌우 두 개의 신발 틀이 아

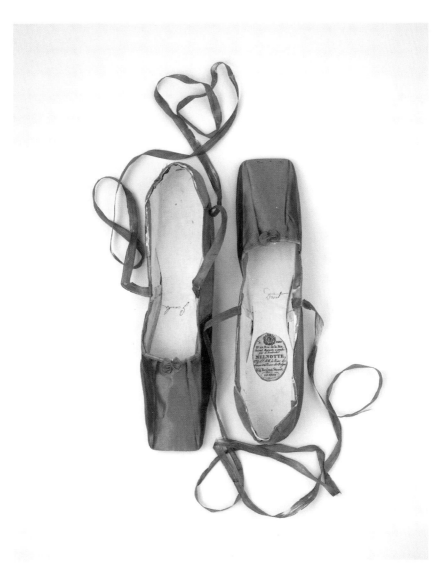

19세기 전반에 유행한 섬세한 플랫 슈즈에는 문화적으로 중요하게 여겨진 가정과 연계된 여성성이 나타나 있다. 신발 제조업체 멜노트Melnotte에서 만든 이 신발은 발레화를 떠올리게 한다. 19세기 전반, 프랑스

마리 타글리오니는 발끝으로 서는 발레 기술을 선보인 최초의 여성 무용수다. 타글리오니는 더 안정적으로 서기 위해 그녀가 가진 최신 유행 '샌들'의 가장자리를 꿰맸다. A. E. 샤론 · R. J. 레인, 〈제피로스와 플로라'에서 플로라 역을 맡은 마리 타글리오니〉, 석판화, 1831년

신발, 스타일의 문화사

니라 하나의 신발 틀만 있으면 양쪽을 다 만들 수 있었고, 이는 생산 속도 향상을 위해 고안된 최초의 아이디어였다. 제조 기술이 좋아짐에 따라 좀 더 쉽게 왼쪽과 오른쪽 신발을 구분해 만들 수 있게 되면서 스트레이트는 사라졌지만, 발레화는 오늘날까지 좌우 구분 없는 형태를 고수하고 있다.

1830년대와 1840년대 낭만주의 발레는 매우 우아한 분위기를 추구했고 이에 따라 발레리나는 이 세상의 존재가 아닌 것처럼 보여야 했다. 이를 위해 발끝으로 서는 기술인 '앙 포엥트en pointe'가 등장했다. 18세기 후반 몇몇 남성 무용수가 발끝으로 서서 춤추기는 했지만, 일반적으로 1832년 발레 작품 〈라 실피드〉에서 아버지의 안무에 맞춰 춤을 춘 마리 타글리오니를 발끝으로 서서 춤을 춘 최초의 발레리나로 여긴다. 타글리오니는 어려운 스텝 안무를 수행하기 위해 짧지만 숨 막히게 아름다운 찰나 동안 발끝으로 서 있을 수 있도록 신발의 토 부분을 꿰매기 시작했고 그렇게 만든 신발이 포인트 슈즈의 기원이 되었다.[10]

해변에서도 발을 다 드러낼 수는 없지

'점잖은' 여성이 무대에 서는 일을 하려는 경우는 많지 않았지만, 산업 시대로 발전하면서 여성이 더 활발하게 활동할 수 있는 사회적으로 용인된 기회들이 생겼다. 또한 해변을 찾아 머무는 여행도 유행했다. 해변 여행 같은 여가 활동은 오랫동안 특권층의 전유물이었으나 19세기 신흥 부유층이 지위를 과시하고 휴양할 목적으로 특권층이 즐기던 것과 비슷한 놀 거리를

이 사진에서는 레이스업 '샌들'을 포함한 전형적인 수영복 패션을 볼 수 있다. 스트로메이어와 와이먼, 〈해변에서의 바캉스 스포츠〉, 1890년대

찾았다. 1830년대 철도의 발명으로 더 많은 사람들이 휴양 도시로 쉽게 여행할 수 있게 되면서 수영복과 해변용 샌들 등 휴가를 위한 여성과 여아용 의복이 새롭게 등장했다. 1876년 한 기사에는 "아무도 신발을 신지 않고 해수욕을 한다고 생각하지 않으며 밝은 색 샌들 끈으로 묶어 고정하는 신발을 신었다"라고 적혀있는데, 여기에는 여성의 몸은 감추어야 한다는 오래된 문화적 요구가 잘 드러나 있다.[11]

여성들이 해변에서 즐거운 시간을 보내는 것은 장려되었으나 정숙함을 갖추는 것이 더 우선이었다. 그러므로 당시 여성들이 신은 '샌들'은 20세기 초에 신었던 '구두형 샌들', 즉 발가락을 가린 채 샌들임을 나타내는 전통적인 요소라고는 끈뿐이었던 스타일과 별반 다르지 않았다. 여성용 수영복은 거의 모든 신체 부위를 가렸으며 모직 수영용 스타킹과 면 소재 수영 '샌들'로 다리와 발을 완전히 감쌌다. 이러한 예방 조치에도 일부 해변에서는 여성과 남성을 분리하기까지 했다. 여성이 사람이 없는 데서 옷을 갈아입고 물에 바로 들어갈 수 있는 이동식 탈의 시설도 인기가 있었다. 이와 같은 문화적 환경 때문에 여성들의 발가락은 빛을 볼 일이 없었다.

신발, 스타일의 문화사

끈을 묶는 전형적인 레이스업 수영 신발. 갑피는 빨간색 면 소재이고 밑창은 면으로 싼 코르크다. 1895~1915년, 미국 또는 캐나다

그에 반해 남성은 해변에서 보란 듯이 맨발을 내놓는 것이 허용되었다. 물론 수영복을 입은 경우에만 해당했다. 옷을 입었을 때는 남성도 신발 속에 발을 감추어야 했다. 평상시에 발가락이 드러나는 샌들을 신는 일은 상상도 할 수 없었다. 샌들 형태의 신발 착용이 용납되었던 유일한 남성은 전문 차력사나 19세기에 시작된 신체 문화, 즉 신체단련과 체력단련 운동에 힘쓰던 사람들뿐이었다. 남성들은 끈 달린 신발을 포함해 고대 그리스 로마 시대를 암시하는 차림새로 엽서와 포스터에 등장해 신체를 과시했다.

한편 어린아이들에게는 모래 속에 있을 수 있는 유리나 다른 날카로운

19세기 후반 완벽한 남자다움의 전형으로 여겨진 유진 샌도우는 종종 고전풍의 샌들 이외에 거의 아무것도 걸치지 않은 채 자신의 신체를 과시했다. 나폴레옹 사로니, 〈샌도우 No. 9〉, 1893년

물체를 밟아 다치는 것을 방지하기 위해 성별에 상관없이 여성들이 착용한 스타일과 비슷한 샌들 착용을 장려했다. 하지만 지금 남아있는 그 시절의 이미지들을 보면 아이들은 아무 신발도 신지 않고 발가락 사이의 모래를 마음껏 느낄 수 있었음을 명확히 알 수 있다.

이렇게 의상에서 여러 가지 제약이 있었음에도 해수욕은 19세기에 가장 인기를 끈 여가 활동이었으며, 수영 샌들의 인기는 샌들과 놀이 사이에 문화적 연관 관계

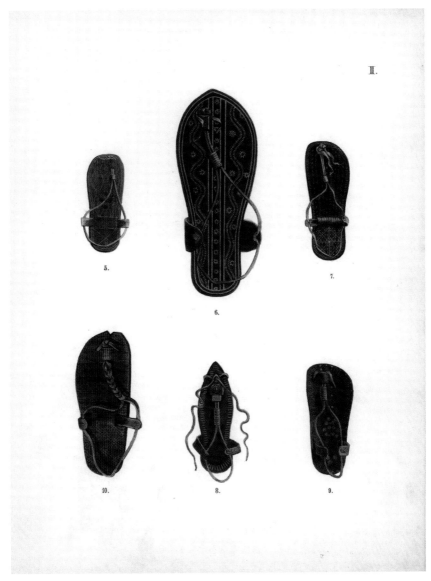

이집트 아크밈의 다양한 '이국적인' 샌들. 『아힘 파놀로이스의 고대와 중세 초기의 신발』에 실린 컬러 전면 삽화, 1895년, 뒤셀도르프

를 구축하는 데 영향을 미쳤다.

　19세기 특권층이 일상에서 벗어나기 위해 오로지 해변만 찾은 것은 아니다. 많은 사람이 해외여행으로 모험을 찾아 나섰으며 어딘가에 가지 않는 사람들도 샌들이 현지 복식에 중요한 역할을 하는 이국에 대해 몹시 알고 싶어했다. 신문 보도와 잡지 기사에서는 먼 다른 나라에서 입는 옷을 설명하고 신발에 대해서도 자주 언급했다. 이러한 상황에서 낯선 땅의 샌들은 이국적, 그리고 원시적이라는 의미를 지니게 되었다. 다리까지 감는 리본이나 끈이 달린 유행 샌들은 우아하고 세련된 이미지를 가지고 있었다. 그러나 다른 문화가 기원인 샌들은 한 기자의 설명처럼 '프렌치 힐이 달린 구두'를 신는 세련된 백인 여성이 신는 신발이 아니라, 영국 소설가 라이더 하가드가 아프리카 중부에 존재한다고 주장한 흑단의 미녀들 또는 수많은 인도 제국 왕들의 사랑을 받았던 구릿빛 피부의 미인들 사이에서나 유행하는 신발로 여겨졌다.[12]

　19세기 식민시 확장의 열망은 최고조였고 샌들을 신은 먼 땅의 '낯선 이들'은 서구의 상상력에 깊은 인상을 남겼다. 동양풍 회화와 일본 판화의 인기는 가장 간결한 형태의 신발로 맨발을 보호하던 나라들을 떠올리게 했다. 세기 중반 인도에 영국령 인도 제국이 설립되면서 본국 내에서 인도의 모든 것이 유례없이 관심을 끌게 되었고, 실제로 인도의 샌들을 보고 영향을 받아 영국 복식에 샌들이 다시 도입되기도 했다.

2장

발을 해방시켜
자유를 얻으세요!

세계가 개방되자 유럽과 미국의 일부 사람들은 흥미와 호기심을 가지고 다른 문화의 전통과 사상을 바라보기 시작했다. 그들 눈에 타국의 '낯선 이들'은 건강과 평안의 비밀을 간직한 듯 보였다. 서구의 이러한 신봉자들은 온통 산업화와 도시화, 그리고 무엇보다 '지나친 문명화'가 진행되는 현대에서 인류가 자연 환경과 멀어지게 됨으로써 결국 몸과 마음의 해를 입게 되리라 생각했다. 미국에서는 동양의 유심론과 양키 청교도주의를 결합한 초월주의가 등장해 옷과 신발을 포함한 모든 것에서 단순함과 자연에 대한 사랑을 주창했다. 초월주의의 대표적 인물인 헨리 데이비드 소로는 1850년 4월의 일기에 "꽉 끼는 신발보다는 모카신 (북아메리카 인디언이 신던 사슴가죽으로 만든 낮은 구두―옮긴이)이나 샌들, 아니면 아예 맨발이 더 낫다"라고 썼다.[13] 실제로 샌들은 선험적이고 타인에게 의지하지 않는 삶을 살겠다는 목표를 추구하며 주류 사회를 거부한다는 의지를 나타내는 상징이 되었다.

'진정한' 삶에 대한 추구는 대부분 정치적 성향을 띠었다. 세기 중반에는 노예제 폐지 운동으로 등장한 노예해방론자와 여권 운동가가 샌들 신은 자유의 여신 리베르타스의 힘을 빌렸다. 이들은 흘러내리는 드레스를 입고 샌들을 신은 로마 여신의 이미지를 내세워 투표권을 행사하지 못하게 막는 불평등에 관심을 기울여 달라고 방관자들에게 호소했다. 1886년 망토와 드레스 차림에 샌들을 신고 있는 자유의 여신상이 공개되자 여성 참정권 운동가들은 보트를 빌려 확성기를 들고 리버티 섬을 돌면서 자유의 여신이 대좌에서 내려왔더라면 미국이나 프랑스 어디에서도 투표권이 없었을 것이라고 외쳤다.[14] 1913년 워싱턴에서 열린 여성 참정권 퍼레이드에는 수많은 여성이 컬럼비아처럼 차려입거나 리베르타스를 따라 샌들과 고전풍의 드레스 차림으로 참가했다. 여성 참정권 운동과 자유의 여신상 사이의 이러한 연관성 때문에 결국 미국을 상징하는 대표 아이콘은 자유의 여신상에서 장화를 신은 남성인 '엉클 샘'으로 바뀌고 만다.[15]

신발로부터 발을 구원하라

여성 참정권 운동에서만 샌들이 정치적인 의미를 띤 것은 아니다. 샌들은 19세기 후반 복식 개량 주창자들을 포함해 세상의 새로운 비전을 모색한 많은 이들이 선택한 신발이었다. 빈민층의 어려운 삶과 평등한 선거권을 위해 일생을 바친 아일랜드인 운동가 샬럿 데스파드는 '합리적 복식 개량 운동Rational Dress Reform Movement'에 동참하면서 몸을 조이는 코르셋을 벗어던지고 샌들을 신기 시작함으로써 여성 급진주의의 상징이 되었다. 데스파드가 이렇게 입기 시작하자 다른 여성들도 함께하기 시작했고 이 스타일은 빠르게 정형화된 이미지로 굳어졌다. 수십 년 후 작가 조지 오웰은 이런 식으로 옷을 입은 여성들에 대해 "죽은 고양이에게 달려드는 금파리처럼 '진보'의 냄새를 맡고 몰려오는 저 고상한 여자들로 이루어진 음울한 무리와 샌들을 신는 사람들 그리고 수염을 기르고 과일 주스를 마시는 사람들"과 한통속이라고 묘사하며 이 스타일을 깎아내렸다.[16]

남성들도 샌들을 받아들였다. '단순한 생활'을 주창했던 영국의 사회주의자 에드워드 카펜터는 영국에 처음으로 샌들 착용을 전파한 사람으로 여겨진다. 소로의 글에 고무된 카펜터는 동성애, 채식주의, 평화주의, 사회주의, 복식 개량을 포괄적으로 아우르는 교화된 생활을 하고자 노력했다. 그는 많은 부분에서 관례적인 차림새를 포기하며 해방을 추구했는데, 여기에는 그가 "발을 위한 관"이라고 표현한 신발도 포함되어 있었다.[17] 카펜터는 전통이라는 점을 제외하면 습관적으로 신발을 신을 실질적인 이유가 없다고 생각했으며 민주주의가 "사람들 가운데 가장 미천하고 멸시받는 이들을 구원"하는 것처럼, "신체에서 가장 하찮고 멸시받는 부위와 기관도 구원해야" 한다고 주장했다. 이로 인해 개인과 그 신체의 자유는 모든 사람의 해방과 연계되고, 이어 샌들도 정치적 의미를 띠게 되었다.[18]

샌들에 관심이 있었던 카펜터는 1885년 교수직을 맡기 위해 인도의 알리가르로 간 친구 헤럴드 콕스에게 샌들을 구해달라고 부탁했다. 이에 콕스는 카슈미르 지역의 샌들 두 켤레를 그에게 보내주었다.[19] 카펜터는 그

양말과 함께 수제 샌들을 신고 있는 에드워드 카펜터. 알프레드 마티슨, 〈현관 앞에서의 모습〉, 1905년

신발들이 매우 마음이 들어 영국 더 비셔주 밀소프에 있는 집에서 이를 본떠 자신과 친구들을 위한 샌들을 만들기 시작했다. 이후 샌들을 판매 용으로 내놓기 시작하자 종종 그가 양말과 함께 신기도 했던 샌들은 오 래지 않아 영국에서 급진적인 단순 한 삶, '심플 라이프'를 추구하는 사 람들의 상징이 되었다.

당시 샌들 신은 사람들을 관찰하 기 가장 좋은 장소는 20세기 초 최초 의 전원도시인 레치워스Letchworth였 다. 용의주도한 도시계획에 따라 세 워진 이 도시에는 평화주의부터 채 식주의의 이상까지 정치와 라이프스 타일에 대해 폭넓고 다양한 견해를 가지고 있으며 샌들을 신는 주민들로 가득했다. 관광객이 레치워스에 몰려 들어 유별나 보이는 주민들을 멍하니 바라보았다. 한 신문기자는 지나가는 어느 여성이 입은 옷을 보고 "모자를 쓰지 않았을 뿐 아니라 코르셋도 입 지 않았음이 분명하고 스타킹도 신지 않았다. 그리고 구두 대신 원시적인 샌들을 신었다"라고 전했다.[20] 다분히 비하하는 의미가 담긴 '원시적'이라 는 단어를 사용하긴 했지만, 여기에는 단순한 삶을 지향한 사람들이 향유

했던 그 대단한 건강과 자유에 대한 평가도 담겨있었다. 기사는 이렇게 이어진다. "그녀의 걸음걸이는 나긋나긋하고 우아하다. 어린이, 소년, 소녀 모두 스타킹을 신지 않았으며 다리는 볕에 그을렸고 호두처럼 단단하다." 이 글을 쓴 이는 이어서 샌들을 신은 다른 우아한 '미인'들에 대해서도 언급했는데, 그중 많은 사람이 카펜터나 그에게 만드는 방법을 배운 이들이 만든 샌들을 신었을 것이다.

덩컨 가족, 고대 그리스 복식을 재현하다

　미국에는 에드워드 카펜터는 없었지만 이사도라 덩컨이 있었다. 또한 샌들의 역사에서 더 중요한 역할을 했던 인물인 그녀의 오빠 레이먼드 덩컨도 있었다. 카펜터와 마찬가지로 덩컨은 좀더 검소하고 정신적·예술적으로 더욱더 완전한 삶을 추구했다. 이사도라 덩컨은 춤과 의상을 통해 자신을 표현했다. 그녀는 맨발에 그리스 여신의 의상을 본뜬 유려한 드레스를 입고서 관객들에게 놀라움과 황홀감을 선사했으며, 개인사와 댄서로서의 업적이 유럽과 미국의 스캔들 면을 가득 채우면서 그녀의 고전적인 노출을 대중이 인식하게 되었다. 레이먼드 덩컨 역시 관습에 얽매이지 않는 삶을 살았고 여동생과 마찬가지로 그리스 복장의 '단순함'을 높이 평가했다. 그는 그리스 여자와 결혼했고 부부가 샌들을 포함해 오로지 고전적인 의상만을 입음으로써 모든 사람을 놀라게 했다.

　그리스풍 드레스를 입는 행위가 그에게는 정치적·사회적 개혁에 대한

레이먼드 덩컨은 샌들을 비롯한 고전 의상에 심취했다. 사진 속에서 부모와 마찬가지로 아들 메날카스도 수제 샌들을 신고 있다. 《베인 뉴스 서비스》, 1912년

열망의 표현이었을지 모르지만, 비웃음거리가 되는 일도 많았다. 1910년 1월 중순 순회강연을 하기 위해 미국으로 들어온 직후 레이먼드 덩컨의 어린 아들 메날카스와 처제는 한겨울에 옷을 제대로 입고 있지 않았다는 이유로 경찰의 검문을 받았다. 처제는 유치장에 갇혔고 튜닉과 샌들을 신은 메날카스는 아동 보호 단체로 보내졌다. 그런데 아들을 찾으러 나타난 레이먼드는 아들과 비슷한 복장을 하고 있었고 언론은 그의 차림새가 "인간 사회의 기록에 남겨진 그 어떤 복장과도 완전히 다른 모습"이라고 전했다.[21]

반감을 샀던 덩컨 일가의 샌들은 레이먼드가 직접 만든 것이었다. 그는 한 유명 의사의 다음과 같은 생각에 동의했다.

우리가 신는 신발이 그리스와 로마 시대의 신발보다 좋았던 적은 없다. 그렇더라도 우리나라의 멋쟁이 여성들이 해변에서라도 샌들을 신을 정도로 현명해지리라고 생각할 만큼 나는 헛된 꿈을 꾸는 사람은 아니다. 게다가 설사 그 여성들이 샌들을 신을 마음을 먹

었다고 해도 구두와 양말을 만드는 사람들의 장사에 좋지 않은 영향을 미칠 수밖에 없으니, 샌들을 신으라고 부추기지는 않을 것이다.[22]

이렇게 비관적으로 예측했지만, 이 샌들은 패션에 스며들기 시작해 19세기 후반에는 신발 제조업자와 판매상 들이 이 새로운 스타일을 신발의 대용품이 아니라 스타일리시한 의상에 꼭 곁들여야 하는 필수품으로 홍보했다.

맨발 샌들을 신으면 건강해집니다

하지만 패셔너블한 사람들이 샌들을 받아들이게 된 이유는 샌들의 남다름 또는 급진적인 사고와의 연관성이 아니라 건강과의 연관성 때문이었다. 1901년 영국의 일간지 《레딩 이글》은 런던의 공원에서 스타킹을 신지 않은 채 샌들을 신는 경향이 유행한다고 보도했다. 자유가 놀이와 연관됨으로써 샌들은 특히 어린아이에게 적합한 복장으로 여겨졌으며 '맨발' 샌들이 건강에 좋은 점이 화제에 오르기도 했다. 이듬해 프랑스의 한 기자는 이렇게 전했다.

영국의 샌들은 새롭다. … 영국 아이들은 스타킹 없이 샌들을 신으며 심지어 이제는 어른들에게도 그렇게 신는 방법이 설득력을 얻

아동용 '맨발 샌들'에는 '건강'을 위해 공기 순환을 도와주는 컷아웃 디테일이 들어갔다. 20세기 초, 캐나다

고 있다. 물론 발이 예쁜 여성은 유행을 따라도 그다지 나쁘지 않
겠지만, 대부분의 프랑스 여성은 비율을 좋게 보이려고 발 끝을 바
짝 좁히므로 프랑스에서 널리 받아들여질 것 같지는 않은 유행이
다.[23]

악명은 높았지만, 그때까지도 맨발로 신는 샌들이 발을 그렇게 많이 노
출하지는 않았다. 대신 발 앞부리 부분을 덮는 부리 가죽에 부분적으로 구
멍을 뚫거나 발을 완전히 감싸는 넓은 가죽 띠를 달았다. 이 두 가지 방식
모두 통기성을 좋게 하지만 발을 완전히 노출하지는 않았다. 사람에 따라
서는 양말을 신지 않고 맨발 샌들을 신는 경향이 점점 더 커지는 행태를 여
전히 '하층민다운' 취향이라고 치부하기도 했다. 일반적인 사고에서 샌들

탱고 부츠는 샌들과 비슷한 끈이 달려 있으며 야회용 의상으로 착용했다. 하지만 미국의 풍자 잡지 《퍽》의 표지를 장식한 이 삽화에는 해변에서 수영복을 입고 탱고 부츠를 신은 여성의 모습이 그려져 있다. 잭 헬드, 〈친구들끼리만〉, 1910~1920년, 프랑스

| 샌들: 남다름

과 미개함은 서로 상관이 없지 않았고, 다음과 같이 주의를 주기도 했다.

> 잘 자란 아이의 발은 매우 고와서 아무리 제멋대로 뛰어다녀도 막
> 자란 아이들의 발처럼 각질이 단단해지지 않는다는 점을 기억해야
> 한다. … 따라서 부분적으로 노출된 탓에 발에 난 긁힌 상처에 병
> 균을 옮길 수 있는 불결한 것들이 묻을 위험이 있고 … 병균에 오
> 염된 피는 완전히 치료할 수 없으므로 장점보다는 위험성이 크다.[24]

항생제가 없던 시절이므로 이는 실제 어느 정도 근거 있는 우려였다고
해야 할 것이다. 하지만 이러한 의견에도 의사들은 양말 없이 맨발로 샌들
착용하는 것을 지지하기 시작했다. 1912년 《뉴욕 타임스》는 다음과 같이
전했다.

> 이 혁신은 발과 다리 일부를 외부로 노출함으로써 신체의 시스템
> 이 훨씬 강화된다고 생각하는 이곳 의료인의 높은 지지를 받고 있
> 다. 이 문제를 전문적으로 연구한 두 명의 의사, 레이먼드 교수와
> 샬리에 박사는 몸이 약한 소녀들의 40퍼센트가 여름에 스타킹을
> 신지 않은 덕분에 건강을 회복할 수 있었다고 주장한다.[25]

1910년대에는 여성 패션에 다시 샌들 풍의 신발이 등장했다. 과거처럼
단순히 리본을 다리에 묶는 샌들이 대표적이었지만, 더 대담한 여성들은
실제로 발가락을 노출하는 평평한 밑창의 샌들을 신었다. 1914년에는 프

랑스의 인기 배우 잔 프로보스트가 맨발에 예쁜 샌들을 신고 어느 저녁 행사에 나타났다. 언론은 그녀가 "발이 자유로워지니 기분이 좋다"라고 말했다고 전했다.[26] 이 기사는 프로보스트가 '치마바지trouser skirt'를 유행시킨 장본인이라고 언급하면서 끝을 맺어 그 뒤를 이어 샌들도 유행할 것임을 넌지시 알렸다.[27] 더디지만, 분명히 여성들이 발가락을 노출하는 샌들을 신는다는 생각이 문화 의식 속에 받아들여지기 시작했다. 하지만 패션 액세서리로서 샌들 자체에 대한 관심은 곧 시들해지고 만다.

3장

놀 시간은 많은데
돈은 없고

남성복에서 샌들이 받아들여지기란 거의 불가능에 가까웠다. 1917년《산호세 이브닝 뉴스》에는 제1차 세계대전이 벌어지는 동안 자원 절약 수단으로 샌들 착용을 장려하고자 다음과 같은 기사가 실렸다.

남성과 여성 모두가 언젠가 샌들을 신는 편하고 합리적인 습관을 받아들이기를 기대하는 것은 부질없는 생각일 수 있겠지만, 풍채 좋은 사업가가 샌들을 신어도 '애그뉴스Agnews'에서 방금 탈출했다고 의심해 경찰이 막아서는 일 없이 다닐 수 있는 때가 오기를 바란다.[28]

애그뉴스는 한 지역의 정신병원으로, 이 기사에 따르면 남성이 아무렁

지도 않게 샌들을 신을 수 있기까지는 분명 좀더 시간이 필요했다.

제1차 세계대전이 끝나갈 무렵까지도 샌들을 신은 남성은 불편한 시선을 받아야 했고, 이러한 생각은 1920년 크리스마스 무렵 레이먼드 덩컨이 뉴스 헤드라인에 다시 등장하면서 더욱 설득력을 얻었다. 이번에는 메날카스가 파리에 있는 아버지 레이먼드의 집에서 가출해 언론을 떠들썩하게 만들었다. 메날카스는 아버지가 고집하던 복장을 버리고 바지와 신발을 택했다.《뉴욕 타임스》의 기사에는 "바지 안 입는 가족이 메날카스를 반기다. … 현대식을 그리워한 소년 … 새 옷을 마음껏 입고 적어도 한 번은 채식이 아닌 크리스마스를 경험하고 싶었다"라는 헤드라인이 달렸다. 기사는 메날카스가 아버지의 집으로 돌아가기를 원치 않았으며, "클라미스chlamys(그리스풍의 짧은 망토—옮긴이)"와 샌들보다는 멋진 회색 슈트를 선호"하고 "처음으로 맞이하는 현대적인 크리스마스를 축하하며 먹기로 한 칠면조와 고기 파이"를 몹시 기대했었다고 전했다.[29]

샌들은 덩컨 일가 외에도 1920년대에 다른 여러 유명 인사들이 의복으로 의사 표현을 하는 데서도 중요한 역할을 했다. 유명한 아프리카계 미국인 연예인 조세핀 베이커는 샌들을 계속해서 이국적인 정서와 연관 짓고 '원시적'인 이미지를 떠올리게 했다. 인도의 정치운동가 마하트마 간디는 인도의 독립과 자급자족을 주창하며 직접 만든 인도 고유의 가죽 샌들 채펄chappals을 신어 계속해서 샌들에 정치적 의미를 부여했다.[30]

1922년에는 세간의 이목을 집중시킨 투탕카멘 무덤이 발견되어 금으로 만든 우아한 샌들 한 켤레를 비롯해 젊은 파라오의 샌들 여러 켤레가 모습을 드러냈다. 대중 매체에도 샌들이 등장했다. 1923년 세실 B. 드밀의

시인 라빈드라나드 타고르는 뒤축 없는 슬리퍼인 뮬mule을 신었으며, 인권 운동을 이끌었던 마하트마 간디는 자신이 직접 만든 샌들인 채펄을 신었다. 사진작가 미상, 1930년 후반으로 추정.

서사적인 무성영화 〈십계〉에서는 수천 명이 샌들을 신고 등장했으며, 엄청나게 흥행한 1926년 영화 〈족장의 아들〉에서는 금빛 샌들이 배우 빌마 뱅키의 발을 장식했다. 하지만 이렇게 샌들을 신은 모습이 무수히 등장했어도 여전히 패션으로서 발가락을 노출하는 신발에 대한 관심은 거의 일어나지 않았다.

발가락이 보인다!

발을 노출하는 샌들에 관심이 없었다는 사실은 1920년대 여성 패션에서 일어난 급진적인 변화를 생각하면 더군다나 의아하다. 옷에서는 밑단이 무릎 위까지 올라가고 네크라인이 내려왔으며 팔은 드러내면서 노출이 꽤 있었으므로 마침내 전형적인 샌들이 받아들여지기에 완벽한 시점 같았다. 하지만 그러기는커녕 1920년대의 샌들이라 하면 흔히 가죽을 직조하여 만든 갑피가 있고 일반적으로는 T자형 스트랩이었으나 어떤 형태로든 끈이 달린 높은 굽의 신발을 의미했다. 과거 수십 년 동안 아이들이 신었던 '맨발' 샌들처럼 1920년대 여성용 샌들의 대부분은 사실 스트랩이 있는 형태보다는 이음매 없이 연결된 형태였으므로 어린이용 샌들과 마찬가지로 놀이의 상징으로 쓰일 수 있었다. 이 중 가장 인기가 있었던 샌들은 이른바 리도Lido 샌들로, 이탈리아 베네치아의 유명한 해변 이름이자 나중에 크루즈 선박의 야외 수영장이라는 의미로 쓰인 단어를 따라 이름 지어졌다.[31] 해변의 보드 워크나 가든파티에 어울리는 신발로 여겨지는 리도 샌들은 오판케opanke라는 체코 전통 신발의 갑피에서 영감을 얻어 만든 신발이다. 발등 부분의 복잡한 직조가 특징이었으며 체코슬로바키아에서 만들었다는 점을 내세웠다.[32]

마침내 1926년 《보그》는 "리도 해변에서는 직조 신발이 굉장히 세련되어 보였지만, 정말로 세련된 비치 샌들이라면 페디큐어를 한 아름다운 발가락을 드러낸다"고 썼다.[33] 발가락을 노출하는 것이 유행이 되려 하기 직전이었다. 팜비치와 프렌치 리비에라에서 겨울을 보내는 부유층 사이에서

1920년대에는 발등 부분을 직조해 만든 신발을 통기성이 좋은 여름 복장으로 생각했다. 이 스타일은 발칸 지방의 전통적인 신발에서 영감을 얻어 만든 것으로 유람선의 수영장을 뜻하는 명칭을 따라 '리도 샌들'로 불렸다. 1926년, 스위스, 발리Bally 제품

는 리조트웨어와 선탠이 유행했으며 해변의 드레스 코드에 변화가 일기 시작했다. 베네치아의 리도 해변에 어울리는 비치웨어에 대한 《보그》의 또 다른 기사에는 발가락을 드러내는 두 종류의 다른 샌들을 그린 삽화도 들어 있었다.[34] 하나는 나중에 광고에서 '모로코식 파자마 샌들'이라 칭한 발가락을 드러내는 신발이었고, 다른 하나는 '중국식 클로그clog'로 분류되는 발등에 두 개의 끈이 달린 나무 밑창 샌들이었다. 이 기사는 물에 들어갈 때 누군가는 고무 소재의 수영 신발을 신지만, "리도에 오래 머문 사람일수록 신발은 개의치 않는 경우가 많다"[35]고 전해 여성들이 마침내 해변에서 맨발을 드러낼 수 있게 되었음을 암시했다. 이 이국적인 모로코식 파자마 샌들과 중국식 클로그는 1920년대가 끝날 때까지 계속해서 해변에서의 복장과 더불어 이따금 등장했다. 그렇지만 여전히 해변을 벗어나면 맨발을 드러내는 샌들은 거의 볼 수 없었다.

페디큐어는 샌들과 마찬가지로 이국적인 정서를 나타냈으며 한편으로는 사치를 떠올리게도 했다. 파리 시민들은 중국인 발 치료사를 찾아 발을 가꾸었으며 발 관리 제품과 발톱 매니큐어 사업은 특히 쾌락주의에 대한 비판을 전반적인 발 건강에 대한 관심으로 상쇄하면서 빠르게 번창해나갔다. 1920년대 말이 되자 여성의 발은 드러내도 좋을 만큼 다듬어지고 가꾸어졌다. 1929년 언제나 앞서갔던 프랑스의 신발 디자이너 앙드레 페루자는 마 소재 밴드와 코르크 밑창이 달린 비치웨어용 샌들과 라인스톤으로 장식된 금박 스트랩과 얇은 나무 소재 플랫폼 밑창이 달린 이브닝웨어용 스트랩 샌들을 선보이며 앞으로의 유행 방향을 제시했다.

남성용 샌들은 1920년대 말 남성복 개혁을 위한 기반을 형성하는 데

일조했다. 영국의 '남성 복식 개혁 모임'은 "남성에게 더 건강하고 좋으며 … 최근 여성들의 성공 사례와 마찬가지로 건강에 도움이 되고 외모를 돋보이게" 해준다고 생각하는 샌들과 옷의 보급을 장려하여 언론의 주목을 받았다.[36] 하지만 남성의 신체 노출은 여전히 문제가 되었다. "열 명의 남자들이 있다고 하면 그들 모두에게 퍼즐 조각보다 더 이상한 모양의 튀어나오고 굴곡지고 각진 부분, 그리고 관절이 있다는 것을 알 수 있을 것이다. 가당치도 않다. 그러니까, 벗은 채로 봐도 보기 좋은 남성 종족을 번식시킬 수 있을 때까지 가능한 한 오래 감춰두라는 말이다."[37] 남성 복식 개혁에 대한 반응으로 신문 편집장에게 전해진 이 편지는 그 자체로 매우 의미심장했다. 2차 세계대전이 시작되면서 '완벽한 남성' 종족을 만드는 과제는 세계 여러 국가의 정치적 목표가 되었으며 인종적 우월함과 신체적 완벽함과 연관된 사상들이 파시스트들의 야심에 불을 지폈다.

경제 불황이 가져온 샌들 호황

1930년대 주식 시장 붕괴 이후 마침내 맨발은 패셔너블한 여성복에 받아들여졌다. 1931년 《보그》는 "춤추던 발이 속박에서 벗어났다. 맨 발가락이 드러나고 맨 발꿈치가 드러나야 샌들이다"라고 선언했다.[38] 높은 굽의 샌들은 이브닝웨어에 우아함을 대표했으며 발가락이 살짝 보이는 핍토peep-toe는 패셔너블한 일상복으로 여겨졌다. 단순한 레저용 스트랩 샌들은 가격이 저렴해서 인기가 많았다. 1930년에 나온 한 기사에는 "멋을 부

가로 골이 있는 리본인 그로그램grosgrain 스트랩이 달린 이 샌들은 1930년대 여성들에게 인기를 끈 발가락을 노출하는 새로운 신발의 전형이다. 1934년, 스위스, 발리 제품

리지만 여유가 없거나 부유하지만 검소한 소녀라면, 비치웨어를 입고 이번 시즌을 보냄으로써 여름 복장을 최대한으로 간소화할 수 있다"라는 조언이 실렸다.[39]

1931년 여름 시즌 미국의 신발 소매업체를 대상으로 한 발가락이 드러나는 섀도 샌들Shadow Sandal 광고는 판매하려는 샌들을 이렇게 설명했다. "이례적으로 좋지 않은 올해의 상황에 맞춰 … 엄청나게 저렴한 가격으로 선보이므로 한두 켤레의 샌들을 마다할 여성은 별로 없을 것입니다. 이 샌

들은 … 대중의 지갑 사정과 판매자의 수익 니즈에 맞는 상품입니다."[40] 실제로 샌들은 일반 신발보다 소재를 적게 써서 만들 수 있고 쉽게 대량생산할 수 있어 저렴한 대안이 될 수 있었다. 완전 컬러 인쇄 광고에는 과거의 고전주의를 떠올리게 하는 이름을 붙인 선명한 색상의 샌들이 등장했다. 1931년 마케팅과 의류 소매 컨설턴트인 에이모스 패리시는 샌들의 새로운 유행을 언급하며 "아동복 매장을 통해" 여성 패션으로 들어왔다고 전했다.[41] 패션에 관심이 있는 사람들이 일상복으로 샌들을 받아들일 수 있었던 요인은 확실히 활기 넘치는 젊음 그리고 놀이와 샌들의 연관성이었다.

샌들과 놀이의 새로운 연결고리가 생겼음에도 패션에서 샌들의 인기는 사실 정치, 경제와 밀접한 관련이 있었다. 1930년대에는 그 어느 때보다 시간이 남아도는 사람이 많았다. 새로운 규정의 시행과 대공황의 여파로 주당 노동 시간이 전반적으로 축소된 결과, 미국에서는 '새로운 여가The New Leisure'라고 불린 현상이 나타났다. 장기 실업에 직면한 사람들에게는 지역 해변이나 공영 수영장에 가는 등 돈이 많이 들지 않는 활동 참여를 장려했다. 1936년 작가 칼 카머는 《보그》에 다음과 같이 전했다.

> 부자들은 자신의 교외 별장, 스포츠클럽, 요트를 찾는다. 그다지 부유하지 않은 사람들은 도시에 있는 자신들의 집처럼 작은 별장과 호텔이 다닥다닥 붙은 물가로 몰려간다. 그들은 거의 벗은 채로 사람들이 여기저기 널브러진 해변에서 일광욕을 하고 떼를 지어 수영하며 붐비는 부두에서 춤을 추고 인파로 가득한 '보드 워크'를 누비고 다닌다.[42]

얼마 지나지 않아 시원한 비치 파자마와 앞코 부분이 트인 오픈토 샌들 open-toed sandal을 비롯해 이러한 여가 활동에 활용되었던 저렴한 패션 역시 접객용으로도 어울릴 만큼 집에서 입는 라운지웨어로 바뀌기 시작했다. "파리의 파티에서 볼 수 있는 세련된 여성들의 큰 사랑을 받은"[43] 끈 달린 이브닝 샌들은 정교한 컷아웃과 반짝이는 금박 가죽으로 마감되어 검소함과는 거리가 멀었지만, 경제성에서는 분명 장점이 있었다. 금색과 은색의 메탈릭한 염소 가죽 샌들은 어디에나 어울려 더는 여성들이 드레스 색상에 신발을 맞출 필요가 없었다.[44] 맨발을 드러내기 위해 필요했던 페디큐어도 스타일만큼이나 건강 목적으로도 장려되었다. 1932년 이 트렌드를 보도한 기사에서는 "붐이 일어 유행이 된다면 앞으로 여성들의 발병은 줄어들 것이다"라고 전했다.[45]

4장

플랫폼과 웨지가
만들어낸 샌들의 혁신

        이국주의와 샌들의 연관성은 계속해서 유
지되었다. 1935년 디자이너 엘사 스키아파렐리와 알릭스(나중에 마담 그레
로 이름을 바꾼 저메인 에밀 크렙)는《보그》에서 춤추는 소녀들에게 안성맞춤이라
고 한 낮은 굽의 샌들을 인도풍의 이브닝드레스 컬렉션에 곁들여 선보였
다.[46] 1936년 스키아파렐리는 튀니지에서 휴가를 보내며 전통적인 콰바킵
qabâqib(터키탕에서 신는 높은 받침이 달린 신발)을 연상시키는 나무 소재 플랫폼 샌
들을 신은 사진을 통해 직접《보그》지면에 등장했는데, 이 이미지에는 "원
주민처럼"이라는 제목이 달렸다.[47] 프랑스의 패션 디자이너 마들렌 비오네
의 고전적인 드레스에는 레이먼드 덩컨식의 샌들이 반드시 있어야 했지만,
이후의 샌들 디자인에 영향을 준 것은 르네상스 시대가 기원인 플랫폼 슈
즈platform footwear였다.

    플랫폼 슈즈는 이탈리아와 스페인의 여성들이 초핀chopines이라고 불

린 높은 플랫폼 슈즈를 착용했던 17세기 이후로 패션에서 자취를 감췄지만, 1920년대에 느닷없이 비치웨어로 다시 패션에 등장했다. 프랑스 신발 디자이너 앙드레 페루자는 몇몇 플랫폼 슈즈 모델을 디자인했다. 스키아파렐리도 1929년에 비치 파자마와 함께 코르크 소재 플랫폼 슈즈를 선보였고, 이듬해《보그》는 코르크 소재의 높은 플랫폼 슈즈를 홍보했다. 하지만 1930년대 이탈리아의 신발 디자이너 살바토레 페라가모가 처음으로 제시한 패셔너블한 평상복으로서 플랫폼 슈즈는 새로운 개념이었다.

스페인식의 초핀은 매우 장식적인 플랫폼 덧신으로 수세기 동안 여성의 지위를 나타내는 표식이었다. 17세기에 들어서며 자취를 감췄으나, 1930년대 플랫폼 슈즈가 유행하는 데 영감을 주었다. 1540년경, 스페인

살바토레 페라가모, 혁신을 가져오다

살바토레 페라가모는 고향인 이탈리아 남부 베니토를 떠나 미국의 카우보이 부츠 제조 공장에서 일하던 형제들을 돕기 위해 1914년 처음 보스턴으로 이주했다. 그 뒤 산타바바라를 거쳐 마침내 1923년 로스앤젤레스에 매장을 내고 영화 스튜디오와 연예인을 위한 신발을 만들면서 명성을 쌓았다. 당시 그가 할리우드에서 받은 의뢰 중에는 영화 〈십계〉에 사용할 엄청난 수의 샌들 제작 주문도 있었다. 페라가모는 그의 자서전에서 "너무나 바꾸고 싶었던 스타일은 앞이 막힌 신발이었다. … 나는 여성의 발을 샌들에 담는 꿈을 꾸기 시작했다"라고 회고했다.[48] 그는 의뢰도 받지 않은 의상용 샌들을 직접 디자인해 알고 지내게 된 여러 엑스트라 영화배우에게 제공하기 시작했다.[49] 그럼에도 한동안 관심을 받지 못했던 이 '로마 스타일 샌들'은 인도에서 온 공주가 색상별로 다섯 켤레의 샌들을 주문함으로써 로스앤젤레스 근빙에서 큰 인기를 끌었다. 페레가모는 배우 더글러스 페어뱅크스가 신을 신발을 만들어달라는 의뢰를 받고 1923년 무성영화 〈바그다드의 도둑〉에서 '몽골' 왕자가 신은 플랫폼 슈즈를 만들었다고 알려져 있다. 과장된 디자인의 이 신발은 영화의 미술 조감독이 그린 스케치에서 영감을 받아 페라가모가 웨지힐로 초안을 디자인했다. 페라가모는 이후 몇 년에 걸쳐 샌들, 플랫폼 슈즈, 웨지 슈즈를 패션 아이템으로 바꿔놓았다.

미국에서 크게 성공을 거둔 페라가모는 이탈리아의 구두 장인들을 활용해 비즈니스를 확장하고자 1927년 이탈리아로 돌아왔지만, 시기가 매우 좋지 않았다. 세계적인 경제 불황과 더불어 이탈리아 내부의 경제적·정

이 샌들은 무광의 블랙 스웨이드와 반짝이는 은색 염소 가죽을 교차해 웨지 플랫폼을 강조했다. 살바토레 페라가모의 플랫폼은 미국과 유럽의 수많은 디자이너에게 영감을 주었다. 1930년대 후반, 유럽

치적 격변으로 전통적으로 구두 제조에 쓰이는 소재를 구하기가 어려웠다. 페라가모는 창의력을 발휘했다. 그가 주목한 소재는 코르크였으며 그에게 영감을 준 신발은 르네상스 시대의 초핀이었다.

초핀은 나무로 만든 이탈리아식 초핀과 코르크로 만든 스페인식 초핀, 이 두 가지 스타일이 대표적이었다. 이탈리아식 초핀, 특히 베네치아산 초핀은 놀랄 정도로 높았지만, 보통은 16세기 말 여성들이 입던 치마 아래 숨겨져 있었다.[50] 이와는 반대로 스페인식 초핀은 완전히 보이게 신었으므로 보석이나 금박으로 과하게 장식하는 경우가 많았다. 스페인식 초핀은 과시용 액세서리로서 상류층 여성 복식에 사용된 중요한 사치품이었다. 19세기 말 에스파냐의 여왕 이사벨라의 고해 사제였던 알폰소 마르티네스 데톨레도가 이 플랫폼 슈즈를 원하는 여성들의 수요를 만족시키기에는 스페인에 코르크가 충분하지 않다고 한탄할 정도였다.[51] 두 스타일 중에서 페라가모에게 가장 크게 영감을 준 쪽은 스페인식 모델이었던 것으로 보인다.

반면 1937년 프랑스의 신발 디자이너 로저 비비에는 베네치아식 초핀을 참조해 높은 플랫폼 샌들을 디자인했다. 비비에는 델만 슈즈Delman Shoes의 수장 허먼 델만에게 처음 디자인을 보여주었으나 너무 급진적이라는 이유로 거절당한 후 이를 스키아파렐리에게 제안했고, 스키아파렐리는 베니치아식으로 신발을 덮는 신고전주의 스타일의 긴 드레스와 함께 이 신발을 선보였다. 하지만 그 공적은 이후 10년 동안 플랫폼 슈즈를 럭셔리의 상징이자 가장 패셔너블한 형태의 신발로 바꾸어놓은 페라가모에게 돌아갔다.

1930년대 후반 페라가모가 디자인한 멀티 컬러 플랫폼 샌들과 금박 플랫폼 샌들은 패션계를 강타하며 새로운 신발 형태에 영향을 미쳤다. 그의 또 다른 혁신적인 디자인인 웨지 역시 샌들을 만드는 데 흔히 사용되었다. 웨지는 원래 정형외과용으로 개발된 디자인이었지만 바로 패션에 흡수되었다. 플랫폼과 웨지 같은 이러한 종류의 밑창을 통해 유행하는 실루엣이 재정립되기도 했다. 시각적으로 특이한 유형의 신발인 플랫폼 밑창의 샌들 덕분에 여성복은 순식간에 새로워졌으며 이러한 신발을 신는 사람은 유행을 앞서가는 사람이 되었다.

남자들이 경멸하는 신발

1940년《뉴욕 타임스》는 "남자라면 예외 없이 모두 싫어한다. 남자들은 그들이 가장 좋아하는 모습 중의 하나라고 말하는, 프렌치 힐을 신고 비틀거리는 높이 솟은 우아한 발등을 볼 수 없게 되었다. 하지만 여자들은 웨지 힐 구두를 사려고 몰려든다. 편하기도 하고 세련된 신발로 생각하기 때문이기도 하지만, 무엇보다 지금까지 없던 새로운 디자인이기 때문이다"라고 전했다.[52] 1952년 코스모 아넬리가 쓴 장문의 글에서처럼 플랫폼 슈즈와 웨지 힐에 쏟아진 비판은 수세기 전 초핀에 쏟아진 비판과 다르지 않았다.

여성들은 이 대단한 높이에서 젠체하며 걸어 다니면 매혹적이리라 생각하지만, 진정한 아름다움은 적절한 비율에 있다. 팔 길이의 사 분의 일 또는 반씩이나 되는 힐을 신어 다리 길이를 늘인들 괴상해

살바토레 페라가모의 웨지 힐은 애초에 정형외과용으로 만들어졌지만 빠르게 중요한 패션 아이템이 되었다. 이 검은색 새틴 이브닝 웨지 힐은 미국 배우 루스 고든이 신었다. 1938~1940년, 이탈리아, 페라가모 제품

보일 뿐이다.[53]

플랫폼과 웨지 샌들을 신어 발을 더 드러내서 돋보이게 하면 매력적일 것 같았지만, 생각과는 달리 여러 증거에서 알 수 있듯이 당시 남성들은 아무래도 여성의 발이 노출되는 것을 분명 매력적이지 않다고 생각했다. 《피츠버그 신문》은 이렇게 전했다.

> 금색과 은색 샌들은 올림피아 신들의 연회에서 그리스 여신의 발을 아름답게 장식했을 것이다. 하지만 현대의 여성들과 소녀들이 이 샌들을 낮에 일상복으로 착용하게 된 이후부터 우리는 번쩍거리는 스트랩 사이로 드러난 먼지투성이 발꿈치와 불거져 나온 티눈 같은 딱한 꼴을 보게 되었다.[54]

발을 가린 하이힐 구두는 남성들의 마음에 들었던 듯했고 확실히 남성 성애물에서 변함없이 가장 영향력이 강한 신발 형태다. 패셔너블한 신발과 성적으로 매력적인 신발 사이의 이러한 불일치는 제2차 세계대전이 벌어지는 동안 점점 더 뚜렷해졌다. 남편과 남자친구가 전쟁터에 나가게 되자, 남성들이 경멸하는 신발이라고 공언한 덕분에 플랫폼과 웨지 힐은 유용한 신발 선택지가 되었다. 전쟁 기간 동안 여성 대부분은 전시하의 국민적 협력에 동참해 대개 낮은 웨지 힐이 달린 '실용적인' 신발을 신었다. 하지만 좀더 말쑥한 신발이 필요한 경우에는 많은 여성이 남성들이 매력적으로 생각하지 않는 플랫폼 샌들을 신어 스타일은 포기하지 않으면서 동시에 애먼 남자들의 접근을 막았다.

1942년 1월 17일 업계 잡지인 《부트 앤드 슈 리코더》는 이러한 신발에 관해 다루며 다음과 같이 전했다. "어처구니없어 보일 수 있지만, 그런 여성들이 얼마나 많은지에, 심지어 매우 현명하다고 하는 여성들도 때로는 완벽하게 천박한 구두를 좋아한다는 사실에 놀랄 것이다."[55] 그럼에도 분명한 것은 여가, 놀이와 연관성을 지닌 플랫폼 샌들이야말로 여성이 선택할 수 있는 가장 설레는 신발이었을지 모른다는 점이다. 1939년 《팜 비치 포스트》에 다음과 같이 언급된 기록이 있기는 하지만, 북미 남성 패션에서 샌들은 여전히 주류가 아니었다.

진품 샌들. 인권 규정에서 더 중요한 조항 중의 하나가 수십 년 동안 후줄근한 스니커즈를 여름의 대표 신발로 보호했다는 것은 말할 필요도 없다. 올여름 들어 … 남성들이 노르웨이의 모카신부터 나무 밑창 신발과 남태평양의 로프 샌들에 이르기까지 온갖 이국적인 신발짝들에 손을 뻗치고 있다. 예전 같으면 박물관 동상이 아닌 다음에야 이 신발을 누가 신었든 그것을 본 사람이라면 누구든 신은 것을 봤다면 코웃음을 쳤을 물건이다.[56]

유럽의 남성들은 남성용 '맨발' 샌들을 신기 시작했지만, 북미에서는 여전히 탐탁지 않게 여겼으며 대부분의 남성은 샌들을 신으려 하지 않았다.

샌들이 남성 복식에 받아들여지는 데 가장 큰 장애물은 샌들을 신은 남성이 끊임없이 급진주의 사상을 전파한다는 사실이었다. 1937년에 출판된

전쟁 중에 전통적으로 신발 제조에 사용되던 소재의 소비가 제한되자 신발 제조업자들은 신발을 만들기 위해 다양한 소재를 사용할 수밖에 없었다. 이 플랫폼 샌들은 식물 섬유로 만들었다. 1938~1945년, 프랑스로 추정

조지 오웰의 『위건 부두로 가는 길』은 사회주의에 대한 선언으로 사회주의 운동이 더 보편적으로 받아들여지지 않는 이유에 대한 비평을 담았다. 오웰은 "'사회주의'라는 바로 그 단어가 푸석푸석한 턱수염을 단 채식주의자들과 반은 깡패이고 반은 앵무새인 볼셰비키 인민위원들 그리고 부스스한 머리에 샌들을 신은 마르크스주의자인 고지식한 여성들의 이미지를 ⋯ 떠올리게 하는 탓에 사회주의·정의·자유의 이상이 묻혔다"고 썼다.[57] 여기에 이어서 "샌들과 피스타치오색 셔츠들을 장작더미에 넣고 태워버릴 수 있다면 ⋯ [그리고] 더 똑똑하다고 하는 사회주의자들이 어리석고 공감

도 가지 않는 방식으로 지지자가 될지도 모를 사람들을 밀어내는 짓을 하지 않는다면" 사회 운동에 도움이 될 것이라고 썼다.[58] 그는 혐오감으로 많은 사람을 뒷걸음치게 만드는 이 같은 복장 문제가 해결되지 않는다면 "파시즘이 승리할 수도 있다"고 경고했다. 오웰이 이 글을 썼던 당시는 세계가 파시즘의 위협을 받고 있었고, 1930년대 말 제2차 세계대전이 벌어졌으므로 결과적으로 이는 시의적절한 예측이었다.

전쟁으로 피폐해진 나라들 곳곳에서 여성들은 어쩔 수 없이 샌들을 신기 시작했다. 이용할 수 있는 자원은 한정되어 있었지만, 많은 제조업자들이 놀라운 창의성을 보여주었고 의욕적으로 일했다. 이탈리아의 신발제조업자는 그들의 고전주의적 뿌리를 되살려 고대의 모델을 연상시키는 얇은 끈이 달린 샌들을 선보여 주목을 받았다.[59] 프랑스에서는 여봐란듯이 전쟁 중의 내핍 상황에 정면으로 도전하는 듯했던 과도하게 높은 플랫폼 샌들이 전시 저항 운동의 상징이 되었다. 전쟁 중 프랑스의 패션에 관한 기사에서 《보그》는 프랑스 여성들이 다음과 같이 자각하게 되었다고 전했다.

절약해봤자 독일인에게 득이 되었을 뿐이다. 프랑스인이 더 많은 물자를 사용할수록 독일인이 사용할 물자는 줄어들었다. 프랑스에서 의류 생산에 종사하는 노동자가 늘어날수록 독일로 징발되는 사람도 줄어들었다. … 1942년경에는 패션으로 허세를 부리는 반항적인 경향도 나타났다. … 높은 나무 소재 클로그를 신고 자전거를 타고 … 경박함은 프랑스 여성이 독일인을 향해 너희가 나라를 빼앗고 언행의 자유는 빼앗았어도 내 정신은 무너뜨리지 못했다고

1947년 살바토레 페라가모는 낚싯줄에서 아이디어를 얻은 투명한 나일론 스트랩이 특징인 '인비저블 샌들'로 권위 있는 니만 마커스 패션 상을 수상했다. 1947년, 이탈리아, 페라가모 제품

외치는 하나의 방식이었다.[60]

플랫폼 샌들은 코르크같이 소비 제한 품목이 아닌 소재, 즉 짚이나 야자수 잎에서 나오는 라피아 같은 식물 섬유로 쉽게 만들 수 있었다. 전쟁이 진행되는 동안 이 소재들의 인기는 높아졌지만, 전쟁이 끝을 향해 가면서 플랫폼의 시대도 저물어갔다.

전후 파리에서는 플랫폼 슈즈가 걸음걸이에 미치는 악영향에 대해 지적하는 다양한 기사가 나오며 플랫폼 스타일의 종말을 알렸다. 1947년 크리스티앙 디오르가 선보인 뉴룩New Look은 극도의 여성성을 표현하며 패션에 혁명을 일으켰는데 이 스타일에는 새로운 형태의 신발이 필요했다. 같은 해 페라가모가 선보인 인비저블 샌들Invisible Sandal은 시대를 앞서 나가면서 동시에 역행한 디자인이었다. 투명한 낚싯줄에서 영감을 받은 샌들의 끈은 여성의 발을 노출하는 유행이 확산할 것을 암시했지만, 반짝이는 은색 염소 가죽으로 덮인 한쪽 끝만 받치고 있는 웨지 힐은 플랫폼과 마찬가지로 버림받을 운명을 앞두고 있었다.

차려입어야 할 때는 하이힐 샌들이지!

여성의 복식이 남성의 에로틱한 이상에 더 부합하는 방향으로 변하면서 패션에서는 하이힐의 중요성이 더 강조되었다. 우아한 하이힐 샌들은 다시 한번 이브닝웨어로 인기를 끌었는데, 1930년대의 하이힐과는 달리 좀더 뾰족한 새로운 스틸레토 힐과 얇은 스트랩이 두드러졌다. 사실 스틸레토 힐 발명의 모태가 된 디자인은 1951년 앙드레 페루자가 최초로 전체에 스틸을 적용하여 만든 가늘고 긴 힐로, 단 2개의 얇은 스트랩만으로 샌들을 발에 고정했다.

하이힐 샌들의 유행은 빠르게 확산하여 엘리자베스 2세 여왕이 대관식에서 신을 정도로 격식 있고 품위 있는 신발로 받아들여졌다. 1953년 여왕은 로저 비비에가 만든 발가락이 드러나는 금빛 샌들을 신고 왕좌에 올랐다. 비비에는 여왕에게 납품을 할 수 있는 왕실 조달 허가증을 가진 영국의 신발 제조업체 레인Rayne을 대표하여 이 신발을 디자인했다.[61]

이브닝 샌들의 스트랩 디자인은 밑창이 납작한 여름 샌들의 간결한 디자인에 그대로 반영되었다. 1944년 초, 통 샌들thong sandal이 유행하기 시작한 것이다. 1945년 《보그》에 실린 한 기사에 따르면 이 새로운 통 샌들은 전쟁과 직접적인 관련이 있었다. "통 샌들은 스타킹을 신고 신을 수 없다. 우리는 맨발로 다녀 버릇하지 않았으므로 전쟁 전에는 이런 유행이 있을 수 없었다."[62] 《보그》는 또 다른 기사에서 이 새로운 "신은 듯 안 신은 듯한" 샌들이 줄리어스 시저나 레이먼드 덩컨을 떠올리게 하지는 않는다고 했지만,[63] 이 샌들의 형태는 어떻게 봐도 고전적이었다. 1953년 영화 〈로마의 휴일〉에서 오드리 헵번이 신었던 샌들로 알 수 있듯이 이탈리아, 즉 연합국의 새로운 적국에 대해 열광하는 분위기가 가득했고 어디에서나 과거를 떠올리게 하는 이탈리아 샌들을 볼 수 있었다. 이 새로운 패션은 여가와 샌들의 연관성을 되살렸다. 이는 영화의 마지막에 왕족 역할을 맡은 헵번이 샌들을 버리고 '딱딱한' 하이힐을 신음으로써 그녀가 본분으로 돌아왔

1950년대에는 거의 맨발에 가까운 하이힐 샌들이 차려입어야 하는 특별한 행사를 위한 신발로 인기를 끌었다. 1957년, 캐나다

신발, 스타일의 문화사

음을 보여주는 장면에서 명확하게 그 차이를 나타냈다.

19세기 초에 신었던 실내용 새틴 샌들 슬리퍼에서 파생된 발레 플랫 ballet flats도 전쟁 중에 유행하게 되었다. 1944년 미국의 패션 디자이너 클레어 맥카델이 전쟁 중 신발 소재가 제한되자 자신의 디자인을 섬유 소재 발레화에 적용했고 이것이 오늘날까지 인기 있는 패션의 탄생으로 이어진 것으로 알려져 있다. 오드리 헵번은 이탈리아산 샌들의 경우와 마찬가지로 발레 플랫의 대중화에도 기여했다. 1950년대에 이르자 발레 플랫은 청순한 소녀들이 즐겨 신는 신발이 되었다.

터틀넥, 선글라스, 샌들은 비트족의 유니폼

이처럼 여성 패션에서 날로 샌들의 인기가 높아지는 것과는 달리, 남성 패션에서 샌들은 여전히 반문화와 연관되었다. 전후 유럽에서는 무기력함을 낭만적으로 생각하는 정서가 퍼지고 많은 유럽 지식인의 옷차림에 이러한 정서가 반영되면서 샌들의 지위는 높아졌다. 그러나 샌들과 '전위 alternative'의 연관성을 더욱 공고히 한 것은 1950년대 미국 서부 해안 지역에서 출현한 비트족이었다.

잭 케루악의 소설 『길 위에서』가 출판된 다음 해인 1958년, 《샌프란시스코 클로니클》의 기자 허브 카엔이 처음으로 '비트족beat generation'이라는 용어를 사용하기 시작했다. 그 이름으로 인해 보수적인 볼셰비키 신봉자들의 기조와 당시 냉전의 공포에서 비롯된 명확히 부정적인 이미지가 더

이 낡은 샌들은 피에르 트뤼도 캐나다 전 총리의 것이다. 트뤼도 총리는 젊은 시절, 이 샌들을 신고 세계를 돌아다녔다. 1948~1949년, 유럽

해져 샌들은 하위문화로 굳어졌다.

1950년대 후반 전형적인 비트족의 유니폼은 카키 팬츠에 터틀넥을 입고 샌들을 신는 것이었으며 양말은 신기도 하고 안 신기도 했다. 빠른 속도로 비트족은 규율에 복종하는 것을 거부하는 이들의 상징이 되었으며, 그들의 옷차림은 많이 따라 입기도 했지만 조롱도 많이 받았다. 샌프란시스코의 비트족이 즐겨 찾던 베수비오 카페의 주인 앙리 르누아르는 이 모든 생각들을 풍자하며 카페 유리창에 터틀넥, 선글라스, 샌들을 모두 갖춘 '비트족 세트'를 광고하는 간판을 세웠다.[64] 동부 해안 지역의 비트족은 매사추세츠주 케이프 코드의 휴양지 프로빈스타운에 휴가를 보내러 가서 어린 시절 아버지 레이먼드 덩컨의 라이프스타일은 거부했지만 유명한 샌들 제

조업자로 성장한 메날카스 덩컨의 샌들을 구매했다.

하지만 그냥 평범한 남자가 샌들을 신는다는 것은 여전히 상상도 못할 일이었다. 1948년 한 기사에서는 곧 남성용 금색, 은색 샌들이 나올 것이라고 예측했는데, 이는 끔찍한 일로 여겨졌다. "남자들이 그런 샌들을 신는 시대는 미국 문명의 쇠퇴와 추락을 이야기하는 참담한 시대 중의 하나로 기록될 것이다."[65] 한편, 다른 기사에서는 이렇게 비꼬기도 했다.

내게는 이 새로운 남성용 샌들이 너무 이르다. 어제저녁 5번가에서 맨발이라고 생각한 대략 마흔 살쯤 돼 보이는 사내를 봤는데, 알고 보니 샌들을 신고 있었다. 밑창과 발가락 사이에 끼어있는 끈이 신발의 전부였다. 심지어 반바지까지 입고 있었다. 내가 그렇게 입었다면, 수많은 사람들 틈에서 옷을 모두 벗고 있다는 사실을 갑자기 깨닫는 악몽이라도 꾸는 것처럼 느껴질 것이다.[66]

고무로 만든 신발, 플립플롭과 젤리 샌들

대부분의 남성이 샌들을 신으면 맨살이 노출된다는 이유로 거부감을 느꼈을지 모르지만, 바로 이 노출 덕분에 샌들은 여성복에서 계속 존재할 수 있었다. 이러한 특성은 1965년 베스 러바인이 디자인한 발등 윗부분이 아예 없는 샌들처럼 이후 십 년 만에 해학의 수준에까지 이르게 되었다.

1950대를 지나며 발을 노출하는 샌들은 일상적인 여성 복식의 일부가

1960년대 중반, 신발 디자이너들은 발등 부분이 없는 신발 디자인으로 창의력을 발휘했다. 에덴동산을 떠올리게 하는 잎사귀
로 장식한 이 신발은 발에 접착제를 붙여 신었다. 대량 생산은 되지 않았다. 1965년, 미국, 베스 리바인 디자인, 허버트 리바인
제작

되었다. 많은 여성이 여름의 평상복으로 이탈리아 샌들의 영향을 받아 거의 맨발을 드러내는 심플한 샌들을 계속 신었고, 정장을 할 때는 스틸레토 힐을 신는 것이 관례가 되었다. 페라가모는 1950년대에 그 유명한 키모 케이지 샌들Kimo Cage Sandal을 포함한 수많은 샌들을 디자인했는데, 이 샌들은 함께 신는 금박 염소 가죽 또는 새틴 소재의 안감 격인 '양말'을 곁들여 스타일에 변화를 줄 수 있었다. 페레가모는 이 하이패션 버전의 양말과 샌들로 특허까지 받았다.

집 근처에서는 여성들이 1950년대 시장에 넘쳐나던 일본산 고무 소재 통 샌들도 신기 시작했다. 샌들을 신었을 때 나는 소리 때문에 플립플롭으로 불리게 된 가장 초기의 이 플립플롭은 여성들의 샤워용 신발로 판매되었고 처음에는 일본식 이름인 조리zori로 불렸다. 일본은 이미 1930년대에

이 소박한 플립플롭은 인도의 신발 브랜드 바타Bata 제품으로 달라이 라마가 신었다. 21세기, 인도

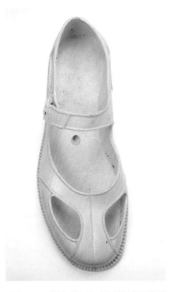

산닥Sandak 샌들은 최초의 사출 성형 신발 중 하나다. 서아프리카 시장을 겨냥해 프랑스에서 제작되었다. 1955년, 프랑스

고무 신발을 양산하고 있었고 전후 히로시마 고무 회사 같은 제조업체에서 미국 등지로 고무 조리를 수출하기 시작했다. 신기 만만하고 엄청나게 저렴한 플립플롭은 오래지 않아 다른 형태의 비치 샌들을 제치고 여름휴가의 상징이 되었다. 플립플롭은 캘리포니아 남부 서퍼 문화의 일부가 되었으며 호주와 뉴질랜드에서는 이 고무 샌들이 일상복으로 자리 잡았다.[67]

1950년대에는 젤리 슈즈로 알려진 샌들이 널리 유행하기도 했다. 프랑스 어부들이 신던 샌들 디자인을 바탕으로 한 최초의 젤리 슈즈는 1954년 장 도판Jean Dauphant의 이름으로 프랑스에서 특허를 받았다.[68] 1955년, 젤리 슈즈는 최초의 사출 성형Injection Moulded 샌들이 되었다. 젤리 슈즈는 특히 아프리카 대륙의 국가에서 인기를 끌었다. 에리트레아에서는 국가적인 저항의 상징이 되어 수도 아스마라 중심부에는 독립 투쟁을 기념하는 젤리 슈즈 동상이 서 있다. 시다Shida라고 불린 이 샌들은 1960년대부터 게릴라 전사들이 신었으며 유니폼이 없던 상황에서 모든 전사들이 동일하게 착용한 아이템이었다.[69] 이 스타일은 남아프리카에서도 인기를 끌었으며 이후 1980년대에 미국 패션으로 다시 소개되어 산뜻하고 영롱한 색상의 젤리 샌들이 반짝 대유행했다.

신발, 스타일의 문화사

5장

경직된 사회를
허물어뜨린 버켄스탁

1960년대까지 사회 불안은 현 세태에 도전하는 다양한 운동을 촉발했다. 민권 운동, 여성 해방 운동, 환경 보전 운동은 문화적 변화에 대한 열망을 나타냈다. 다방면에 걸친 이 같은 불만은 대부분 관습에 얽매이지 않는 옷을 입는 것으로, 구체적으로는 샌들을 신는 것으로 표현되었다. 반문화적 '히피'들은 정치성을 띤 그들의 의복 스타일에 종종 외국에서 들여온 샌들을 끼워 넣었다. 1967년 헌터 S. 톰슨은 《뉴욕 타임스 매거진》에 "히피들은 가짜를 경멸한다. 그들은 열려있고 솔직하며 자애롭고 자유로워지기를 바란다. 히피들은 아담과 이브처럼 '자연의 삶'으로 돌아가기를 바라며 20세기 미국의 가식적인 겉치레를 거부한다"라고 전했다.[70] 히피들은 에드워드 카펜터를 본받아 대량 생산된 제품보다 수제 제품을 선호했다. 이 때문에 플립플롭은 값싸고 쉽게 살 수 있는 물건이었지만, 결국 히피 문화가 아닌 서퍼 문화의 상징이 되었다. 대신 히피들

정교하게 직조된 멕시코 샌들 워라치는 1960년대에 인기를 끌었다. 2014년, 멕시코, 호세 마르티네즈 제작

은 인도에서 들여온 채펄과 멕시코의 가죽 샌들 워라치huarache를 선택했다. 과거 급진주의자들과 연관되었을 때와 마찬가지로 이러한 샌들이 지닌 이국적인 '다름'과의 연관성은 샌들에 정통성의 매력을 더해주었다. 게다가 샌들을 신음으로써 영성과의 관계를 회복할 수 있다고 생각해 1970년대 초 히피 운동에서 발전한 '예수의 사람들' 또는 '예수 운동 열성 지지자'들도 샌들을 즐겨 신었다. 대중은 수제 가죽 샌들을 주류 사회로부터 '이탈'을 선택한 사람들을 상징하는 복장으로 여겼다.

버켄스탁이 건강식품 매장에 등장하다

그 유명한 버켄스탁Birkenstocks 샌들이 미국에서 대중화된 데에는 이러한 배경이 있었다. 1996년 의상 디자이너 마고 프레이저는 버켄스탁이 심각한 발 통증 완화에 도움이 된다는 것을 알게 된 후 이를 수입하기 시작했다. "전화번호부 위에 올라서서 '발가락으로 버티기'처럼 (3분을 채우고 나면 내가 대단한 사람처럼 느껴졌던) 의사가 하라고 한 모든 운동이 그 샌들을 신으면 저절로 되었다."[71]

또 하나의 반문화적 신발인 닥터마틴Dr. Martens과 마찬가지로 버켄스탁을 처음 만든 사람도 독일인이었다. 18세기부터 오랫동안 신발 제조업자의 계보를 이어온 콘래드 버켄스탁은 1902년 독일 병사들의 회복에 도움이 되는 신발을 만들어달라는 요청을 받았다. 버켄스탁은 코르크를 사용해 인체공학적인 형태의 안창을 개발했다. 원래 이 회사는 안창 제작이 전문이었지만, 1964년 콘래드 버켄스탁의 손자인 칼 버켄스탁이 '마드리드 Madrid'라는 스웨이드로 감싼 코르크 밑창 샌들을 만들어 출시함으로써 유행을 초월한 신발이 탄생했다.

버켄스탁은 착용자의 발 형태를 본떠 만든 안창의 기능성과 넓은 발등 스트랩 덕분에 양말을 신고 착용하기 편했고 골수 추종자들도 생겨났다. 버켄스탁 샌들은 편안함과 건강함을 떠올리게 했으므로 가장 초기의 유통 업체였던 건강식품 매장에서 판매하는 것은 자연스러운 결정이었다. 버켄스탁 샌들의 반 패션적인 미학과 많은 사람이 양말을 신고 버켄스탁을 신었다는 사실은 과거 심플 라이프족과 '불평분자'들이 신었던 샌들과 이 스타일을 결부시켰다. 1970년대 버켄스탁은 히피들과 좀더 '정통적인' 라이프스타일을 추구하는 이들, 특히 여권 운동을 도모했던 사람들과 연관성을 갖게 되었다.

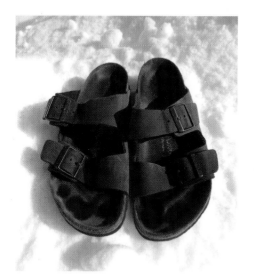

버켄스탁은 애초에 정형외과용으로 디자인되었지만, 진보적 정치 성향의 아이콘이 되었다. 1990년대, 독일

1960년대에 닥터 숄의 샌들도 등장했다. 이 샌들도 건강에 좋은 신발로 홍보되었지만, 반문화 추종자들에게 받아들여지기보다는 젊은 여성들 사이에 발과 다리 운동의 수단으로 착용되며 미국을 대표하는 기본 패션 아이템이 되었다. "런던의 '아가씨'들이

닥터 솔 샌들은 착용 시 발과 다리를 탄력 있게 만들 수 있도록 고안되었다. 특별한 형태의 덧창이 있어 계속해서 발에 힘을 주었다 풀었다 하도록 되어 있다. 1980년, 닥터 솔 제작

운동 수단이 되는 이 샌들이 미니스커트와 잘 어울린다는 사실을 발견하면서 처음으로 인기가 급격하게 높아지기 시작했다."[72] 실제로 미니스커트에 의해 긴 다리가 드러나게 되면서 미니멀리즘풍의 샌들부터 다리에 끈을 묶는 미래적인 글레디에이터 샌들gladiator sandal까지 외모를 더 돋보이게 할 수 있는 다양한 스타일의 샌들이 유행했다. 이국적인 정서 역시 패션에 영향을 주었지만, 금욕주의와는 반대로 사치스러운 경향이 있는 이국주의였으며 오리엔탈리즘과 퇴폐성이 간접적으로 영향을 미쳤다.

남성 패션에서는 복장을 통해 개성을 더 강하게 드러내도록 부추긴 '피콕 혁명peacock revolution'(1960년대 후반 남성복 패션에 개성이 도입되고 화려해지는 경향을 화려한 공작, 즉 피콕에 비유하여 피콕 혁명이라 일컫는다. ― 옮긴이)을 통해 영감을 얻을 수 있는 다른 문화와 다른 시대에 대한 관심이 일어나기 시작했으며 샌들이 남성에게 수용될 가능성을 보였다. 사실 일부 아프리카계 미국인 남성들은 1960년대 중반 백인 중심의 가치관에 대항하여 흑인 문화에 대한 자부심을 고취하고자 했던 블랙 프라이드 운동Black Pride movement의 일환으로 서아프리카의 민족의상인 다시키dashiki와 함께 아프리카의 샌들을 신었다. 하지만 '예의범절에 엄격한' 대부분의 백인 남성들에게 샌들은 여전히 금기였다.

플랫폼 샌들에 덧씌워진 성적 이미지

정치적 항의가 방종한 쾌락주의로 인해 무너지고 포크 음악이 디스코

레인Rayne 사의 이 샌들은 인도의 신발과 발목 장신구에서 영감을 받았다. 구슬 장식에 발가락을 끼우게 되어 있는 구조는 인도의 전통 신발인 파두카paduka가 그 원형이다. 1967년, 영국

음악으로 인해 쇠퇴하면서 놀이의 상징인 샌들도 여성복의 중심에 자리하게 되었다. 1940년대 스타일을 재해석한 높은 플랫폼 샌들은 처음에 십대와 젊은 여성들 사이에서 인기가 높았으며 극단적인 패션으로 여겨졌는데 양말과 함께 착용했을 때 더욱 더 그러했다.《타임》은 이 경향에 대해 다음과 같이 전했다. "[양말]은 … 코르크 밑창의 오픈 토 샌들이나 웨지와 함께 착용하는 경우가 가장 많다. … 가장 열렬히 양말을 반기는 이들은 패션을 위해 보기 좋게 다리를 드러내기를 좋아하는 십대와 30세 이하의 여성인 듯하다."[73] 여성들이 샌들을 스타킹과 함께 신기는 했었지만 컬러풀한 양말은 전에 없이 새로운 것이었고 어린 소녀들에게서 다채로운 색상의 두꺼운 양말을 선호하는 경향이 나타났다.

그런데 젊음과의 연관성은 플랫폼 샌들이 가진 에로틱한 의미에 혼란을 가져왔다. 스타일에 대한 혐오가 되살아나지는 않았지만, 플랫폼 샌들의 빈티지한 분위기는 마치 어린아이가 차려입은 것 같은 느낌을 주어 뉴스 보도부터 할리우드 영화에 이르기까지 성적 착취를 당하는 아동 의상 중 하나로 묘사되었다. 1976년 영화 〈택시 드라이버〉에서 조디 포스터가 맡은 역할에 이러한 모습이 잘 드러나 있다.《뉴욕 타임스》는 이렇게 설명했다.

오늘날 뉴욕에서 가출한 아이를 대표하는 이미지는 막대기 끝에 묶은 스카프에 옷을 챙긴 귀엽게 반항적이고 매력적인 열네 살짜리 주근깨 소년이 등장하는 《노먼 록웰 세터데이 이브닝 포스트》의 표지가 아니다. 8번가 길모퉁이에서 플랫폼 슈즈에 핫팬츠 차림

영국의 신발 디자이너 테리 드 하빌랜드Terry de Havilland는 1970년대에 가장 패셔너블한 플랫폼 샌들을 많이 디자인했다.
1972년, 영국

1970년대 후반 디스코 패션이 대세가 되면서 하이힐 샌들이 플랫폼을 대체하는 가장 패셔너블한 신발이 되었다. 1975~1979년, 이탈리아, 베니토 스카르다비|Benito Scardavi 제품

을 하고 지나가는 사람들에게 재미 좀 보겠느냐고 묻는 열네 살짜리 소녀다.[74]

패션 역시 샌들이 과도한 성적 매력을 강조하도록 조장했다. "솔직하게 생각해보라. 더 노출하는 것이 최고다. 샌들은 더 간결해지고 더 발가벗겨졌다. 그리고 다 드러낸 높은 샌들처럼 즉각적으로 다리를 길게 만들어주는 것은 없다!"[75]

활동적인 남성을 겨냥한 샌들의 변신

문란했던 한 시대를 지나오면서 별난 플랫폼 샌들은 결국 더욱 에로틱한 스틸레토 샌들로 바뀌었다. 하지만 대부분의 남성에게 샌들은 여전히 금기였고 몇몇 남성들이 대담하게 높은 플랫폼 슈즈와 부츠를 신었던 시대였다고 해도 너무 모험이었다. 하지만 시대가 바뀌고 있었다.

1980년대에는 여성 패션에서 발끝이 노출되는 핍토peep-toe 샌들이 부활하기도 했지만, 발랄한 샌들보다는 '파워' 펌프스가 대세인 시대였다. 그런데 1984년 남성 복식에 최초의 스포츠 샌들인 테바Teva가 등장했다. 그랜드캐니언의 강에서 가이드로 일하던 마크 대처는 많은 고객에게 적당히 신을 만한 신발이 없다는 것을 알고 테바를 만들었다. 래프팅할 때 운동화는 물을 먹어 무거워졌고 플립플롭은 미끄러워 위험했다. 대처는 해결책을 궁리하다 벨크로 소재의 손목시계 줄을 개조하여 플립플롭에 다는 스트랩을 고안해 어떤 지형에도 문제없는 튼튼한 샌들 모델을 만들었다. 테바는 편하게 신는 신발이 아니라 모험을 위한 샌들이었으며, 엄청난 가격만큼이나 수동적이기보다는 활동적인 레저를 표명하는 그 기능성을 통해 마침내 많은 남성이 샌들을 받아들일 수 있게 했다. 한 작가는 테바를 초음속 제트기에 비유했다. "가죽 통 샌들이나 평범한 플립플롭은 떠올리지도 말라. 모험을 위한 이 최신 샌들과 그것들은 초음속 콩코드 기와 종이비행기만큼이나 서로 공통점을 찾기 어렵다."[76]

남성도 샌들을 신는다는 인식이 좀 더 확산하면서 남녀공용이었던 플립플롭도 성별에 맞는 새로운 디자인으로 선보이게 되었다. 1990년대에 남성용 플립플롭은 더 무거운 밑창과 두꺼운 가죽 또는 나일론으로 직조한 굵은 끈이 특징이었다. 남성용 플립플롭은 정글 그린Jungle Green부터 더트 브라운Dirt Brown까지 거친 환경에서의 모험을 암시하는 색상으로 선보였다. 이와는 반대로 여성들에게 판매되는 플립플롭은 발랄한 캔디 컬러로 출시되었고 종종 라인스톤부터 플라스틱 꽃까지 온갖 장식으로 화려하게 꾸며졌다. 1960년대 초부터 브라질 사람들의 복식에 필수 플립플롭으로 자리 잡은 브라질 브랜드 하바이아

테바는 거친 환경에 적합하도록 디자인되었다. 아웃도어 스포츠와의 연관성을 지녀 샌들이 남성 복식에 다시 수용되는 데 일조했다. 1990년대, 미국

나Havaiana의 플립플롭은 1999년 프랑스 디자이너 장 폴 고티에의 패션쇼 런웨이에 오르며 하이패션 시장에 진입했다. 2001년까지 하바이아나는 장인들이 만든 플립플롭을 선보였으며 미국과 유럽의 고급 매장에서 판매했다.[77]

북미에서 금요일마다 자율복장을 허용하는 '캐주얼 프라이데이Casual Fridays'가 대중화되면서 남성 복식에 새로운 압박이 가해지자 휴일에나 신는 샌들이 느닷없이 직장에 모습을 드러냈다. 캐주얼 프라이데이로 인해 남성 권위를 상징하는 유니폼인 슈트와 비즈니스용 브로그Brogues(옥스퍼드 스타일의 중후한 신사화 — 옮긴이)로 감출 수 없게 된 퇴근 후 직장인들의 차림새가 사무실에서 그대로 드러날 수밖에 없었고 이에 혼란이 뒤따랐다. 남성들이 가장 일반적으로 선택한 의상은 스니커즈와 청바지였지만, 일부 남성들은 좀더 많은 것을 보여주기로 하고 플립플롭이나 테바를 신고 출근했다. 이러한 샌들을 선택함으로써 편안한 자연이나 모험을 즐기는 사람임을 보여줄 수 있었지만, 남자가 맨발을 보란 듯이 드러내는 것에는 여전히 논란이 있었다. 신문 잡지의 상담 기고란과 논평 기사 면에는 발을 노출하는 샌들 착용을 비난하는 글이 쏟아졌다. 1994년《뉴욕 타임스》의 눈치 빠른 한 독자가 지적했듯이 남성들에게 적합한 신발 종류와 신체 노출 정도에 대한 고민은 남성 패션에서 일어날 훨씬 더 큰 변화를 예고했다. 그는 이렇게 썼다.

남성들이 좀더 자유롭게 옷을 입는 경험을 쌓으면 여성 의류 사업에 자극제가 되었던 패션에 대한 안목을 키우게 될 것이다. 남성복에서 이를 잘 활용한다면 캐주얼 프라이데이가 불러온 논란거리는 산업 경기를 회복하는 데 도움을 줄 수 있을 것이다. 두려워할 게 아니라 붙잡아야 할 기회다.[78]

샌들을 착용함으로써 어느 정도 신체에 대한 관심이 높아지기 시작하자 21세기에 들어서서는 남성 페디큐어, 근육을 발달시키는 데 초점을 맞춘 신체단련법 그리고 '맨스케이핑Manscaping'이라는 신조어를 탄생시킨 체모 제거도 장려되었다.

남성복에 샌들이 받아들여졌다는 사실이 남성들에게 자신을 표현하는 방법을 그나마 좀더 궁리하게 만든 원인이 되었다면, 1990년대 후반 여성 복에 등장한 디자이너 브랜드의 하이힐 스트랩 샌들은 무엇이 여성을 매력 적으로 보이게 하는가에 대한 관념이 전혀 변하지 않았음을 보여주었을 뿐 이었다. 2000년대 초반 '스트리퍼 슈즈'에서 영감을 받은 샌들이 인기를 끌면서 샌들은 또다시 놀이와 연관성을 갖게 되지만, 그 놀이는 명백히 역 할극이었고 이 샌들을 신는 사람은 '직업여성'처럼 생각되었다.

버켄스탁을 신으면 진보주의자?

1980년대와 1990년대에는 대학생들과 뉴에이지 신봉자들 사이에서 버켄스탁이 다시 인기를 얻으며 2000년에 들어선 다음에도 정치와 신발 사이에 에드워드 카펜터식의 연관성이 맥을 이어갔다. 2003년 미국 버몬트 주의 민주당원 하워드 딘의 대선 도전과 관련하여 보수주의자들은 '버켄스탁 진보주의자'라는 신조어를 탄생시켰다. 간단히 신발의 한 종류를 언급하는 것만으로도 그래놀라를 아그작거리는 페미니스트, 성소수자 인권 운동가, 무조건적인 환경 보호를 주장하는 수염 기른 환경 운동가와 기타 '반미국적인 불량분자들'을 떠올리게 하는 이미지가 바로 만들어졌다. 칼럼니스트 지니아 벨라판테는 2000년대 초반 사회 정체성 구축에서 버켄스탁 진보주의자라는 단어와 신발의 중요성에 대해 이렇게 말했다.

> 버켄스탁은 신발을 사회와 이념의 확실한 분류 체계로 여기는 경향이 높아지는 세상에서 대상을 가리키는 유용한 지시물이다. 예를 들어 누군가 마놀로 블라닉Manolo Blahnik녀라고 한다면 ― '마놀로'는 이제 논평 기사 면에 설명 없이 등장할 정도로 널리 쓰이는 말이다 ― 그녀는 온건한 페미니스트를 지향하며 '시집 잘 간다는 것'에 대해 제인 오스틴과 유사한 성향을 지닌 28세에서 45세 사이의 여성이라는 특징이 매우 효과적으로 나타낸다. 신발은 무심결에 어떤 사람에 대한 많은 것을 알게 해준다. 어디서 왔고 어디에 있으며 어디로 가려 하는지. 그리고 계급과 스타일에 대한 충의를 나타내는 기호로서 신발을 보면 누가 어디에 투표할지도 알수 있다.[79]

버켄스탁과 미국 민주당의 유력 정치인 하워드 딘의 이념 사이에 존재하는 연관성의 허점을 찾고자 하는 것이 벨라판테의 목적이었을지라도 이는 통찰력이 있는 평가였다. 2000년대 초 다양한 종류의 신발에는 경직된 사회 정체성을 엿볼 수 있는 의미가 담겨 있었다. 이는 특히 샌들을 신었던 과거의 여성들에게서 멀어지고자 했던 젊은 페미니스트들에게 문제가 되었다. 그러나 모든 신발이 그렇듯 버켄스탁에 내포된 의미도 언제든 변할 수 있었다. '버켄스탁 진보주의자'라는 말이 등장한 그해에 버켄스탁은 아카데미 시상식의 호화로운 사은품 가방에 들어갈 상품으로 선택되었다. 배우 기네스 펠트로가 버켄스탁을 신은 모습이 노출되었고, 버켄스탁 회사는 슈퍼모델 하이디 클룸을 영입해 유럽과 북미용 신규 스타일 개발에 참여하게 했다.[80] 도매상들은 재고를 쌓아둘 틈이 없었다. 2014년 버켄스탁은 거의 2천만 켤레가 판매되었으며 《뉴요커》에 따르면 디자이너 마놀로 블라닉도 버켄스탁을 신는다고 시인했다.[81] 패셔너블하지 않은 신발이 갑자기 패셔너블한 신발이 되면서 버켄스탁은 정치적 색깔을 어느 정도 벗게 되었다.

6장

누가 뭐래도
샌들을 신습니다

2010년대에는 대부분의 사람이 샌들 하나쯤은 갖고 있게 되었지만, 불편한 시선은 여전히 존재했다. 특히 사람들은 남성의 공개적인 맨발 노출을 여전히 꺼렸다. 2011년 하와이에서 휴가를 보내던 버락 오바마 당시 미국 대통령이 플립플롭을 신고서 막내딸과 함께 빙수를 사 먹는 모습이 찍혔다. 언론에서는 난리가 났다. 많은 사람이 오바마의 플립플롭을 놓고 해변용으로는 전 미국 대통령 닉슨이 선택한 신발보다는 그래도 낫다고 생각했는데, 닉슨은 "정장용 윙 팁 구두를 신고 해변을 산책하는 기괴한 습관 때문에 보수적인 괴짜로 유명"했다.[82] 전문가들은 인터뷰에서 대부분 놀랍다는 반응을 보이면서도 크게 문제 삼지는 않았다. "큰 문제가 아니라고 생각한다. 신발은 상황에 맞게 신는 것이다. 만약 의회 국정 보고에서 플립플롭을 신었다면 얘기가 다르겠지만, 해변에서 딸에게 빙수를 사주고 있었다면 뭇매 맞을 만한 일이 아니라고 생각한다." 이 기사를 터트린 신문은 대통령사 연구가인 제인 햄프턴 쿡의 말을 인용하여 이렇게 보도했다.[83] 가십 웹 사이트 〈가우커〉의 브라이언 모일런은 이렇게 썼다. "크록스Crocs를 신었던 조지 부시가 내게는 더 충격적이었다. 플립플롭이 진저리나게 꼴사납고 보기 안 좋기는 하지만, 오바마는 휴가를 보내는 중이었다. 업무 중이 아닐 때는 해명하지 않아도 된다."[84]

문제는 샌들이 아니라 남자들의 꼴사나운 발

남성의 샌들 착용에 대한 논란은 플립플롭이 딱히 보기에 좋지 않아서 싫다는 이유보다는 오히려 노출된 남성의 발을 보는 것을 불편해하는 문화와 관련이 있었다. "제 남편 발은 울퉁불퉁하고 거칠고 털과 굳은살이 있는데 여름에 플립플롭을 신겠다고 고집합니다. 사람 많은 곳에 가기 전에 손질을 받게 할 방법이 있을까요?" 남편을 걱정하는 한 아내가 스타일 상담 칼럼니스트인 러셀 스미스에게 물었다. 그는 "남자의 발은, 특히 나이가 들수록 그다지 매력적인 신체 부위가 아닙니다"라고 답하며 남편이 운동화나 소재의 짜임이 성근 신발을 신어야 한다고 조언했다. 또한 남편이 "SUV를 몰면서 바비큐를 하고 쇼핑몰 다니는 아빠들의 자존심이자 모든 신발 중에서 최악인 그 형편없는 고무 소재 벨크로 '스포츠' 샌들"을 어디서든 신지 못하게 하라는 단호한 충고도 덧붙였다.[85]

21세기 초반에는 남성들의 신발 선택이 점점 더 까다로워졌다. 남자의 발이 꼴사납게 여겨졌을 뿐 아니라 테바와 밀폐형 셀 수지closed-cell resin를 찍어내서 만드는 새롭게 개발된 샌들인 크록스를 비롯한 여러 인기 레저웨어 샌들을 신는 것도 마찬가지로 눈살을 찌푸리게 했다. 남성들의 발 노출과 관련한 논란은 남성 신체 노출을 둘러싼 수많은 모순을 들춰냈다. 북미에서는 휴식과 스포츠를 위해서라면 셔츠를 입지 않아도 전혀 문제가 되지 않았지만, 몸에 딱 붙는 삼각 수영복은 사회적으로 용인되지 않았다. 다리를 노출할 수는 있지만 무릎 아래로만 허용됐다. 발은 집 뒷마당이나 해변에서는 완전히 드러낼 수 있었다. 샌들을 신으면 발을 노출한 것이었으므로, 샌들로 인해 발은 감시의 대상이 되었다. 맨발은 무방비 상태를 의미하기도 했으므로, 오랫동안 반전주의자들이 선택한 신발이기도 했다. "가장 영예로운 순간에조차 남자는 자신에게 쓸모 있는 물건을 약간은 지니고 있어야 한다"라는 19세기 격언은 일리가 있다고 여겼으며[86] 일반적인 정서에서는 남자의 발을 마주하는 것이 여전히 불편했다. "모두가 이 한 가지는 동의할 수 있을 것이다. 주위 사람들에게 불쾌감을 줄 정도로 남성의 발은 기분 나쁘다."[87]

그렇더라도 많은 남성들에게는 발을 가꾸고 페디큐어를 하는 것 또한 굉장히 큰 도전이었다. 누군가 발을 만지는 순간 웃음을 참느라 곤욕을 치르고 네일숍이라는 지극히 여성적인 공간에서 다른 남성을 마주치게 되는 순간의 불편함까지, 많은 남성은 미용을 위한 공간에서의 경험을 절대적인 위협 중의 하나라고 표현했다. 하지만 페디큐어를 받아보겠다고 공언한 많은 기사의 결론은 다음과 같았다.

놀랍게도 네일숍에 들어가자마자 "여자들의 세상에 온 것을 환영

한다. 이 기생오라비야!" 같은 현수막은 없었다. 대신 몇 개의 의자
와 잡지가 (심지어 남성 잡지도) 있었다. … 그럼에도 어떤 면에서는 남
성들이 왜 페디큐어를 거부하는지 확실히 알 것 같다.… 네일숍은
대부분의 남성에게 진정한 미지의 영역이다.[88]

페디큐어를 원하는 남성의 수요가 증가함에 따라 이 새로운 고객에게
서비스를 제공하는 '남성 전용' 미용 관리실도 생겼다. 샌들을 신은 남성들
의 맨발 노출에서 오는 불쾌감은 남성들이 샌들과 함께 양말을 신는 옛 전
통을 되살리는 것으로 다소나마 완화할 수 있었다. 그렇지만 2013년 데이
비드 헤이즈는 《파이낸셜 타임즈》에 〈삭스 앤드 더 시티: 떠오르는 남성용
샌들〉이라는 기사를 통해 해변 이외의 장소에서 과감하게 샌들을 신는 '용
감한' 남성들의 이야기를 전하며 남성 복식에 샌들이 받아들여져도 남성복
은 거의 발전하지 못했으며 양말과 함께 샌들을 신는 남성은 예전부터 반
감을 샀다고 지적했다.

샌들과 함께 양말을 신은 모습은 샌들을 신고 맨발을 드러낸 남자를 볼
때보다 더 눈살을 찌푸리게 했다. 지미 추RTWJimmy Choo RTW의 크리에이
티브 디렉터인 샌드라 최는 샌들과 함께 양말을 신는 것을 절대 '피해야 할
패션'이라고 강조했지만, 최고급 신발 디자이너 피에르 아르디는 누구든
선택한 사람과 결혼할 권리가 있듯이 누구에게나 샌들에 양말을 신을 권리
가 있다고 주장하며 좀더 열린 태도를 보여 넌지시 이 논란에 자유주의적
사상을 심었다.[89] 샌들과 양말의 결합에도 에드워드 카펜터의 망령이 떠나
지 않고 서성이는 것이 분명했다.

하지만 최근 들어 가장 많은 비난을 받은 신발은 샌들과 양말을 결합한 것 같은 비브람Vibram의 파이브핑거스FiveFingers였을 것이다. '발을 위한 장갑'으로 개발된 파이브핑거스는 발을 가리기는 하지만 동시에 각각의 발가락이 두드러지는데, 보는 사람 대부분이 이를 거북하게 생각한다. 이 디자인이 논란이 되는 이유는 신발을 이렇게 만든 동기가 사람들의 발을 안전한 방식으로 자연환경에 더 가까워질 수 있게 하려는 욕망에서 비롯되었기 때문이다. 거기에는 19세기 혹독한 비난 속에 아침이슬을 헤치고 맨발 걷기를 장려했던 크나이프 신부의 '잔디 치료'부터 좀 더 최근에는 맨발 달리기 애호가들에게까지 이어진 건강 개선이라는 목적이 있었다. 맨발 달리기의 효과를 과학적으로 뒷받침하는 하버드 대학의 생체역학 연구도 있기는 하지만,[90] 파이브핑거스를 신는 사람들은 일찌감치 남의 눈을 신경 쓰지 않는 '건강 마니아'로 여겨졌다.

파이브핑거스는 스타일을 완성하는 요소가 되었다. '휴, 나 방금 이 대단한 10킬로미터 달리기를 완주했어요!' 스타일 말이다. 진정 자기만족으로 가득하고 활기 넘치는 미소를 지으며 유기농 식품점인 홀푸드의 그릭 요거트 코너까지 곧장 달려왔다고 티를 내는 그 스타일. 만약 이러한 사람 중의 한 명이라면 본인도 잘 알 것이다. 당신은 최악이다.[91]

안 꾸민 듯 꾸미고 싶을 때는 슬라이드 샌들

수영장 슬라이드pool slides, 즉 발등에 스트랩이 하나인 슬립 온slip-on 플라스틱 샌들과 양말을 함께 착용하는 경향은 자기만족적인 우월함과 연관이 있다. 남학생 동아리 회원부터 운동선수에 이르기까지 다양한 부류의 젊은 남성들이 신경 쓰지 않은 듯 차려입은 느낌을 표현하기 위해 이 조합을 활용했다. 션 스위니는 기사 〈진정 새로운 슬라이드로 멋진 스타일을 연출하는 방법〉에 이렇게 썼다.

현재 대학생이고 일상적으로 입는 복장에 슬라이드 슬리퍼 스타일이 없다면 트렌드를 쫓아가지 못하는 것이다. '난 몸매가 좋아, 왜냐, 봐, 운동하러 가는 중일 수도 있잖아'와 '난 나갈 준비를 한 시간씩 하는 그런 놈이 아니야'와 더불어 '난 모든 것을 있는 그대로 받아들이지'의 완벽한 조합이다.[92]

슬라이드 슬리퍼는 캐주얼한 신발이지만, 슬라이드 패션의 핵심은 브랜딩이다. 2016년, 일본, F.C. 리얼 브리튼F. C. Real Briton 제품

침대에서 뒹굴다가 나온 것처럼 보이는 스타일이지만 적용된 규칙은 분명히 있다. 인기 있는 슬라이드는 브랜딩이 명확하며 스니커즈 문화로 이어지는 강건한 남성성을 넌지시 비친다.

착용하는 양말의 종류도 중요하다. 종종 상표가 붙는 기장이 긴 스포츠 양말인 튜브 삭스tube socks는 착용자가 곧 스포츠용 스니커즈를 신을 것이거나 최근에 신었다는 것을 암시함으로써 활동성이라는 매력을 더한다. 2015년 스튜 우와 레이 스미스가 《워싱턴 포스트》에 다음과 같이 언급했듯이 이 저렴한 샌들의 고급 버전을 패션계에서 밀기 시작할 정도로 이 스타일의 인기는 높아졌다.

> 아재들과 독일 여행객들, 그리고 히피들이 끊임없이 조롱받는 원인인 샌들에 양말을 신는 패션이 유행인 모양이다. 6월 남성 패션쇼에서 캘빈 클라인 컬렉션Calvin Klein Collection, 보테가 베네타 Bottega Veneta, 마르니Marni와 여러 럭셔리 브랜드들이 이 조합을 선보였다. … 이 트렌드의 탄생에 대한 공적 또는 책임의 일부는 스포츠 라커룸에 있다. 최근 12명가량의 뉴욕 자이언츠 선수들이 연습 전 어느 오후, 미디어와 인터뷰를 하러 라커룸에서 서둘러 나왔다. 그들 중 절반은 샌들에 양말을 신고 있었다. … 운동선수들은 그래도 되기 때문에 샌들에 양말을 신는다고 말한다. 그 라커룸에는 드레스 코드가 없다.[93]

성별에 따른 차이가 가장 뚜렷한 신발

이 스타일이 이렇게까지 흥미로운 이유는 착용하는 사람이 개의치 않음을 확실히 나타내기 때문이다. 슬리퍼에 양말을 신는 스타일은 오랫동안 이어져온 패션에 대한 남성들의 종잡을 수 없는 취미의 기조를 고수하면서 동시에 소비 그리고 브랜드와의 유대를 부추긴다.

디자이너 슬리퍼까지 등장했지만 여전히 대담하다고 하는 남성들조차 공식석상에서는 샌들을 신지 않는다. 최근에는 일부 남성들이 턱시도에 스니커즈를 신기도 하지만, 19세기부터 남성들이 신기 시작한 정장용 구두인 끈을 묶는 보수적인 옥스퍼드 슈즈가 여전히 남성들이 공식석상에서 가장 많이 신는 기본 신발이다. 하지만 여성 패션에서는 아직도 스트랩 샌들이 정장에서는 필수나 마찬가지다. 이러한 하이힐 샌들에 빈곤이나 속세와의 단절이라는 의미는 들어 있지 않다. 오히려 끈이 거의 없는 하이힐 샌들은 과도한 동양 또는 고전 양식화와 샌들의 오랜 연관성을 나타낸다. 현재 가장 비싼 신발은 스튜어트 와이츠먼이 만든 하이힐 샌들로 다이아몬드를 비롯한 보석으로 장식되어 있으며 100만 달러, 약 11억 원이 넘는 것으로 알려져 있다.

머리와 손을 제외하고 살이 드러나는 부분은 모조리 가린 남성의 공식적인 복장과 목, 가슴, 등, 팔다리를 있는 대로 노출하고 보통 발등을 노출하는 이브닝 샌들을 신는 여성의 공식적인 복장의 극명한 대비는 성별에 대한 많은 전통적 관습이 영속되고 있다는 것을 시사한다. 이로 인해 샌들은 오늘날의 서양 복식에서 아마도 가장 크게 성별의 차이를 반영하고 있는 아이템이 되었다.

이탈리아 브랜드 프라다Prada가 2012년 봄/여름 컬렉션에서 선보인 이 이브닝 샌들은 1950년대 고급 자동차 디자인에서 영감을 받아 만들었다. 2012년, 이탈리아, 프라다 제품

II 부츠: 포용

다리 전체를 감싸 안은
우아함의 상징

Inclusivity

부츠는 인간이 험난한 환경에서 살아남을 수 있도록, 그리고 적을 정복하고 권위를 드러내도록 해주었다. 부츠는 진격하는 군대, 쓸쓸한 카우보이, 자아도취한 멋쟁이, 외국인 혐오 성향의 스킨헤드, 만화책 속의 슈퍼히어로가 신는 신발이었다. 서구 패션에서 부츠는 전통적으로 남성의 신발이었다. 말 소유자라는 지위를 나타냈던 승마용 부츠는 오랫동안 군사력과 상류층의 특권을 상징했다. 그에 반해 작업용 부츠는 '전통적 가치관' 그리고 남자다움과 연계되어 육체노동과 거친 남성성을 상징했다. 20세기 이후 이 같은 부츠의 실질적인 기능은 대부분 사라졌지만, 그 대신 정체성과 패션을 표현하는 액세서리가 되었다.

이 부츠는 나폴레옹 3세의 왕실 마구간을 관리하던 마구간 책임시종의 것으로 알려져 있다. 표면적으로는 그가 맡은 일과 관련해 착용한 신발이었지만, 매우 폭이 좁고 긴 디자인으로 볼 때 그가 진짜로 중요하게 생각했던 것은 패션이었음을 알 수 있다. 19세기 후반, 프랑스

1장

모험과 탐험을 위한
남성의 신발

'발과 다리를 부분적으로 감싸는 신발'로 정의할 수 있는 부츠는 고대부터 착용하기 시작했지만, 16세기에 이르러서야 남성 패션의 주요 액세서리가 되었다. 서구 세계가 확장되면서 부츠는 군대의 모험과 세계 탐험을 위한 제복의 일부가 되었다. 멋진 의상에 더해 다리에 꼭 맞는 부츠를 신은 남성의 초상화에는 더 넓은 세상으로 향한다는 의미가 담겨있다. 1606년 영국의 작가 토머스 데커는 "영국 남자의 슈트는 마치 목을 매달고 잡아 늘여 네 조각으로 나눈 후에 여러 곳에 전시된 반역자의 시체 같다", "그의 코드피스codpiece(중세의 남성들이 성기를 보호하기 위해 샅에 차던 주머니 ─ 옮긴이)는 덴마크로 보내졌고, 더블릿doublet(14~17세기 남성이 착용한 짧고 몸에 꼭 맞는 상의, 재킷의 원형 ─ 옮긴이)의 깃과 앞판은 프랑스에 있으며 … 폴란드인은 그에게 부츠를 주었다"[1]라며 못마땅해했다. 그가 옳았다. 더 넓은 세상과의 만남은 영국인이 신던 부츠뿐만 아니라 옷 입는 방식까지 바꿔놓았다. 데커가 언급한 폴란드의 부츠는 폴란드를 비롯한 동쪽의 다른 나라들과 영국의 교역이 증가한 사실과 관련이 있었다. 실제로 데커가 푸념을 늘어놓던 시기에 즈음하여 서아시아를 통해 서구 패션에 도입된 힐heel이 남성용 승마 부츠에 접목되었다.

부츠를 신고 우아함을 뽐내다

17세기 초 가장 유행했던 부츠는 대개 넓은 단이 보이도록 접어서 종종 가장자리를 레이스로 장식한 부츠 양말boots hose(비싼 양말의 손상을 막기 위해 레이스 스타킹 위에 신던 속양말)을 곁들여 신던 부츠 대신, 부츠의 종아리 부분인 샤프트shaft를 무릎 위까지 올려 신고 발목 부분이 주름 잡히는 고급 스웨이드로 만든 부츠였다. 1604년 영국 작가 토머스 미들턴의 소설에서는 한껏 멋을 부린 한 멋쟁이의 부츠를 이렇게 평했다. "아래를 보자 유별난 부츠가 보였는데 … 주름은 인위적이었고 … 마치 풀을 먹인 지 얼마 되지 않아 세

이 초상화에서 찰스 1세가 신은 주름 잡힌 실루엣의 부츠는 17세기 초 우아한 남성 패션의 극치를 보여준다. 다니엘 미텐스, 〈잉글랜드 국왕, 찰스 1세〉, 1629년

탁실에서 금방 가져온 것 같았다."[2] 젊은이는 너무 부자연스럽고 철저하게 연출한 정확한 주름 때문에 웃음거리가 되었다. 그의 복장은 분명 일터에도 전쟁터에도 어울리지 않았다. 17세기 중반까지는 카발리에cavalier 패션(찰스 1세 시대 왕담원의 복장에서 유래한 패션으로 높은 허리선, 넓은 레이스 칼라, 레이스 커프스로 대표된다. — 옮긴이)이 남성 복식을 지배했으므로 부츠에도 사치스러운 취향이 남아 있었다.[3] 수세기 후 이런 유형의 부츠는 해적의 이미지와 연관성을 갖게 되는데, 이들은 품행과 복장에 관한 규칙을 모조리 무시함으로써 짜릿함을 느끼는 부류였다.[4] 하지만 사실상 이 스타일은 17세기 말을 끝으로 유행에서 사라졌으므로 버킷 부츠bucket boots에 덧씌워진 허세꾼의 이미지는 잘못된 것이다.

게다가 이 시대를 묘사하는 이미지를 보면 해적은 부츠가 아니라 구두를 신고 있으며 당시 해적에 관한 문헌을 찾아봐도 부츠에 대한 언급은 전혀 없다. 오히려 세기가 끝날 무렵 부츠는 일반적으로 거의 착용하지 않고, 원래의 승마용 신발을 다시 신었다. 부드러운 스웨이드는 무겁고 뻣뻣한 가죽, 즉 삶아서 단단해지도록 처리된 잭jacked 가죽으로 대체되어 부츠를 신고 뽐내던 우아함은 모두 사라지게 되었다.[5]

부츠는 곧 남자의 자부심

18세기에 들어서서 잉글랜드 시골의 대지주들이 더 가볍고 매끈한 부츠를 일상 패션의 일부로 착용하기 시작하면서 부츠는 다시 유행하게 되었다. 이 유행은 잉글랜드에서 처음 시작되었지만 빠르게 유럽 대륙과 북미로 퍼져나갔고 시대를 정의하는 스타일이 되었다. 처음에 몇몇 사람들은 이 유행을 못마땅하게 여겼다. 그중 한 명인 영국의 멋쟁이 리처드 보 내시는 18세기 중반 영국 전역에서 가장 패셔너블한 장소로 런던에 필적했던 호화로운 온천 도시 바스를 '교화'하려는 듯 남자들에게 부츠를 버리고 구두와 스타킹을 신어야 한다고 주장했다. 그는 갖은 조롱을 수단으로 동원했다.

> 내시는 자신의 승리를 밀어붙이려 박차가 달린 부츠를 신은 땅딸보가 시골 지주 역할로 등장하는 인형극을 열었다. 극 중에서 정부가 땅딸보 지주의 신발을 벗기려 하자 그는 이렇게 대꾸한다. "내 부츠! 왜 이러시오, 마담. 차라리 내 다리를 뽑으시오! 나는 부츠 없이 절대 아무데도 가지 않소."[6]

부츠 착용을 막으려는 내시의 노력에도 끝내 흐름은 바뀌었다. 시골 지주의 스타일은 대대로 전해 내려온 노동과 연계된 남성 특권에 대한 관념이 근본적으로 변했음을 시사했다. '모든 사람은 평등하게 창조되었다' 같은 혁명적인 사상을 통해 출신의 특권을 인정하지 않고 사회·경제적 수준에 상관없이 남성을 결속하고자 하는 이상을 추구함으로써 새로운 남성성이 구축되었으며, 남성성을 노동과 연결하는 관념이 정립되기 시작했다. 비록 그 노동이 자신의 재산을 관리하는 일이었을지라도, 승마용 부츠를 신는다는 것은 이러한 새로운 사상을 나타내는 상징이었다. 세기가 끝

이 부츠는 가죽을 딱딱하게 가공한 '잭' 가죽으로 만들어졌으며 층을 겹겹이 쌓아 만든 높은 스택드 힐이 특징이다. 말을 타는 거친 조건에서 신도록 디자인되었음을 알 수 있다. 1690~1710년, 영국

신발, 스타일의 문화사

샤프트 상단에 하단과 대비를 이루는 가죽 재질의 띠로 장식한 승마용 부츠인 톱 부츠Top boots. 19세기 전반 부유층 남성들에게 인기가 있었고 오늘날에도 승마 패션에 남아있다. 19세기, 프랑스

어린 소년들은 많은 이들이 큰 자부심을 느끼는 순간인 소년기에 들어섰다는 의미로 부츠를 선물 받았다. 〈내 부츠 좀 보세요〉, 너새니얼 커리어가 출판, 1856년경, 미국

날 무렵 프랑스 패션도 현저하게 단순해지면서 매끈한 승마 부츠는 일반적인 남성 복식의 기본 아이템으로 자리 잡았다.

19세기에 들어서서 부츠는 '남자다움을 나타내는 다른 입고 걸치는 물건들이 있겠지만, 부츠만큼 그것을 신은 남자에게 자부심을 느끼게 하는 물건은 없다'고 할 정도로 남성 복식의 자부심이 되었다.[7] 남자들은 어린 시절 종종 아이에서 청년이 되었다는 표시로 첫 부츠를 선물 받았으며, 남성 패션에서 중심적인 위치를 차지하게 되면서 부츠는 가장 공식적인 자리를 제외하면 어느 상황에서든 늘 신는 신발이 되었다. 1808년 영국의 재담가 에드워드 드부아는 어디서나 부츠를 볼 수 있게 된 현상에 대해 다음과 같이 비꼬았다.

겨우 이 시대에 와서 도입된 부츠가 보편적으로 받아들여졌다는 사실은 우리 국민성의 완전히 새로운 모습을 보여준다. 아주 오래된 격언에 호도된 우리 선조들은 말을 갖게 될 때까지는 결코 부츠를 신을 생각을 하지 않았다.[8]

당시는 군국주의 시대였고, 혁명과 영토 확장을 위해서는 부츠가 있어야 했다. 얼마간 과시적인 헤시안 부츠Hessian boots(앞에 술이 달린 군용 부츠로 독일 헤세군의 군장화에서 유래한 부츠 — 옮긴이)가 인기를 끌었는데, 프랑스 혁명으로 인해 스타킹을 신고 입는 브리치스Breeches 반바지와 화려한 버클로 여미는 구두가 귀족의 무절제와 나약한 남성성과 연계되며 정치적으로 문제시되었기 때문이다. 그 반향으로 혁명 이후 부츠와 함께 착용하는 판탈롱pantaloon(통이 좁은 19세기 남성용 바지 — 옮긴이)이 유행하게 되었다. 다리의 윤곽이 더 길고 우아해 보이도록 디자인된 판탈롱은 바지 밑단에 연결된 끈을 발에 끼워 걸었다. 흔히 바지를 다리에 꼭 맞는 헤시안 부츠 안에 넣어 입었으며 상단의 유려한 곡선이 특징인 헤시안 부츠는 항상 번쩍거릴 정도로 광택을 내고 자수와 실크 술로 장식하는 경우가 많았다. 이때의 판탈롱은 다리가 날씬하고 말끔해 보이도록 꼭 맞게 입는 것이 유행해서 욕망의 대상이자 조롱의 대상이 되곤 했다.

1842년 조지 크룩생크는 헤시안 부츠를 너무나 사랑한 나머지 작품집에 실은 한 해학적인 글에서 "헤시안 부츠를 신

19세기 초 패셔너블한 남성들은 이 캐리커처에 묘사된 것처럼 유별나게 다리에 꼭 맞고 더러 너무 작기도 한 부츠를 신고 우아함을 뽐내고자 했다. M. 에저튼, 〈새 부츠〉, 1827년

얇은 굽에 화려한 장식이 있는 이 헤시안 부츠는 판탈롱 바지와 완벽하게 어울렸을 것이다. 군대 복식 중에는 부츠를 장식한 화려한 자수와 술 장식 등 19세기 초 동유럽 복식에서 차용한 요소가 많았다. 19세기 초, 헝가리로 추정

고서 만족스러운 내 다리를 바라보기 위해 다리를 꼬고 앉는 것"을 정말로 좋아한다며, 50켤레의 헤시안 부츠를 한꺼번에 신을 수 있도록 지네가 되고 싶다고 할 정도였다. 또한 이 작품집에서 그는 "어린 엄지손가락 틈도 없을 만큼 신기 어려운, 신데렐라의 언니들이 유리 구두를 신는 만큼이나 신기 어려운 부츠를 만든 어떤 놀라운 천재"라고 프랑스 제화공을 묘사해 헤시안 부츠를 너무 작게 만드는 유행을 유쾌하게 지적했다.[9] 헤시안 부츠는 군인들의 부츠이기도 했지만, 멋쟁이들의 부츠이기도 했다. 하지만 남성복이 점점 획일성이 강해지는 시대가 되면서 헤시안 부츠는 사라지고 곧 웰링턴 부츠wellington boots로 대체되었다.

요란함을 버리고 실용성을 더하다

웰링턴 부츠는 1815년 워털루 전쟁에서 나폴레옹을 무찌른 영국의 유명한 전쟁 영웅이자 초대 웰링턴 공작인 아서 웰슬리의 이름을 딴 덜 요란한 부츠였다. 웰슬리는 자신의 구두를 만들던 조지 호비에게 쓴 편지에 이렇게 썼다. "마지막으로 보내준 부츠도 종아리 폭이 너무 좁고 길이도 다리 길이보다 4센티미터 정도 너무 짧소. 위에 지시한 대로 고쳐서 두 켤레를 더 보내주시오." 몇몇 역사가들이 이 짧은 편지를 토대로 다양한 추론을 펼쳤지만, 실제 공작이 요청한 부츠가 어떤 모양이었는지는 분명하지 않다. 웰링턴 부츠는 헤시안 부츠만큼 다리에 꼭 끼지 않고 약간 헐렁한 것은 맞지만, 웰슬리가 자신의 이름을 딴 부츠의 디자인 방향에 대해 어느 정도까

웰링턴 부츠는 19세기 초에 유행하기 시작했고 여전히 유행을 타지 않는 고전으로 남아있다. 웰링턴 부츠 상단은 보통 직선이지만 사진에서 보듯이 때로는 앞이나 뒤의 끝을 뾰족하게 세우기도 했다. 이 부츠는 영국 부츠 제조업체인 포크너 앤드 선즈 Faulkner & Sons의 제품이다. 1918~1930년, 영국

지 직접 조언했는지는 알려진 바가 없다. 웰링턴 부츠는 장식이 적어 판탈롱을 대신하는 다른 바지에 신기도 수월했고, 원하면 바지를 부츠 안으로 넣을 수도 있었다.

웰링턴 부츠는 실용적이어서 널리 착용되기는 했지만, 다른 부츠와 마찬가지로 상당히 비쌌다. 결국 남성 복식에서 목이 긴 웰링턴 부츠는 가격이 저렴한 앵클 부츠로 대체되었다. 측면에 덧붙인 신축성 있는 삼각형의 천, 즉 거싯gussets이 특징인 콩그레스 부츠congress boots는 1830년대 영국

의 구두 장인 J. 스파카홀이 처음 만들었으며 남성과 여성 모두에게 대단히 인기가 있었다고 한다. "구두라고 하기에는 너무 높고 부츠라고 하기에는 너무 낮은 발과 발목 싸개"라고 정의되며 끈으로 여미는 하이로우Highlow 부츠 또한 꽤 인기가 있었다.[10] 블루처 부츠Blucher boots도 웰링턴 부츠와 마찬가지로 워털루에서 웰링턴 공작과 맞붙었던 프로이센의 사령관 게프하르트 레베레히트 폰 블뤼허Gebhard Leberecht von Blücher의 이름에서 따온 것이다. 블뤼허는 보병들이 신속하게 착용할 수 있으며 다양한 발 너비에 적합한 부츠를 의뢰했다고 한다. 이 스타일은 대단한 인기를 끌어 19세기와 20세기에 걸쳐 수백만 명의 보병이 다양하게 변형된 블루처 부츠를 신고 전투에 나섰다. 블루처 부츠와 구조는 비슷하지만 일반적으로 품질은 떨어졌던 브로간Brogan은 아일랜드와 스코틀랜드 일부 지역에서 전통적으

1837년 영국의 구두 장인 J. 스파카홀은 신축성 있는 삼각형의 천인, 거싯을 신발에 처음 사용했다. 이를 통해 신발을 쉽게 신고 벗을 수 있었으며 부츠의 형태도 깔끔하게 유지할 수 있었다. 1860년경, 영국으로 추정

남북전쟁 당시 북군 병사들의 사진에는 다양한 신발 스타일이 보인다. 왼쪽에 있는 두 사람은 아마 웰링턴일 가능성이 높은 부츠를 신고 있다. 그 오른쪽에 앉은 첫 번째 남자는 베를린 워크 슬리퍼를 신고 있으며, 맨 오른쪽에 있는 남자는 브로간을 신고 있다. 뉴욕주 제7 민병연대, 1861년, 캠프 카메론 D.C.

이 브로간은 앤더슨빌에 있는 남부 연합의 악명 높은 교도소에서 교도관이 신었던 것으로 알려져 있으며 미국 남북전쟁 당시의 신발 상태를 보여준다. 1863~1865년

신발, 스타일의 문화사

로 신어온 투박한 부츠형 구두였으며 브로간이라는 단어는 켈트어에 속하는 고대 아일랜드어인 게일어로 '신발'을 의미했다. 이 저렴한 작업용 부츠는 미국 남부와 서인도 제도에서 노예에게 신기기 위해 대량으로 생산되어 미국의 신발 산업 발전에 핵심적인 역할을 했다.[11] 브로간은 공장에서 대량 생산하기는 했지만 겨울철에는 북부의 농민들이 가내 수공업으로 생산하기도 했다.

유난히 저렴한 이 '니그로 브로간 부츠'는 착용자의 살갗을 파고들기 일쑤인 딱딱한 가죽을 사용해 조잡하게 만들어졌다. 노예의 삶을 회고하는 이야기를 통해 상처가 나지 않도록 종종 헝겊을 신발에 채워 넣어야 했으며 갑피를 더 부드럽게 만들려고 기름을 칠해야만 했다는 일화들이 전해진다.[12] 사실 대부분의 노예가 이 형편없는 신발조차도 일 년에 한 켤레밖에 신을 수 없었음에도 브로간의 수요는 상당했기에 북부의 신발 제조업자들에게는 매우 고마운 존재였다. 1854년 영국의 한 기사는 이렇게 전했다.

남부에서는 노예를 부리므로 '브로간'이라고 하는 엉성한 신발을 상당량 팔아치운다. 북부의 제조업자들이 … 노예제도의 신속한 폐지를 원할 이유가 거의 없다.[13]

일부 남부 사람들은 구두 제조를 좀 더 지역의 산업으로 만들기 위해 필사적으로 노력했는데, 이는 신발 제조 기술을 보유한 노예를 데려오기 위해 치렀던 높은 매매 가격을 보아도 알 수 있다. 노예였던 시슬리 코우손은 '주인'이 처음으로 데려온 노예가 구두장이였다고 기억했다. "그들은 구두장이 노예를 데려오려고 큰돈을 지불했다. … 구두장이는 대장장이만큼이나 값이 나갔다. 얼마를 지불했는지는 기억이 나지 않지만 큰돈이었다."[14] 신발 생산을 지역화하려는 이 같은 시도가 있었지만, 여전히 북부에서 이를 독점했고 남북전쟁이 시작되자 남쪽 전역에서는 신발이 부족하다는 것을 절실하게 느끼게 되었다.

19세기 구두닦이 소년의 삶

19세기 내내 부유층 남성들은 부츠 종류에 상관없이 엄청나게 반짝일 때까지 광택을 내서 신어야만 했다. 영국의 멋쟁이 보 브럼멜은 제대로 광택을 내기 위해 하인에게 샴페인으로 부츠를 닦게 했다고 한다. 꾸며낸 이야기일 가능성이 있지만, 광을 낸 신발의 중요성을 과소평가할 수 없다. 도시와 마을은 매우 지저분했고 부츠는 늘 더러워졌다. 부자들은 집에서는 하인을 시켜 부츠를 계속 반짝이게 할 수 있었고 밖에서는 푼돈을 주고 구두닦이 소년들의 서비스를 이용할 수 있었다. 부츠가 티끌 한 점 없어야 한다고 강요하는 풍조를 지긋지긋해하는 사람도 있었다. 1886년 《라이프》지에 '고통받는 자'라는 필명의 한 사람은 이런 푸념을 늘어놓았다. "남자의 부츠가 그 남자의 품성을 얼룩으로 더럽히기라도 했다는 말인가? 왜 판에 박힌 검은색 광택제가 아름다운 흙빛보다 좋다는 것인가? 왜 사회는 갈고 닦지 않은 지성은 지적하지 않으면서 남자의 발은 그렇게도 반짝거리기를 바라는가?"[15] 하지만 과도하게 광택을 내는 유행을 무시한 남성들은 차림

이 사진의 제목인 〈마이클 메로, 웨스트 4번가 2번지 구두닦이, 12세, 자의로 일한 지 1년 됨. 담배 안 피움. 5월 21일 오후 11시 이후 마감. 평소 하루에 6시간 근무. 위치: 델라웨어 주, 윌밍턴〉에는 구두닦이를 사회의 하층민이라기보다 자영업자이자 바르고 야심 있는 사람들로 보여주고자 하는 노력이 나타나 있다.

새뿐만 아니라 품성 또한 비루하다는 비판을 받을 각오를 해야 했으며 19세기 내내 구두닦이는 중요한 패션 노동자로 여겨졌다.

> 붐비는 거리를 헤쳐 나갈 때 고개를 들고 똑바로 바라보면 상류 계급의 인간들이 어떤 사람인지 알 수 있다. … 그 어른들 삶의 위치에서 약 30센티미터 아래에서는 군중 틈에서 휩쓸리는 소년들의 삶 또한 펼쳐지고 있다. … 아래를 내려다보라. 그리고 아무도 신경 쓰지 않는 이 소년들의 삶을 보라. 아니, 구두닦이가 얼룩진 부츠를 슬며시 가리키면 내려다봐야만 한다.[16]

무일푼에 갈 곳도 없으며 종종 맨발로 학대와 착취에 노출된 채 영업을 하던 구두닦이들은 도시의 미관을 해치는 존재로 여겨졌다. 수많은 기사를 비롯하여 1867년 출판된 허레이쇼 앨저의 『누더기를 입은 딕, 뉴욕 거리의 구두닦이』 등의 책, 그리고 그러한 아이들에게 교육과 기회를 제공하고 생활 조건을 개선해주고자 영국과 미국에 차례로 생긴 빈민 학교의 설립 등에서 알 수 있듯이 그들은 종종 사회적 불안의 초점이 되었다. '구두닦이 단체'는 회원인 구두닦이들이 벌어들인 돈을 모아 이 자금으로 호주와 캐나다를 비롯하여 영국의 먼 지역까지 어린 소년들을 보내는 데 사용한 자선 단체였다.

2장

여성의 부츠는
발에 신는 코르셋?

여성복에서 부츠는 비교적 신참이었다. 18세기 말 공공 산책로를 걸어 다니거나 쇼핑가를 돌아다니는 것이 유행하면서 목이 짧고 앞을 끈으로 매는 부츠를 몇몇 여성이 신기도 했다. 하지만 부츠는 19세기에 이르러서야 여성 복식에 완전히 수용되었다.

19세기 초에 널리 유행한 납작한 샌들화flat-soled sandal-shoes처럼 발목을 덮고 옆을 끈으로 여미는 부츠는 섬세한 소재로 만들어져 악천후에 발을 보호하는 기능은 거의 없었지만, 그 대신 단정하고 얌전한 이미지를 주었다. 영국에서는 이 부츠를 약간 고상한 척하는 성격으로 알려진 융통성 없는 윌리엄 4세의 왕비 애들레이드를 기려 애들레이드 부츠Adelaides boots라고 불렀다. 부츠는 철사로 만든 새장 모양의 스커트 버팀대인 크리놀린이 발명되면서 더 중요해졌다. 크리놀린은 힘들게 페티코트를 여러 겹 겹쳐 입지 않고도 풍성하게 넓은 스커트 실루엣을 연출할 수 있는 장점이 있었지만, 철 구조물이 움직임의 영향을 상당히 많이 받아 위로 들리게 될 경우 여성의 다리가 노출되었다. 어느 크리놀린 찬양자는 "크리놀린은 아주 조금만 움직여도 발목이, 조금 더 움직이면 무릎이 보이고, 바람 부는 날은 말할 것도 없고 몸을 빠르게 돌리면 더 대단한 것을 보여준다는 장점이 있다"고 우스갯소리를 했다. 하지만 또 다른 논평자는 "밭장다리, 칠면조 다리, 안짱다리의 세계가 레이스와 모슬린으로 만든 보기 좋은 주름 아래 숨겨져 있다는 사실을 그 전에 누가 알았을까?"라며 진저리쳤다.[17]

부츠로 발목의 결점을 감추다

'예쁜 발목'이라는 말이 종종 여성의 매력을 표현하는 데 가장 중요했던 시대에 부츠는 발목의 결점을 감추거나 다리나 발의 아름다움을 돋보이게 하는 데 모두 유용했다. 21세기 후반에는 앞을 끈으로 조이는 레이싱 프런트lacing front 부츠와 옆을 단추로 여미는 부츠가 크게 유행했으며 부츠 목이 슬며시 높아졌다. 코르셋으로 몸통을 조이고 강조한 것처럼 비정상적으로 몸에 꼭 맞는 이러한 부츠로 발과 종아리의 모양을 강조했다.

1858년 롤라 몬테즈는 자신의 책 『아름다움의 기술』을 통해 다음과 같은 일화를 들려주었다.

유명한 베스트리스 부인은 아침마다 하얀 새틴 부츠를 그녀의 아름다운 발 모양에 완벽하게 꼭 맞도록 신은 채로 꿰매곤 했다. …

짙은 녹색의 새틴으로 만든 애들레이드 부츠는 악천후로부터 최소한의 보호밖에 되지 않았지만 발목은 확실히 덮어주었다.
1840년대경, 유럽

그리고 그녀의 얼굴보다는 아름다운 발에 넘어간 남자가 많았다고 한다.[18]

하지만 이 같은 극단적인 방법까지 쓰고 싶지 않았던 사람들에게는 다행히 당시 가장 매력적인 부츠를 만들던 프랑스의 구두 제조업자 장 루이 프랑수아 피네가 있었다. 1888년에 출간된 로맨스 단편 소설『모래 위의 발자국』은 피네의 부츠를 중심으로 이야기가 전개된다. 사랑을 구하는 남자는 해변에서 작은 부츠가 남긴 흔적을 보고 매료된다.

모래 위에 발자국을 남긴 이는 날씬하고 아름다운 웨일스의 소녀였다. 란다비드에 사는 여자들은 확실히 파리의 부츠를 즐겨 신지 않았고 그들은 피네가 누군지도 몰랐다. 나는 어떤 여자의 발이 그렇게 작은지 궁금했다. 요정 같은 손발에, 작지만 아름다운 몸매의 그 형체가 머릿속에 떠오르는 것을 멈출 수 없었다.[19]

피네의 부츠를 장식한 섬세한 자수는 요정의 손길을 떠올리게 했지만, 사실 제조업자가 고용한 700명의 자수사들이 매일같이 수고한 결과였다. 이 자수사들은 시간당이 아니라 갑피 수량당 돈을 받는 도급으로 일했고 얼마 안 되는 돈을 받기 위해 오랜 시간 힘들게 일해야 했을 것이다. 식물을 정확하고 섬세하게 묘사한 자수사들이 아무리 훌륭한 실력을 갖췄어도 그들이 피네 부츠 한 켤레를 살 형편은 되지 못했을 것이다. 그 대신 자수사들은 아마도 약간의 기계 자수 장식이 들어간 대량 생산된 가죽 부츠를

파리의 구두 제조업자 프랑수아 피네가 제작한 이 우아하고 사치스러운 붉은 루비색 부츠는 중간색인 담황색의 비단실로 꽃과 구름 무늬를 수놓아 차분하면서도 호화로운 장식을 더했다. 1875~1885년경, 프랑스

신거나, 아니면 중고 의류상에게서 부츠를 구매했을 수도 있다. 또는 산업
화로 인해 구두 수선공이 될 수밖에 없었던 실직한 수많은 제화공에게 수
선이 필요한 신발을 가져갔을 것이다.

에로틱한 페티시 부츠의 등장

시간이 지나면서 여성의 발과 부츠를 비롯한 신발은 계급과 관계없이 점
점 더 에로틱해졌다. 이러한 풍조를 반영하듯 영국과 프랑스의 상류층 여성
들 사이에서는 다리와 발의 본을 뜨는 것이 대유행했다. 1870년 필라델피
아의 신문《이브닝 텔레그라프》는 기사에서 이 유행에 관해 이렇게 전했다.

> 지방의 한 시장 부인이 런던에 와서 두 개의 다리 본을 떴다. 한쪽
> 은 누드로, 다른 한쪽은 세련된 예쁜 구두와 스타킹, 스타킹 고정
> 밴드를 신은 채였다. 이상하게도 … 정숙함과 훨씬 멀어 보이는 쪽
> 은 나체의 다리보다 스타킹과 고정 밴드를 착용한 다리였다.[20]

그 시대 포르노에는 작가의 정서에 따라 나체의 여성을 묘사하면서 신발
은 벗기지 않는 풍조가 있었다. 이러한 비유는 상상과 현실 모두에서 여성
의 신발을 더욱더 에로틱하게 만드는 역할을 했다. 부츠의 재질감도 에로티
시즘의 초점이 되었다. 이때 페티시 부츠가 등장했다는 사실은 놀랍지 않다.
영국 작가 프레더릭 로커 램슨은 자작시 〈내 애인의 부츠〉에 이렇게 썼다.

이 부츠는 신으면 스타킹을 신은 다리처럼 보이도록 디자인되었다. 힐끔 훔쳐보는 부츠의 샤프트 부분이 사람을 감질나게 했을 것이다. 1890년대, 스위스 또는 독일

오, 그녀의 발을 감싼

그리도 아름다운 가죽을

사냥꾼은 어디서 얻었을까?

운 좋은 녀석,

너는 죽었구나. 그래, 그랬구나.

내 사랑을 위해!

1886년 독일의 정신과 의사 리하르트 폰 크라프트에빙이 쓴 성정신병리학의 교과서 『성적 정신 병질』에는 신발에 대한 성도착, 즉 일반적으로 부츠 페티시라고 하는 사례 연구가 다수 포함되었다.

한 '환자'에 따르면 "대부분의 윤락업소에서는 남성들의 이러한 성도착이 잘 알려져 있다고 한다. 즉 매우 드문 증상은 아니라는 증거다."[21] 욕망하는 부츠를 단순히 "우아한 부츠"라고 말하는 환자도 있었지만, "가죽 부츠"라고 구체적으로 말하는 환자도 있었다. 심지어 일부 환자들은 부츠를 만들기 위해 필요했던 동물들의 잔인한 죽음에 환상을 갖고 있기도 했다.[22] 과도하게 몰입한 사람들은 대개 에나멜 가죽이나 번쩍거리게 닦은 가죽의 광택을 언급했으며 이는 오늘날까지도 여전히 페티시적인 신발의 주요한 특징으로 남아있다.

페티시 부츠가 아주 특정한 시장의 욕구를 만족시킨 가운데, 이 세기의 끝 무렵에 유행한 부츠에도 에로틱한 특징이 많이 더해졌다. 힐과 더불어 부츠의 목도 높아져 이제는 발목과 종아리까지 모조리 감싸게 되었다. 어떤 부츠는 신으면 다리가 스타킹을 신은 것처럼 보이도록 디자인되어 보는

이 일러스트는 자전거로 비롯된 자유와 자전거 복장을 받아들인 다양한 계급의 여성들을 풍자했다. 프레더릭 버 오퍼, 〈'신여성'과 자전거 — 각양각색의 여자들이 있겠지요〉, 1895년 6월 19일

사람들에게 봐서는 안 되는 다리를 훔쳐보는 것 같은 느낌이 들게 했다. 여러 개의 스트랩이 있거나 뚫린 부분이 있는 것이 특징인 배릿 부츠barrette boots 같은 부츠들은 실제로 스타킹을 신은 다리를 노출했다. 이러한 스타일은 성적 매력을 더했을 뿐만 아니라 불과 수십 년 뒤 부츠는 버려지고 스타킹을 신은 다리가 완전히 노출되는 여성 복식의 중대한 변화를 예고했다.

자전거 발명에 따른 여성 부츠의 변신

시대의 변화는 스포츠에 참여하는 여성의 수가 증가하는 경향으로도 알수 있었다. 테니스부터 골프까지, 19세기 후반을 살았던 많은 여성들은 운동을 하고 바깥 공기를 쐴 기회를 붙잡았다. 특히 자전거의 발명이 여성들에게는 중요했으며 많은 여성이 자전거로 인해 주어진 자유를 열렬히 환영했다. 자전거의 전신인 속보기를 타는 여성을 본 충격은 그것을 타면서 여성이 입은 옷을 본 충격과 맞먹었다. 19세기 초 여성 인권 운동가들이 착용하여 논란을 일으키면서 정치적 의미가 다분했던, 짧은 여성용 바지 블루머bloomer는 이제 스포츠 활동용으로 선호하는 의상이 되었다. 한편 자전거용 블루머는 기존 형태처럼 발목 쪽으로 갈수록 통이 좁아지는 디자인 대신 무릎 기장으로 짧아졌고 스타킹이나 부츠로 대부분 다리를 가리기는 했어도 놀라울 정도로 많이 노출했다. 하지만 한 기자의 말처럼 대부분의 사람은 "헐렁하고 꼴사나운 네덜란드 바지를 잘 어울리게 입을 수 있는 여자는 아직 이 세상에 없다"고 생각했다.[23]

대부분의 여성이 잠시 돌아다닐 때는 그냥 구두를 신었지만, 끈으로 조이고 직물 소재 샤프트가 무릎까지 오는 자전거용으로 특별히 디자인된 부츠를 신는 여성도 있었다. 이를 통해 악천후와 호기심 어린 시선을 모두 효과적으로 차단할 수 있었다. 하지만 의상과 상관없이 자전거는 여성에게 새로운 자유, 심지어 이렇게 새로운 연애의 기회까지 제공하는 듯했다. "이제 부모의 감시에서 벗어나고자 하는 남녀는 두 사람만의 자전거를 타고 결혼 생활로 내달릴지도 모른다."[24]

어떤 여성은 자전거를 탈 때 짧은 각반을 착용해 다리를 보호했지만, 자전거 전용 부츠를 신는 여성도 있었다. 1895~1905년, 영국

이 승마용 부츠는 영국의 부츠 제조업자 톰 힐이 만들었으며 다이애나 챔프가 다리를 벌리고 앉아 말을 타기 위해 신었다.
1930년대, 영국

여성들이 무언가를 타고 달릴 수 있다는 생각은 곧 승마로 확대되었다. 1892년 월간지 『체육』에서는 이 현상을 이렇게 설명했다. "여성들 사이에 자전거 타기의 인기가 높아져 여자가 기사처럼 말을 탄다는 생각이 좀 더 받아들여질 수 있었다."[25] 20세기 이전에도 몇몇 여성이 말 위에 걸터앉아 승마를 했지만 전통적으로 여성이 말을 타는 방식은 다리를 긴 치마 승마복 아래에 숨긴 채 한 방향으로 조신하게 늘어뜨려 옆으로 앉아 타는 방식이었다. 이미 1870년대부터 승마복 아래에 바지를 입기는 했지만, 두 다리를 벌리고 앉아 타려면 치마가 더 짧아야 했다. 이 새로운 승마복을 입으면 바지를 입은 다리가 드러나므로 항상 남성적인 무릎 높이의 톱 부츠

신발, 스타일의 문화사

top boots나 윗단을 접지 않는 붓처 부츠butcher boots를 신어 다리를 가렸다. 1860년대 후반 인도와 아프가니스탄에서 임무를 마치고 돌아온 군인들에 의해 영국에 처음으로 폴로 경기가 소개되고 인기가 높아지자 조드퍼즈jodhpurs가 도입되었다(무릎까지는 여유롭다가 그 아래 종아리와 발목까지 꼭 끼는 형태의 승마용 바지 ─ 옮긴이). 20세기 초에 이르러 대담한 여성들은 치마로 된 승마복을 모두 버리고 조드퍼즈와 목이 길고 매끈한 승마용 부츠를 신었다.

3장

카우보이 부츠의 인기와
전쟁 특수

남성들의 경우 무릎 길이의 부츠는 19세기 말쯤 패션에서 영향력을 잃었다. 승마는 기계화된 방식의 교통수단으로 대체되었다. 오토바이 운전자를 비롯해 자동차 운전자, 특히 운전기사들이 승마용 바지인 조드퍼즈와 승마 부츠같이 승마에서 영향을 받은 패션을 고수했지만, 유럽과 미국 동부에서는 주로 여가 활동이 되었다. 앵클 부츠는 여전히 유행이었으며 대부분이 직물로 된 갑피가 있어 각반과 유사한 역할을 했지만, 이제는 남성적인 권위와 산업을 상징하는 신발이 되었다. 끈을 끼우는 탭 부분이 갑피와 일체형인 옥스퍼드Oxford 슈즈와 그 부분이 분리된 더비Derby 슈즈, 그리고 옥스퍼드나더비로 헷갈리기 쉬운 브로그Brogue가 갑자기 인기를 끌었다. 브로그(싸구려 브로간 슈즈와 혼동하지 말 것)는 가죽에 구멍을 뚫고(펀치워크punchwork) 가장자리를 톱니무늬(핑킹pinking)로 장식하는 브로깅broguing이 특징인 신발이다.

"Let them speak for themselves"

20세기 초 수십 년을 지나오며 부츠의 인기는 사그라졌다. 그 대신 이 스테트슨Stetson 광고에 나타나 있듯 세련된 남자가 선택하는 신발은 고전적인 옥스퍼드 슈즈나 더비 슈즈가 되었다. 1924년, 미국

평원을 가로지르는 철도와 카우보이의 등장

　반면 미국 서부에서는 현실과 상상 모두에서 말과 부츠가 여전히 가장 중요했다. 가장 오랜 역사를 지닌 미국의 상징 중 하나인 카우보이는 19세기 후반 무렵 탄생했다. 미국인의 정신에 깊이 각인되었음에도 미국 역사에서 카우보이들이 소를 몰았던 시기는 비교적 짧다. 1860년대 후반에서 1880년대까지 소몰이는 서부 평원에 철도가 들어섰기에 가능했다. '철마', 즉 기관차는 도축을 위해 소들을 시카고 같은 도시의 가축 사육장으로 운반했다. 수천 마리의 소를 철도 수송 종점까지 수백 마일이나 몰고 가는 일

은 튼튼한 부츠를 필요로 하는 힘들고 궂은 작업이었다. 최초의 카우보이 부츠는 단순히 민간 봉사에 동원된 군용 부츠였다. 외형을 보면 무늬가 없고 발볼이 넓은 웰링턴 부츠에 헤시안 부츠가 약간 섞인, 미국 남북전쟁 때 신던 부츠와 매우 흡사했던 것으로 보인다. 카우보이들이 찍힌 초기 사진과 은판 사진을 보면 그들이 다양한 부츠를 신었음을 알 수 있는데 대부분은 아주 소박하다.

일부에서는 카우보이들이 캔자스의 철도 수송 종점에 도착한 다음 맞춤 부츠 같은 사치품을 사는 데 힘들게 번 돈을 썼으며 이 부츠들을 시작으로 현대 카우보이 부츠가 형태를 갖추게 되었다고 주장한다. 이는 설득력 있는 가설이다. 캔자스 목축 지대에 맨 처음 생긴 마을 애빌린에는 1868년부터 매장을 열고 맞춤 부츠를 판매하던 토머스 C. 맥이너니라는 부츠 제조업자가 있었다. 또한 1870년까지 캔자스에는 120명 이상의 부츠 제조업자가 발을 넣고 당겨서 신는 카우보이 부츠부터 끈을 묶는 패커 부츠packer boots에 이르기까지 맞춤 신발을 전문적으로 만들며 영업을 했다.[26]

오늘날 가장 유명한 카우보이 부츠 제조업자가 생겨난 때도 토지 소유권에 상관없이 소를 자유롭게 방목할 수 있었던 이 서부 개척 시절로 거슬러 올라간다. 1875년 하이어 부츠 회사Hyer Boots Company가 캔자스주 올레이스에 매장을 열었고 그 직후인 1879년 저스틴 부츠Justin Boots가 텍사스주 스페니시 포트에 자리를 잡았다.[27] 초기 카우보이 중 일부가 허세를 부리기 위해 부츠를 당길 때 쓰는 고리를 없앴고 1880년대까지 굽의 높이도 상당히 높아졌다. 그후 허세 가득한 로데오가 등장하고 할리우드에서 대중화됨으로써 매우 화려하게 장식된 카우보이 부츠가 양식화되었다.

신발, 스타일의 문화사

약간의 높은 굽을 제외하고 이 사진에서 카우보이가 신은 부츠 대부분은 소박하고 작업하기에 편한 신발이다. C. A. 캔드릭, 〈카우보이들〉, 1904년경

부츠 신은 카우보이 영웅에 대한 환상

철도 덕분에 카우보이가 탄생했지만, 마찬가지로 이 철도로 때문에 카우보이는 사라진다. 전국적으로 철도 운송이 점점 더 확대되면서 멀리 힘들게 이동할 필요가 없어지자 장거리 소몰이의 시대가 막을 내렸고 동시에 카우보이도 사라지게 된 것이다. 철조망이 발명되고 1890년대 서부 개척지 변경이 폐쇄됨에 따라 자유롭게 소를 몰던 카우보이는 임금을 받고 목장 노동자로 고용되는 신세가 되었다. 하지만 철저한 독자성을 대표하며 너른 벌판을 누비고 다닌 민중의 영웅에 대한 그럴듯한 이야기는 대중매체에서 면면히 이어졌다. 풍자 잡지 《퍽》에 실린 한 동부 사람이 잘못된 선입견을 품고 와이오밍 방문을 준비하는 이야기에 관한 유머러스한 기사는 많

은 사람이 생각하는 카우보이의 이미지를 생생히 전달했다.

> 지역 내에는 '카우보이'와 '풋내기'라는 두 계급이 있다. 전문 절도
> 범, 살인자, 기타 잡다한 건달이 아닌 그런 카우보이들은 … 동부
> 문명의 모든 편리함을 깡그리 무시하고 잠깐의 구속도 용납하지
> 못하며 … 어떤 법에도 굴복하지 않고 자신의 길들여지지 않은 열
> 정을 지키는 사람들이다. 그들 사이로 들어가는 '풋내기'는 우선 생
> 명 보험금을 두 배로 늘린 다음 '무기를 갖췄는지' 확인해야 한다.[28]

황량한 벌판에 들소가 모두 사라지고 위협적인 '야생의' 전사들이 강제
로 보호구역으로 내몰릴 무렵, 카우보이 영웅들의 신화가 미국 대중의 상
상력을 사로잡았다. 삼류 소설은 '버펄로 빌' 코디 같은 인물의 영웅적인
위업을 들려주었고, 1872년에 이르러서는 연극적으로 해석한 개척자의 의
상을 입고 제대로 된 무대 메이크업을 갖춘 버펄로 빌이 무대 위에서 그의
업적을 재현했다. 1883년에는 정교하게 만든 의상을 완비한 유명한 순회
공연인 와일드 웨스트 쇼Wild West Show를 만들어 잠재적으로 로데오 경기
의 구성 요소를 갖추게 되었다. '반은 서커스이고 반은 역사 수업'이었던
이 쇼는 30년 동안 미국과 유럽의 관중을 설레게 했다.[29] 당시 의상을 찍은
사진을 자세히 들여다보면 정교하게 장식된 전통적인 카우보이 부츠가 그
때까지는 나오지 않았음을 알 수 있다. 잘 알려져 있다시피 버펄로 빌조차
도 아무런 장식이 없는 가죽으로 만든 허벅지 높이의 평범한 승마 부츠를
신었다.

20세기 초, 여전히 많은 사람이 와일드 웨스트 쇼로 몰려들었지만 그보다 더 많은 사람이 서부를 주제로 하는 영화가 넘쳐났던 영화관을 찾았다. 1903년의 〈대 열차 강도〉 같은 영화들은 카우보이를 흑백 화면에 그대로 담아낸 최초의 서사 영화로 여겨진다. 영화는 이들을 카우보이의 규칙에 따라 살아가는 영웅이나 권리를 박탈당하고 말을 탄 무법자가 되어버린 '자유인'으로 묘사했다. 영웅과 악당을 구분하는 데는 액션뿐만 아니라 의상도 중요했으며 카우보이 부츠는 이 은막의 교훈극을 위한 도상학적 표현의 진수였다.

'버펄로 빌' 코디와 '시팅 불'이 함께 등장한 이 와일드 웨스트 쇼 홍보 사진에서는 그가 신은 허벅지 길이의 부츠를 볼 수 있다. 〈시팅 불과 버펄로 빌〉, 윌리엄 노트만 스튜디오, 1885년

비난의 대상이 된 여성 참정권 운동가의 신발

와일드 웨스트의 카우보이 부츠가 20세기 초의 제약 없는 자유를 대변했다면 여성 참정권 운동가들이 남성복 차림과 함께 신었던 버튼 부츠

button boots는 높아가는 여성의 자유에 대한 요구를 반영했다. 20세기 초 수십 년 동안 여성들은 정치 과정에서 배제되는 세태에 항의하며 거리를 행진했다. 그들이 시위하며 신었던 부츠는 마치 자신들처럼, 용인 가능한 커다란 열망과 지독한 관습에 대한 도전 사이에 존재하는 아슬아슬한 문화적 경계에 걸쳐있었다. 사실 여성 참정권 운동가들이 선택한 의상은 그들이 주창했던 정치적 변화만큼이나 철저하게 감시당하고 비판받았다. 가장 흔한 비난은 여성 참정권 운동가들이 너무 남성스럽거나 너무 여성스럽다는 것이었으며, 어느 쪽으로 평가되어도 정치에 참여할 수 없다고 간주했다. 많은 여성 참정권 지지자들은 여자다움을 나타내는 적당히 굽이 있는 부츠를 신고, 역량이 있음을 나타내는 남성복의 세부 장식을 곁들여 어느 쪽으로도 치우쳐 보이지 않고자 했다. 하지만 이러한 시도는 반대론을 누그러뜨리는 데 전혀 도움이 되지 않았으며 여성 참정권 운동가들은 야망도 복장도 지나치게 남성적이라고 조롱받는 일이 잦았다. 여성 참정권 운동가들이 남성복을 참고한 부츠를 신고 투표권을 요구하며 세간을 떠들썩하게 하고 있을 때, 제1차 세계대전이 발발하면서 여성복에서는 다리를 가리는 높은 부츠와 이와 짝을 이룬 짧은 스커트를 특징으로 하는, 군복에서 영감을 받은 스타일 경향이 나타나기 시작했다. 하지만 전쟁 중의 물자 제한으로 금방 여성용 부츠의 샤프트 높이는 낮아졌고 전쟁이 끝난 후 이 같은 부츠는 완전히 잊히게 되었다.

제1차 세계대전과 부츠 제조업의 활황

많은 남성은 전쟁 발발로 다시 부츠를 신을 수밖에 없었다. 분계선을 가로지르는 장교들은 전통적으로 군사력과 정예 기병을 상징하는 승마 부츠를 신고 전투에 나섰다. 대부분의 사병은 종아리를 단단히 감싸는 좁고 길쭉한 천인 감는 각반과 함께 블루처 같은 끈을 묶는 앵클부츠를 신었다. 독일인들은 웰링턴 부츠와 유사하지만 삶아서 무겁고 두껍고 단단하게 가공한 가죽으로 만들고 금속 징을 단 무릎 길이의 잭 부츠jack boots를 신은 독특한 제복으로 연합군과 차별화했으며 이 부츠는 병력이 가까이 다가올 때 소리를 증폭시켜 위협의 상징이 되었다. 1914년 4월 20일 브뤼셀 침공을 목격한 미국의 유명 언론인 리처드 하딩 데이비스는 이렇게 증언했다.

적군의 처음 몇 연대를 볼 때는 호기심에 흥분되었다. 그들이 푸르스름한 회색 제복을 입고 흐트러짐 없는 하나의 종대로 세 시간 동안 지나가자 지루했다. 하지만 몇 시간이 지나도록 멈추지도 숨도 돌리지 않고 정렬의 빈틈도 보이지 않자 섬뜩했고 사람 같지가 않았다. 사람들은 그 광경을 보기 위해 되돌아섰다. 매혹적이었다. 바다를 건너 밀려들어 오는 정체를 알 수 없는 신비스러움과 위협이 느껴졌다. … 일곱 시간 동안 독일군은 택시나 전차가 통과할 수 없을 만큼 견고한 종대로 도시를 지나갔다. 마치 강철로 된 강물이 흘러가는 것처럼 음산하고 유령 같았다. 그리고 해 질 녘이 되자 말 수천 마리의 발굽과 수천 개의 쇠 부츠가 계속해서 뚜벅뚜벅 앞

피에 젖은 독일 부츠가 등장한 이 선전 포스터는 1차 세계대전 당시 적의 위협을 표현했다. 박차는 이미지에 훨씬 더 공격적
인 느낌을 더하는데 당시의 전쟁에도 여전히 말이 중요했음을 나타낸다. 존 노튼, 〈미국을 막아내자 — 자유 공채를 더 구매하
자〉, 1918년경

신발, 스타일의 문화사

으로 나아가며 돌멩이와 부딪혀 불꽃이 튀었지만 불꽃을 일게 한 말과 사람은 보이지 않았다.[30]

당시를 목격하고 경험한 많은 사람들은 데이비스의 생생한 묘사에 공감했을 것이다.

전쟁이 벌어지는 동안 신발 제조업, 특히 미국과 영국의 신발 제조업은 특수를 누렸지만, 군인들에게 배급된 신발 대부분은 수준 이하였다.[31] 만듦새가 조악해 혹독한 강행군이나 진흙투성이의 전장 또는 침수된 참호에 적합하지 않았다. 신발로 쉽게 물이 스며들고 부츠의 징 때문에 지면의 냉기가 바로 전달되어 말 그대로 발이 얼어붙는 등 겉만 번지르르한 홑겹의 부츠 때문에 군인들은 어려움을 겪었다. 제대로 된 신발이 부족하다는 것과 비바람을 피할 곳이 마땅치 않다는 조건은 오랫동안 해결되지 않은 전쟁의 과제였지만 1차 세계대전 초기에는 거의 대처할 수가 없었다. 부츠를 간절히 원했다는 이야기부터 공공연하게 훔쳤다는 이야기까지, 부츠의 중요성을 강조한 전장의 일화들이 꼬리를 물고 전해졌다.[32]

'참호에서 바라본 전쟁: 죽은 독일군의 부츠를 벗겨가는 벨기에군을 보고 충격받은 네덜란드 군인'이라는 제목의 《뉴욕 타임스》 기사는 젊은 병사들이 죽은 독일 병사의 부츠를 손에 넣기 위해 위험을 무릅쓰고 참호를 벗어나게 할 정도로 부츠가 절실했음을 알려주었다. 그들은 독일 병사의 부츠를 자신이 신던 낡은 신발로 바꾸어놓는 것으로 씁쓸한 경의를 표했다.[33]

처음에는 사기 저하의 문제와 꾀병으로 여겨졌던 참호족염은 사실 발을 계속 젖은 상태로 두어 생긴 질병이었다. 발을 말리지 않으면 약해진 피부가 헐어 종종 감염으로 이어졌다. 모든 군대에서 수천만 명의 군인들이 참호족염에 쓰러졌다. 이론적으로는 예방이 가능한 문제였지만, 실제로는 병사들이 발을 건조한 상태로 유지하기가 매우 어려웠다. 깨끗하고 마른 양말은 참호족염과 싸우기 위한 방어 수단이었으며 교전 중인 모든 나라에서는 가능한 한 신속하게 편물공들에게 양말을 만들게 하라는 지시가 내려졌다. 참호족염과 관련하여 1916년 영국군은 군사 명령을 내려 으레 병사들에게 하는 전형적인 권고를 전달한다.

> 모든 장병은 필수적으로, 특히 참호 안에 있을 때는 적어도 하루에 한 번은 각반, 부츠, 양말을 벗고 발을 말려 고래 기름이나 동상 방지 기름으로 처치한 다음 마른 양말을 신어야 한다. … 모든 장병들은 여분의 양말을 참호에 준비해가야 한다. … 습한 기후에서는 장화에 기름칠을 잘해야 한다.[34]

마른 양말과 고래 기름으로 부츠를 방수하려는 시도는 발을 건조하게 유지하기 위한 하나의 방책이었다. 또 다른 방책은 고무 웰링턴 부츠의 도입이었다.

영국과 미국에서는 참호족염 문제를 해결하기 위해 수천 명의 병사에게 고무장화를 지급했다. 고무장화는 방수가 되기는 했지만 이로 인해 새로운 문제가 발생했다. 고무장화가 참호와 전장의 진창에 박혀 꼼짝하지 않으면 병사들은 부츠를 그 자리에 둔 채 버리고 와야 하는 경우가 많았다. 또 다른 큰 문제는 고무에 통기성이 없어 장화 속에 땀이 차는 것이었다. 게다가 고무 신발의 안을 완전히 말리는 데는 최소 24시간이 걸렸다. 그럼에도 고무 웰링턴 부츠는 방수성이 매우 우수했으므로 주문량이 엄청났다.

1915년 《뉴욕 타임스》는 미국의 고무 소재 신발 수출액이 전년 대비 10배 증가했다고 전했으며 미국이 전쟁에 뛰어들자 수요는 한층 더 늘어 미국 정부는 1918년에만 5,500,000켤레를 주문했다. 영국의 유명 웰링턴 부츠 제조사인 헌터 부츠Hunter Boot Ltd가 세상에 알려지게 된 시기도 육군성이 무릎 높이 방수 부츠 1,185,036켤레를 주문했던 이때이다.[35] 여러 가지 문제에도 불구하고 웰링턴 부츠는 독일군의 부츠보다 훨씬 뛰어났고 이 참호 부츠는 전쟁의 승리에 기여한 공로를 인정받기까지 했다.

4장

대중문화에
깊숙이 침투하다

전쟁의 끝 무렵, 군용 부츠에 대한 로망은 사라졌고 남성이나 여성 패션 모두 군용 부츠를 다시 찾지 않았다. 금주법이 시행되던 시기에 미국에서는 밀주 제조자를 뜻하는 부트레거bootlegger라는 말이 많은 사람의 입에 오르내렸을지 모르지만, 이때의 십 년을 지배한 신발은 부츠가 아니라 윙 팁wingtips과 티 스트랩T-straps이었다. 1920년대 초에 잠깐 당시 신여성인 젊은 플래퍼flapper 사이에 비 올 때 신던 고무 덧신 장화 갈로시galoshes의 버클을 여미지 않고 긴 부츠의 윗부분이 정강이에서 펄럭이도록 신는 것이 유행했다. 1921년 영화 〈삼총사〉에 출연한 배우 더글러스 페어뱅크스의 스타일에서 영감을 받은 이 패션은 스타일에 허세 넘치는 느낌을 더하는 것이 목적이었다.[36] 이 패션을 다룬 《라이프》의 기사는 젊은 여성들이 네 개의 버클이 있는 갈로시를 이렇게 신었다고 전했다.

11월부터 5월까지 날씨에 상관없이 〈삼총사〉처럼 접어서 젖혀 신었는데, 이는 젊음이나 젊어 보이고 싶은 욕망을 나타낸다. 아래쪽의 버클을 채우면 얌전한 처녀라는 뜻이다. 두 개의 버클을 채우면 신중하다는 의미이다. 세 개의 버클을 채우는 스타일은 나이가 들고 있다는 의미이다.[37]

이 유행은 오래가지 못했고 많은 사람이 이 짧은 유행을 엉뚱하게 '플래퍼'라는 말 때문이라고 여겼다. 플래퍼는 사실 오래전부터 둥지를 떠날 준비가 된 어린 새 같은 젊은 여성을 말하는 단어였다. 여하튼 이 유행은 고무 부츠 업계의 줄어들고 있던 매출을 회복하는 데는 도움이 되었다.

하지만 취미용으로는 부츠가 여전히 중요했다. 전쟁이 끝난 후 폴로 경기가 재개되고 사냥 여행 계획이 세워졌다. 전쟁 직후, 휴가 여행지인 유럽을 잃은 미국인들은 국내에서 즐기기 위해 서쪽으로 향했다. 국립공원은 휴가지가 되었고 동부 해안의

버클을 채우지 않은 갈로시, 술 장식의 모자와 숨김없이 솔직한 태도가 드러난 이 젊은 '플래퍼' 이미지에는 1920년대 등장한 새로운 유행과 새로운 사회적 관습이 모두 담겨있다. 〈플래퍼 걸〉, 1920년경

상류층이 서부의 모험을 즐길 수 있었던 '관광용 목장'도 마찬가지였다. 그 체험의 일환으로 손님들은 머리부터 발끝까지 목장 일꾼처럼 입으려고 했는데 다만 더 멋있어야 했다. 소박하고 작업에 편한 카우보이 부츠로는 충분하지 않았다. 대신 휴가 온 사람들은 영화 속 영웅들이 신는 부츠처럼 자수, 가죽 상감, 무늬찍기, 가죽 아플리케로 장식된 부츠를 원했다. 이러한 부츠들은 거친 낭만과 카우보이 차림을 한 사람을 뜻하는 '드럭스토어 카우보이 drugstore cowboys'를 위한 부츠였고, 이 말은 1918년쯤부터 카우보이가 아니라 카우보이 흉내를 내는 사람들을 조롱하는 데 사용되었다.

이 낡은 부츠의 주인은 한때 카우보이였으나 농부가 된 후에도 이 차림을 고수했다. 자유 방목이 가능했던 서부 개척 시대의 낭만이 부츠의 굽과 편자에 그대로 남아있다. 1940년, 미국

1928년 《보그》의 표현처럼, 관광을 위한 목장 체험은 "건강한 요양은 물론이고" 화려하게 꾸민 '영화' 출연진의 일부가 되는 즐거움"을 더했다.[38] 그 기사는 관광용 목장에서 입었던 많은 옷이 "집에서 입기에는 지나치게 화려하지만 … 알맞은 장소에서는 매우 매력적"이라고 평하기도 했다. 정교한 카우보이 부츠의 가격은 "어느 것이든 그 값을 낼 만큼 사치스러웠다."[39] 실제로 카우보이 부츠는 작업

용이 아니라 값비싼 의상이 되었다.

부츠에 덧씌워진 권력의 이미지

1930년대 카우보이와 그 복장에 대한 미국인들의 열렬한 사랑은 민속 문화와 제2차 세계대전의 원인이 된 민족주의를 향한 큰 관심과 긴밀히 연관된다. 유럽에서는 민족 정체성이 소작농 계급의 '전통적인' 농민 복식과 연관되었지만, 전통 의상이 없는 북미에서는 확고한 독자성 그리고 그 땅과 깊은 연관성을 지니며 '보기에 즐거운' 카우보이야말로 의심할 나위 없이 매력적인 미국의 상징이었다. 1920년대와 1930년대의 영화에는 점점 더 화려해지고 이상화된 카우보이 이미지들이 넘쳐났다. '노래하는 카우보이'라는 장르는 교훈과 애국심, 의리와 건전한 생활을 전파했다.[40] 카우보이 부츠는 도시와 시골의 관객 모두에 어필하는 '서부극'에서 없어서는 안 될 스타일이었다.

1930년대에 유명해진 부츠를 신은 또 다른 미국인의 우상은 만화책 속의 영웅들이었다. 벅 로저스부터 슈퍼맨에 이르기까지 이 영웅들은 원색의 의상에 종아리 중간까지 오는 부츠를 신고 사람들을 곤경에서 구해 온갖 존경과 찬양을 받는 최신화한 19세기형 강자들이었다. 하지만 부츠를 신은 우상들이 이렇게 인기가 있었음에도 남성복에는 여전히 부츠가 받아들여지지 않았다. 여성복에서는 프랑스 구두 디자이너 앙드레 페루자와 이탈리아 디자이너 살바토레 페라가모가 앵클 부츠를 선보여 잠시 부츠가 부활

에드워드 7세 시대를 떠올리게 하는 높고 곡선인 굽과 수많은 버튼으로 장식된 이 부츠는 아마 페티시나 성 노동자용이었을 것이다. 1920~1930년대 후반, 독일로 추정

하기도 했으나, 1930년대에는 여성복 패션에서도 부츠가 그다지 중요하지 않았다. 그들의 유행을 앞선 디자인이 사람들의 관심을 사로잡기는 했지만 널리 받아들여지지는 않았다.

하지만 부츠는 1930년대 포르노에서 중요한 액세서리가 되었고 높고 끈으로 꽉 조이는 부츠는 페티시적인 이미지에 지배적인 역할을 했다. 《런던 라이프》 같은 전문 출판물에는 명확히 19세기 패션인 버튼이나 끈으로 여미는 꼭 끼는 허벅지 높이 부츠를 신은 여성 '지배자'의 이미지가 실렸다. 대부분의 경우 이 여성들은 부츠와 마찬가지로 지나간 시대를 암시하는 끈으로 조이는 꼭 끼는 코르셋도 입었다. 채찍 또는 승마용 채찍 같은 일반적인 액세서리 또한 다른 시대를 나타내는 것이었다. 명백히 승마용 부츠가 아닌 부츠를 신고 승마용 채찍을 휘두르며 상품 취급당하는 여성 지배자라는 이 혼란한 짜깁기 모티프는 인기를 더해갔고 결국 세기말에 대중적인 유행에 영향을 미친다.

공포심을 불러일으킨 나치의 행진용 부츠

만화책에서 포르노에 이르기까지 1930년대 대중문화에 부츠가 존재했고 권력의 이미지를 전달하는 데 활용되었던 것은 분명하다. 이는 정확히 악명 높은 나치가 제복 디자인을 통해 추구했던 효과였다. 제1차 세계대전 당시 잭 부츠를 신은 독일군을 아직도 대중들이 생생하게 기억하는 가운데 나치당은 이 이미지를 바탕으로 다시 한번 부츠에 사람들의 이목을 집중시켰다. 가장 악명 높은 나치의 제복은 내부 보안과 순수 혈통 정책의 집행을 담당하는 히틀러의 친위대 SS가 입었던 것이다. 전체가 검은색인 그 제복은 그래픽 디자이너인 발터 헥과 카를 디비치가 만들었다. 친위대는 20세기 초의 군복임을 증명하는 실루엣에 맞추어 승마용 바지 조드퍼즈를 입고 높고 매끈한 붓처 부츠를 신었다. 당시 흑백 사진에서는 부츠가 강하게 시선을 사로잡는다. 전쟁이 시작되었을 때 독일군은 보병도 부츠를 신었다. 하지만 매끈한 승마 부츠 대신에 징이 달린 검은색의 무거운 잭 부츠인 행진 부츠Marschstiefel가 지급되어 유럽 전역을 행진했다. 이 부츠는 바짓단을

이 튼튼한 '잭 부츠'로 명확히 알 수 있듯 2차 세계대전 초기 독일군은 좋은 신발을 신었다.
1939~1942년, 독일

신발, 스타일의 문화사

부츠 안으로 넣어서 신었으며 다리를 굽히지 않고 높이 들어 올려 걷는 의례적인 행진에서 이 부츠를 신은 독일군의 일체화되고 위협적인 모습을 더 강조했다.

1938년 3월에 《뉴욕타임스》는 불안을 조장했던 오스트리아에서의 나치 행진을 보도하며 "오늘 우리는 독일을 정복했고 내일은 세계를 정복한다"라고 노래 부르는 나치 돌격대원을 포함해 "모두의 얼굴에 불타오르는 광적인 믿음이 서렸으며 … 이는 나치식 행진을 하는 돌격대원들의 굳은 얼굴 근육, 불타오르는 눈, 꽉 쥔 주먹, 뻣뻣하게 발을 구르는 다리에도 나타나 있었다"라고 전했다.[41] 부츠를 신은 독일군은 19세기와 1차 세계대전 시절의 제국 건설 사상을 다시 떠올리게 했다. 그들이 신었던 부츠는 연합군의 선전으로 억압의 상징이 되었다. 1942년 독일군이 자금 부족으로 행진 부츠를 포기하고 끈을 묶는 앵클 부츠를 신기 시작한 뒤에도 공포심을 불러일으키는 잭 부츠의 선전 이미지들은 연합군의 사기 진작에 활용되었다.

1941년 진주만 폭격에 이어 미국이 참전하게 되었을 때 신병, 즉 부트 boot라고 불린 해병대에 갓 입대한 병사들은 부트 캠프boot camp에서 훈련을 받았다. 훈련을 마친 전투원들은 태평양, 중국-버마-인도 전역 또는 유럽에 배치되었다. 영국 전투기는 북아프리카, 동남아시아, 중국뿐 아니라 대륙에서도 교전을 벌였다. 프랑스 역시 멀리까지 군대를 파견했다. 군대가 파견된 지역의 각 기후에 따라 다양한 유형의 신발이 필요했으며 제조업자들은 1차 세계대전 때와 마찬가지로 다시 군화 생산에 몰두했다. 공장에서 필요한 군화를 생산하자 가죽부터 고무까지 모든 소재의 소비가 제한되었고, 민간인들은 주로 식물 섬유와 직물 같은 전통적이지 않은 소재로 만든 신발을 신어야 했다. 전쟁이 끝나갈 무렵 미군의 전투화 개발은 20세기의 반문화反文化 복식뿐 아니라 이후에 나온 신발에도 영향을 주었다.

코스튬으로 변질된 카우보이 부츠

1945년 전쟁이 끝나자 유럽은 재건 작업에 돌입했고 미국인들은 다시 한번 영감을 찾아 서부로 눈을 돌렸다. 카우보이의 허세는 전쟁에서 승리한 나라의 분위기와 잘 맞았다. 관광용 목장들은 이제 중산층도 찾는 관광지가 되었다. 텔레비전 속 카우보이 영웅 '호팔롱 캐시디'나 꼭두각시 인형 카우보이 '하우디 두디'는 아이들을 텔레비전 앞에서 떠나지 못하게 했고 내슈빌의 컨트리 음악 산업은 잇따라 '라인스톤 카우보이'같이 큰 인기를 끈 음악을 제작했다. 서부극은 가장 인기 있는 영화 장르이기도 했다. 영화감독 도어 쉐어리가 "주먹 한 방, 총 한 방의 버라이어티"라고 말한 것처럼 "미국 영화 스크린은 강하고 거친 남자들이 장악했다."[42]

이러한 사회적 분위기 속에서 카우보이 부츠는 점점 더 화려해졌다. 과장되게 뾰족한 코, 화려한 색상의 가죽, 정교한 아플리케와 심지어는 진짜 라인스톤 장식도 지나치다고 생각되지 않았다. 이 시기는 카우보이 부츠의 황금기로 불렸고 1940년대와 1950년대에 제작된 부츠에 나타난 예술성과 상상력은 깜짝 놀랄 정도였다. 카우보이 부츠는 변신의 도구, 오락용 코스튬의 일종으로 변하고 있었다. 이 점은 부츠를 비롯한 카우보이 의상이 아이들에게 인기 있었다는 사실에서 분명히 드러났다. 실제로 코스튬으로

높은 굽의 카우보이 부츠는 20세기에 구속받지 않는 자유와 자립을 상징했다. 이 토니 라마의 부츠는 앞부리에 사용된 도마뱀 가죽부터 가죽을 여러 겹 쌓아 만든 높은 스택드 힐에 이르기까지 화려한 유행 스타일을 보여준다. 20세기 중반, 미국

|| 부츠: 포용

변질되는 현상은 앞으로 유행할 많은 부츠에 닥칠 운명이었다.

　1950년대에는 대부분의 부츠 스타일이 유행 지난 패션이 되었지만, 전쟁 직후에는 인도가 기원이라고 알려진 처커 부츠chukka boots와 그것이 변형된 데저트 부츠desert boots 등 특정한 형태의 군화가 스타일리시한 남성 캐주얼 스타일의 일부가 되었다. 낮은 앵클 부츠로 두세 쌍의 신발끈 구멍, 즉 아일렛eyelet에 끈을 넣어 묶도록 디자인된 처커 부츠는 영국 폴로 선수들이 인도의 경기장 안팎에서 편하게 신는 신발이었다고 한다.[43] 이 간결한 데저트 부츠는 전통적인 처커 부츠에 바탕을 두었으나, 전쟁 중 카이로에서는 얇은 크레이프 고무 밑창과 부드러운 스웨이드 갑피로 된 처커 부츠가 쓰였다. 영국에서 신발 제조업에 종사하던 클라크 가문의 네이선 클라크는 이 데저트 부츠를 민간인들이 사용할 수 있도록 변형했다. 1950년대에 이르러서는 데저트 부츠와 처커 부츠 모두 특히 젊은 남성들 사이에 인기가 높은 세련된 남성 캐주얼 스타일을 위한 액세서리가 되었다.

오토바이 폭주족과 엔지니어 부츠

　하지만 일부 남성들의 경우 카키 팬츠에 데저트 부츠를 신고 어슬렁거리는 것만으로는 기분 전환이 되지 않았다. 대신 최근에 그들이 사수했던 자유와 그들이 경험한 남자들만의 동지애를 지키고자 했다. 퇴역 군인 남성들은 오토바이의 매력에 이끌려 무리를 지어 모이기 시작했고 1940년대에 이르러서는 미국 전역에 바이커 동호회가 만들어졌다.[44] 종종 미드센

엔지니어 부츠는 2차 세계대전 이후 바이커들에게 인기를 끌었다. 바이커들은 현대판 카우보이들이었고 그들의 의상 코드 또한 구속받지 않는 자유였다. 20세기 중반, 미국

추리 카우보이, 즉 20세기 중반의 카우보이라고 묘사되는 미국의 바이커들은 새로운 스타일의 승마 부츠라 할 수 있는 엔지니어 부츠engineer boots를 신고 엔진이 달린 말에 올라타 광활한 도로를 달렸다.

엔지니어 부츠를 처음 만든 회사는 미국의 신발 제조업체인 치페와Chippewa다. 이 회사는 20세기 초 위스콘신주 치페와 폴스에 설립되어 벌목꾼을 위한 튼튼한 부츠를 만들었다. 1937년까지 치페와는 영국식 승마 부츠를 바탕으로, 토지 측량사들을 위해 현장에서 깔끔하고 전문적인 모습을 보여줄 수 있도록 디자인된 엔지니어 부츠를 만들기 시작했다.[45] 무릎 부분과 발등에 조절이 가능한 스트랩이 달려있는 이 투박하지만 우아한 부츠는 곧 다른 직업을 가진 사람들에게도 선택되었다. 1940년 정강이 중간 높이의 샤프트가 적용된 디자인이 첫선을 보이자 인기는 더욱 높아졌으며 전쟁 중에 부두 노동자들이 가장 선호하는 신발이 되었다.

바이커들은 전쟁 직후부터 엔지니어 부츠를 신기 시작했다. 청바지, 가죽 재킷과 함께 신었던 엔지니어 부츠는 미국 오토바이 협회에서 축출된 바이커 클럽 회원들로 이루어진 '오토바이 폭주족' 스타일에서 가장 핵심인 액세서리가 되었다. 이 이미지는 1947년의 홀리스터 폭동 사건을 통해 미국인의 통념 속에 자리 잡았다. 이 '폭동'은 1947년 독립기념일에 미국 전역의 바이커들이 캘리포니아의 작은 마을 홀리스터에 갑자기 몰려들면서 일어났다. 홀리스터는 1930년대부터 집시 오토바이 경주를 개최했지만 2차 세계대전으로 중단되었다가 1947년에 전통을 재건하려는 시도가 이루어졌다. 바이커 문화는 급격히 성장했고 홀리스터는 마을에 도착한 많은 인원을 감당할 준비가 되어있지 않았다. 술에 취해 난폭 행위를 한 사건

으로 규정되었지만 실제로
피해는 미미했다.

이 사건을 선정적으로
보도한 뉴스들이 미국인
들의 관심을 끌었다. 7월
21일자 《라이프》에 게재
된 부츠를 신고 야유하는
바이커의 모습으로 연출
된 사진은 바이커는 무법
자이고 반항아라는 이미지
를 확산시켰다. 이 사건에
서 영감을 받아 만든 말런
브랜도 주연의 1953년 영
화 〈위험한 질주〉는 더욱
더 많은 관객에게 이 반항

반짝이는 부츠의 존재는 종종 예술가 톰 오브 핀란드의 작품 속에서
강렬한 에로티시즘의 중심이 되었다. 톰 오브 핀란드, 〈#82.08〉,
1982년, 핀란드

적인 바이커의 이미지를 전파했다. 그 모습은 1955년 영화 〈이유 없는 반
항〉에 출연한 제임스 딘을 통해 한층 더 미화되었고 곧이어 오토바이 부츠
에는 젊은이들의 소외감과 사회적 타락의 이미지도 함께 뒤섞이게 되었다.

미국 바이커 문화의 극도로 남성적이고 동성사회적이라는 특성은 또
한 많은 남성 동성애자들에게 매력적인 남성성의 본보기를 제시했다. 남
성 동성애자는 남자답지 못하다는 고정 관념을 깨고 1950년대 '레더맨
leathermen'(남성들로만 이루어진 오토바이 클럽에서 발전한 남성 동성애 하위문화의 일원을 뜻

한다. — 옮긴이)들은 머리부터 발끝까지 페티시적으로 변형된 바이커 의상이나 밀리터리 스타일의 가죽옷을 입고 그들만의 바이커 클럽을 결성하기 시작했다. '톰 오브 핀란드'라는 필명으로 더 잘 알려진 예술가 토우코 발리오 라크소넨은 1950년대 후반부터 이들의 모습을 담아 남성의 성적 욕망을 다룬 작품을 제작하기 시작했다. 다른 바이커 그룹과 마찬가지로 레더맨 그룹도 종종 클럽의 군국주의적인 관습에 매료되었다. 일부 관습에는 부츠가 중요한 역할을 했던 구두를 닦는 것과 같은 BDSM(인간의 가학적인 성적 기호 중 결박Bondage, 훈육Discipline, 가학Sadism, 피학Masochism의 약자를 딴 용어 — 옮긴이), 즉 가학적 성향의 에로틱한 요소들도 포함되었다. 구두닦이와 부츠를 신은 고객 사이의 유대는 20세기 중반에 이르러 일상에서 사라졌지만, 이 구두닦이 서비스에 내재한 권력의 역학관계는 비밀스럽고 에로틱하게 변해 레더맨 문화의 중요한 부분이 되었다.

5장

과거에 대한 향수인가?
미래 지향인가?

미국 바이커 문화를 둘러싼 낭만적인 이야기는 그들과 마찬가지로 대형 오토바이를 타고 가죽 재킷과 엔지니어 부츠를 신었던 영국 오토바이 폭주족, 로커족rockers의 발전에도 주요한 역할을 했다. 이 오토바이 폭주족의 경쟁자는 모드족mods으로, 이들은 새것처럼 깨끗한 스쿠터를 선호했으며 신발을 제외하고는 좀더 북미 스타일로 옷을 입었다. 모드는 매우 영국적인 데저트 부츠와 함께 더 세련된 첼시 부츠Chelsea boots를 즐겨 신었다. 로커족과 모드족은 노동자 계급 출신이라는 비슷한 배경을 공유했고 비슷하게 훌리건 같은 행동을 했지만, 그들이 옷을 입는 방식에는 뚜렷한 차이가 있었다. 두 그룹이 입는 의상은 각각 그들에게는 유니폼과 같았다.

1964년 여름, 로커족과 모드족은 영국의 해변 도시 여러 곳에서 충돌을 일으켰고 영국 전역에 도덕적 공황 상태가 계속되었다.[46] 그러다 1960년대를 지나오며 로커족의 레더 보이 복장은 점차 시대에 뒤처지게 되었다. 한편, 슈트를 입었던 모드족은 주로 패션에 관심이 많았던 이들과 스포츠 스타일로 머리를 밀고 끈으로 묶는 작업 부츠를 신다가 결국 스킨헤드 문화로 이어지게 된 일명 '강성 모드족'으로 불린 이들, 이렇게 크게 두 그룹으로 나뉘었다. 남성 패션에서는 1960년대를 거치며 모드 스타일의 영향력이 커졌다.

> 어쩌면 지금까지 남성 패션에서 가장 주목받은 스타일이 될 수도 있는 새로운 남성 '모드룩'은 전문가들 사이에서 의견이 분분한 스타일이었다. … 전형적인 모드룩, 즉 러플 장식이 달린 톰 존스 셔츠(헐렁한 몸판과 종 모양 소매가 특징으로, 머리부터 뒤집어써서 입는 셔츠―옮긴이), 코듀로이 청바지, 하이힐 첼시 부츠, 그리고 이와 유사한 스타일들이 많은 논란을 일으켰다.[47]

전 세계를 강타한 영국의 록밴드 비틀스는 종종 모드풍의 슈트와 비틀 부츠Beatle boots 패션을 유행시킨 장본인으로 여겨진다. 비틀스의 멤버인 존 레넌은 이 업데이트된 콩그레스 부츠나 첼시 부츠에 종종 남성 플라멩코화 스타일을 모방해 높은 나무 굽으로 맞춤 제작한 더 높은 힐을 달았다. 넓은 관점에서 모드룩은 공작부터 사자에 이르기까지 다른 종의 수컷들이 성적 요소를 한층 더 돋보이게 꾸민 것처럼 남성용 앵클 부츠를 비롯해 영감을 얻으려 과거의 패션으로 시선을 돌렸던 '남성들의 멋내기 혁명'의 일부였다. "1960년대 초 '패션'이라 하면 여성의 영역이었다. 그런데 그 말경

존 레넌은 전형적인 첼시 부츠에 남성 플라멩코 댄서들이 신는 더 높은 나무 굽을 달아 새로운 스타일을 만들어냈다. 1960년대 초, 영국

에 남성이 옷의 세계를 점령했다. 전후 남성 복장의 음울함은 … 월가 유니폼에 대항한 화려한 반란으로 모두 사라졌다."[48]

부츠를 놓고 벌이는 남녀 간의 쟁탈전

의복은 여전히 '성 대결'의 중심에 있었다. 부츠를 신는 영국의 새로운 세대를 다룬 기사는 이렇게 전했다. "도처의 남성과 여성은 누가 부츠를 가장 잘 소화하는지를 증명하는 경쟁에서 서로 겨루고 있다."[49] 또한 이 기사는 "물론 남성들은 자신들이 항상 부츠를 신어왔으며, 무릎까지 오는 기장에 신축성 있는 측면의 밴드와 7센티미터 높이의 쿠반 힐Cuban heel(굽 안쪽은 직선이고 바깥쪽은 살짝 좁아지는 중간 높이의 굵고 안정적인 힐—옮긴이)이 달린 스타일리시한 부츠는 군대 시절이나 방목지를 달리던 시절에서 진화한 신발이라 주장한다"고 설명했다. 한편,《보그》는 다음과 같은 기사를 전했다.

> 이 '멋진 최신 유행 스타일'로 화려하게 차려입은 영국 소녀들은 게딱지만 한 집에서 나와 남자와 싸울 준비가 된 당돌하고 태연하고 뻔뻔한 존재로 자신들을 드러내기 시작했다. … 첼시의 거리를 활보하면서 그들은 검과 방패만 들고 있지 않았을 뿐이다. 그들의 눈은 모든 남자에게 자신이 쓰레기가 아님을 증명하라고 요구하는 자신만만함으로 빛난다. … 처음에 남성들은 이 잭 부츠의 출현에 위압당했다. 처음 보는 사람들은 아직도 깜짝 놀란다.[50]

이 기사는 사실 부츠가 여성들 사이에서 유행했으며, 현재의 상황에 대한 여성들의 불만이 커지고 있음을 드러냈다. 여성들은 더 밝은 미래를 바랐고 이러한 바람은 여성 패션에서 일반적이었던 노스탤지어 패션과 대조를 이룬 명확히 미래 지향적인 부츠에 반영되었다. 이 같은 스타일을 의미하는 스페이스 에이지space-age 부츠는 남성들이 선호하는 부츠에서 뚜렷이 나타나는 과거 스타일에 대한 향수와 극명한 대조를 이루었다. 존 베이츠부터 메리 퀀트에 이르는 영국 디자이너들과 앙드레 쿠레주와 이브 생로랑 같은 프랑스 디자이너들은 부츠 디자인에 우주 시대의 판타지에서 얻은

1964년 앙드레 쿠레주는 '스페이스 에이지' 컬렉션의 일환으로 이 부츠를 비롯한 흰색 부츠들을 선보여 1960년대 패션 스타일을 정의하는 데 영향을 준 고고 부츠를 유행시켰다. 1964년, 프랑스

영감을 표현했다. 1964년 《보그》는 쿠레주가 디자인한 흰색 가죽 소재의 미니멀한 고고go-go 부츠를 신은 여성을 "다가올 시대처럼 현대적이며 … 그녀는 현재와 그보다 조금 이후를 살고 있다"라고 묘사했다.[51]

《보그》는 또한 새로운 부츠가 영웅적인 여성들에게 어울리는 부츠라고 선언했다.[52] 이 미래지향적인 부츠들은 1968년 영화 〈바바렐라〉에서 바바렐라 역을 맡은 제인 폰다의 의상에서 확실하게 눈에 띄었다. 이와 비슷하게 영국의 공상과학첩보 장르의 텔레비전 시리즈인 〈전격 제로 작전〉의 여자 주인공 케시 게일 박사와 에마 필의 의상에서도 부츠는 중요한 역할을 했다. 그들의 몸에 딱 붙는 옷과 부츠는 미국 텔레비전 시리즈 〈배트맨〉에 나오는 악당 캣우먼이 입은 의상에 필적하는 강렬한 페티시를 지녔다. 1966년 〈스타트랙〉의 텔레비전 첫 방송에서 통신 장교 뇨타 우후라도 미니스커트 유니폼에 무릎까지 오는 부츠를 신었다. 스타트랙에 등장하는 남성들 역시 부츠를 신었다. 커크 선장은 주기적으로 무릎 높이의 부츠를 신었고, 다른 남성들은 기장이 짧은 바지에 모드풍의 앵클 부츠를 신었다. '우주, 최후의 미개척지'는 부츠를 신고 정복할 것이 분명했다. 때마침 1969년 아폴로 11호로 시작된 달 탐사 계획에 실제로 사용된 부츠는 1970년대 문 부츠moon boots로 지구 패션의 영감이 된다. 이는 겨울 부츠가 패션에서 주목을 받은 드문 경우다.

영화 주인공인 우주 여전사 '바바렐라'의 멋들어진 부츠와 같이 페티시의 영향을 받은 허벅지 높이의 부츠 역시 주류 패션으로 들어왔다. 미국 신발 디자이너 베스 러바인은 미국 가수 낸시 시나트라의 히트곡 〈이 부츠는 걸을 때 신는 거야〉의 홍보용 사진에서 신은 부츠 외에 최초로 라이크

신발, 스타일의 문화사

라 소재(미국의 뒤퐁사가 만든 고탄성 우레탄 섬유)를 사용해 다리에 밀착되는 허벅지 높이의 스타킹 부츠도 만들었다. 프랑스의 유명한 신발 디자이너 로저 비비에 역시 1960년대부터 부츠를 만들기 시작했다. 로저 비비에가 이브 생로랑을 위해 디자인한 허벅지 높이의 부츠는 배우 브리지트 바르도가 이 부츠를 신고 할리 데이비슨 오토바이에 올라타면서 유명해졌다. 이 부츠가 17세기 승마 부츠를 생각나게 했을지도 모르지만 여성 지배자의 부츠를 떠올리게도 했다.

반항의 상징으로 떠오른 닥터마틴

부츠와 지배 사이의 연관성은 1960년대 하위문화 복장의 핵심이 되었으며 이러한 배경에서 닥터마틴도 반항과 불만을 상징하는 신발이 되었다. 2차 세계대전 당시 독일 군의관이었던 클라우스 메르텐스는 스키를 타다 발목을 다친 후에 닥터마틴을 처음 만들었다. 전쟁의 끝 무렵 메르텐스는 독일군의 군용 부츠를 위해 개발한 그의 디자인을 기초로 허버트 펑크 박사의 도움을 받아 별도의 두 부분으로 이뤄졌고 내부가 빈 고무 밑창을 개발했는데, 따로 떨어져 있는 별도의 두 부분을 열로 접착하면 에어 포켓이 형성되어 발에 완충 효과가 증가했다.

이 부츠는 1950년대 독일 주부들에게는 어느 정도 인기가 있었으나 1959년 영국의 신발 제조업체 R. 그릭스R. Griggs가 독점권을 사들인 후에야 폭넓게 인기를 끌 수 있었다. 그릭스는 경쟁사의 워크 부츠와 쿠션감 있는 밑창을 능가할 혁신을 모색했는데 이 완충 밑창은 분명 흥미로웠고 얼마 안 가 이 밑창에 '그릭스사의 에어웨어AirWair'라는 이름을 붙이게 되었다. 1960년 4월 1일, 8개의 끈 구멍이 있는 닥터마틴 부츠가 처음 만들어졌고 생산된 날짜를 따서 1460이라는 이름이 붙었다. 이 부츠는 곧바로 우편 배달원과 공장 노동자, 경찰에게 받아들여졌다. 하지만 강성 모드족과 그 뒤를 이어 스킨헤드족이 앞부리를 강철로 보강한 작업 부츠 무기고에 닥터마틴을 들이면서 대체로 폭력과 관련된 반항의 상징이 되었다. 미국의 사진작가이자 한때 스킨헤드족이었던 개빈 왓슨은 이렇게 기억했다. "우리는 강철로 된 신발 앞부리를 보이게 하려고 가죽을 잘라냈다. 그런 부츠는 무기처럼 보였고 그걸 신으면 안심이 되었다."53

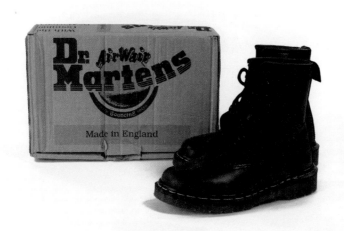

대표적인 영국 신발 닥터마틴 1460은 이 신발이 첫선을 보인 1960년 4월 1일의 날짜를 따서 이름지었다. 영국의 신발 제조업체 R. 그릭스는 닥터마틴 밑창의 독점권을 사들였고 이를 통해 탄생한 워크 부츠는 반문화의 전형이 되었다. 1995년, 영국

1960년대 후반, 강성 모드족과 스킨헤드족은 수많은 하위문화의 모습으로 나타난 다양한 사회적 풍조의 일부였고 그들은 이렇게 각자 자기들만의 유니폼을 입고 있었다.

그는 '스킨헤드'라는 말이나, 많은 영국인들이 가진 다소 위협적인 겉치레에 전혀 개의치 않는다. … 긴 머리의 소극적인 젊은 남성들로 붐비는 도시에서 지독하게 짧은 머리를 하고 큰 부츠를 신은 스킨헤드족의 모습은 지나가는 사람들을 종종 움찔하게 만든다.[54]

스킨헤드족은 부츠를 신는 패션을 활용해 그들이 남자답지 못하다고 여긴 히피족과 자신들을 차별화하고자 했고 누가 봐도 노동자임을 알 수 있는 복장을 통해 과잉된 남성성을 공공연히 나타냈다. 그들의 복장은 매우 국수주의적이었으며 지역적인 요소로 이루어졌다. 그들이 보기에 닥터마틴은 명백히 영국적이었고 이는 스킨헤드족의 국수주의적 정서와의 연결 고리였다. 이와는

스킨헤드족은 그들의 욕구불만을 나타내는 유니폼의 하나로 현재까지도 닥터마틴을 신는다. 이 사진은 마크 헨더슨이 2012년 더블린에서 촬영했다.

대조적으로 히피는 복장에 있어 매우 글로벌했다. 히피들은 반전을 부르 짖으며 신었던 인디언 모카신과 지저스 샌들을 통해 '세계의 시민'임을 주 장했다. 스킨헤드족은 '누군가를 발로 차서' 새 닥터마틴의 세례식을 했다 고 한다. "누군지는 중요하지 않았으며 신발에 피가 묻으면 더 좋은 일이었 다."[55] 복장과 정치적 견해 사이의 이러한 연관성은 외국인 혐오가 더욱 깊 어져 네오 나치 이념을 포용하게 된 소수의 스킨헤드 집단에 의해 극에 이 르렀다. 이렇게 스킨헤드족과 연관되면서 닥터마틴은 브랜드가 망가질 위 험에 처할 뻔했으나 믿을 수 있는 작업 부츠라는 명성과 견고한 정통성 덕 분에 그러한 연관성은 시간이 지남에 따라 서서히 없어졌고 일반인 사이에 서도 널리 유행하는 신발이 되었다.

성별의 경계를 뛰어넘는 록스타의 하이힐 부츠

1970년대에는 남성들이 남성성을 나타내기 위해 또 다른 형태의 높은 플랫폼 밑창이 달린 부츠를 신게 되었다. 굽 높은 비틀 부츠에서 알 수 있듯 이 1960년대 내내 남성용 신발의 굽이 높아졌는데, 1970년대 초에는 남성 용 신발의 굽이 전례 없는 높이에 이르게 되었다. 이 새로운 패션에 흥미를 느낀 대부분의 남성이 굽이 있는 신발을 신고 거리에 등장했고, 전설적인 록 스타들은 두꺼운 플랫폼과 과장된 하이힐을 과시하는 무릎 높이의 니하 이 부츠Knee-high boots를 신고 무대를 활보했다. 아마도 가장 진정으로 성별 의 경계를 허물어뜨린 글램 록glam rock계의 스타였던 데이비드 보위는 높

토론토의 신발 제작자 마스터 존은 14센티미터 높이의 하이힐에 가죽 아플리케로 별 모양과 실제의 풍경화를 넣어 이 남성용 부츠를 완성했다. 1970년대 몇몇 남성은 록스타들의 뒤를 이어 무릎까지 올라오는 부츠를 비롯한 화려한 치장을 받아들였다. 1973년, 캐나다

은 플랫폼 부츠를 신었을 뿐 아니라 화장도 했다. 그는 아마도 가장 진정으로 성별의 경계를 허물어뜨린 인물로, 그의 성 정체성에 대한 의문이 제기되었을 때조차도 열렬한 사랑을 받았으며 대중매체의 숭배를 받았다.

1975년작 〈로키 호러 픽쳐 쇼〉에는 이러한 성적 역동성이 더욱 잘 드러난다. 팀 커리가 연기한 등장인물인 프랭크 N. 퍼터 박사는 코르셋, 찢어진 망사 의상에 하이힐 레이스업 페티시 부츠를 신어 전통적으로 여성적인 의상의 개념을 차용하기보다 풍자적으로 희화화했다. 양성애적 정체성을 지닌 인물임에도 그의 지배적이고 거만한 남성적 존재감은 영화에서 전혀 손상되지 않았다. 실제로 글램 록 가수 대부분이 화려한 의상을 입었음에도 행동은 과하게 성적이고 남성적임을 분명히 드러냈음으로 성적 정체성이나 성별에 의문이 제기된 적은 없었다. 이런 특징은 스트리트 패션에 전달되었고 몇몇 남성들은 공격적으로 남성적인 모습을 보이는 방법으로써 공공장소에서 무릎 높이의 부츠를 신었다. 한 젊은이는 구체적으로 자신이 어떻게 '다른 놈들을 밟아버리기 위해' 과도하게 장식되고 과장된 마스터 존의 하이힐 부츠를 신는지 전했다. 영국 밴드 '더 후'의 록 오페라 앨범을 1975년 동명의 영화로 제작한 〈토미〉에서 핀볼 마법사 역을 맡은 엘튼 존은 만화 같은 닥터마틴의 오버사이즈 부츠를 신어 이러한 화려함과 강인함이 조합된 모습을 표현했다.

1970년대 말이 되자 목이 긴 부츠는 남성 패션에서 사라졌지만, 부츠는 여러 하위문화에서 여전히 중요했으며 핵심적인 이미지가 되었다. 닥터마틴은 계속해서 불만과 박탈감에 찬 남성성을 나타냈고 오토바이 부츠는 여전히 무법자와 거친 현실도피주의와 연관되었으며 카우보이 부츠는 건실하고 진정한 독자성의 상징으로 남았다. 부츠는 사실상 이러한 하위문화 복장에서 가장 중요했다. 부츠는 큰 인기를 끌었던 미국의 음악 그룹 '빌리지 피플'에 의해 유명세를 타고 희화화되기도 했다. 이 밴드의 멤버들은 경찰, 레더맨, 군인, 건설 노동자, 카우보이를 비롯해 부츠를 신은 남성성 과잉의 전형을 나타내는 의상을 입었다. 이들은 '인디언 족장' 의상에도 종종 무릎 높이의 모카신 부츠를 신었고 이를 통해 남성성에 관한 갖가지 해석이 의상에 크게 좌우된다는 사실을 너무나 명확하게 보여주었다. 〈마초맨〉이나 〈Y.M.C.A〉 같은 빌리지 피플의 디스코 음악은 세계적인 인기를 끌었고 나아가 여러 사람의 생각 속에 이러한 남자다움의 고정관념을 심는 데 영향을 주었다. 남자다움을 보여주는 데는 의상이 가장 중요하다는 노골적인 암시는 바야흐로 남성 패션에서 일어나려고 하는 극적인 변화를 의미했다. 비즈니스 슈트와 브로그 등 규범적인 남성 복장이 되어버린 이 권위의 유니폼은 하나의 의상으로 눈에 띄기 시작했으며 남성들이 한층 더 패션 시스템에 발을 들여놓으면서 카우보이 부츠부터 스니커즈에 이르기까지 모든 종류의 신발은 남성적인 자아를 좀더 개성적으로 드러내고 종종 보여주기 위한 표현의 도구로 활용되었다.

펑크족 역시 1970년대에 등장했다. 스킨헤드족에서 분리되어 나온 펑크족은 덜 정치적이고 더 개인주의적이었다. 원래 민주적이고 가지각색이었던 초기 펑크족은 여기저기서 매우 다양한 영감을 차용해 직접 만든 음악과 패션을 중시했다. 펑크의 중심에는 영국의 밴드 매니저이자 기업가인 맬컴 맥클래런이 있었고 그는 여자 친구인 비비안 웨스트우드와 함께 런던의 의류 매장 '섹스SEX'를 운영했다. 이 커플은 원래 '뉴욕 돌스'의 의상을 담당했지만 1975년 즈음 다른 밴드를 물색하고 있었다. 맥클레런의 고민은 조니 로튼, 스티브 존스, 폴 쿡 그리고 1977년 시드 비셔스에 의해 교체된 글렌 매트록 등 매장의 단골손님들이 악명 높은 '섹스 피스톨즈'를 결성하면서 해결되었다. 그들은 테디 보이, BDSM, 로커 및 모드 스타일을 합쳐 무정부주의와 반항의 전달 방식대로 모조리 분해하고 재조립한 스타일을 선보였다. 이렇게 다양한 요소가 공존하는 혼란스러운 스타일에 특정한 종류의 신발이 필요하지는 않았지만, 결국 닥터마틴이 펑크를 위한 최고의 신발로 떠올랐다. 한 연구자에 따르면 펑크 매장은 런던에만 국한되었고, 펑크가 확산됨에 따라 영국 다른 지방의 추종자들은 직접 의상을 만들어야 했다고 한다.[56] 닥터마틴은 영국 전역에서 쉽게 구할 수 있었기에 브랜드 정체성을 통해 집단의 결속력을 확립하는 수단이 되었다. 상대적으로 비싼 닥터마틴의 가격도 집단에 대한 충성심을 가지게 하는 데 한몫했다.

과거로 돌아가려는 욕망과 카우보이 부츠의 재등장

1970년대에도 부츠는 여전히 여성 패션에 등장했지만 스페이스 에이지의 미래 지향에서 낭만적인 과거 회귀로 트렌드가 바뀌었다. 한 신문 기사에서는 이렇게 설명했다. "1970년대 부츠는 할머니 같은 콘셉트로" 좋았던 옛 시절의 "향수를 풍긴다."[57] 당시의 그 변화에 대해 신발 디자이너 베스 러바인은 이렇게 말했다.

러시아풍의 아플리케로 장식한 이브 생로랑의 이 부츠는 그가 그 유명한 러시안 컬렉션을 선보이기 2년 전인 1974년에 만들어졌다. 1974년, 프랑스

부츠가 크게 부각되기 시작한 시기는 피임약이 그렇게 된 시기와 거의 같았다. 둘 다 여성의 새로운 자유와 해방을 상징했다. 하지만 내심 여성들은 완전히 홀로서기를 두려워했고 '대등한 지위'라는 개념에 겁을 먹었다.

이 기사는 러바인의 견해를 요약하며 "할머니 같은 그래니 룩granny look 이 유행하는 이유 중의 하나는 그래니 룩이 부츠의 거친 느낌을 부드럽게 해주면서도 여전히 어느 정도 여성을 연약하게 보이게 하기 때문이다"라고 덧붙였다.[58] 1970년대 유명 패션 에디터 다이애나 브릴랜드의 뉴욕 메트로폴리탄 미술관 의상 연구소 전시 〈러시아 의상의 찬란함〉이 열린 해와 같은 해인 1976년, 이브 생로랑의 유명한 러시아 컬렉션에 등장한 코사크 부츠Cossack boots도 마찬가지로 '남성과 (적어도 여성 해방 운동 이전의) 여성이 여자답다고 생각하는' 로맨틱 룩의 하나로 유명했다.[59]

남성이 남성이고 여성이 여성이던 좀더 '이상적인' 시대로 돌아가고 싶다는 이러한 욕구는 카우보이 부츠에 대한 관심을 되살렸다. 1980년 영화 〈어반 카우보이〉가 개봉하면서 이러한 관심은 폭발적으로 커졌고, 어반 카우보이들이 신은 앞부리가 뾰족한 부츠로는 "안장의 등자나 방울뱀의 뾰족한 이빨"을 느껴볼 수는 없었지만, "이상과 결부된 상징"으로서의 역할을 했다.[60] 카우보이 부츠가 인기를 얻은 시기는 미국에 굴욕을 안기고 분열을 초래한 베트남 전쟁의 여파로 보수적 가치와 전통적인 영웅에 대한 향수가 되살아났던 시기이자 동시에 석유 파동으로 인해 경제적으로 고통을 겪으며 오랫동안 사회 불안이 지속되던 시기였다. 이러한 때에 시대정

밑창이 육중한 부츠는 종종 섬세한 '고딕'풍 의상과 짝을 이루었다. 이 스타일에는 19세기 복식부터 일본 애니메이션에 이르기까지 다양한 요소들이 담겼다. 버펄로Buffalo의 이 부츠는 스파이스 걸스의 게리 할리웰이 신었다. 1997~1998년, 영국

신을 사로잡은 인물은 카우보이 부츠를 신고 목장을 경영했으며 그리고 아마도 가장 중요한 요소였을 법한 영화에서 카우보이 역할을 한 미국 대통령 로널드 레이건이었다. 레이건이 당선되기 몇 년 전《워싱턴 포스트》는 '대통령을 위한 옷차림?'이라는 제목의 기사를 통해 그의 차림새를 "곱게 헝클어진 서부의, 텔레비전 카우보이 스타일"이라고 묘사했고 "남자다운 남자. 쓸데없는 허세 없음. 아웃도어를 즐기고 진정성 있고 진지한 그야말로 말보로 맨Marlboro Man"이라는 인상을 주었다고 전했다.[61] 레이건은 서부 스타일 복장을 이용해 '진정성'을 지닌 극도로 남성적인 페르소나를 만들어 문화적·경제적 패권을 장악한 국가와 같이 보수적인 미국인들이 지키고자 했던 이미지를 정확하게 표현했다.

특권층 이미지가 더해진 승마 복식

1980년대 여성복에서 영국의 승마 스타일이 부활한 현상도 마찬가지로 지나간 시대를 갈망하고 있음을 나타냈다. 1984년 의상 연구소에서 열려 큰 반향을 일으킨 다이애나 브릴랜드의 전시 〈인간과 말〉은 승마를 패션에서 가장 중요한 영감의 원천으로 되돌려놓았다. 1970년대 후반《뉴욕 타임스》가 언급한 바와 같이 폴로 선수를 브랜드 로고로 사용한 랄프 로렌이 그 전시를 후원한 것은 우연이 아니었다. 랄프 로렌의 브랜드 로고는 '60년대와의 단절'을 의미하는 상징으로 "폴로 선수의 이미지는 특권과 엘리트주의의 궁극적인 상징이었다." 실제 이 미국인 디자이너는 특권의 환상을 만들어내는 능력으로 유명했고 마찬가지로 옛날을 생각나게 하는 우아한 패션과 함께 선보인 승마 부츠를 통해 전통과 우월함을 표현했다.

1970년대의 자기중심적 '나 세대Me generation'는 과시적 소비가 부활할 수 있는 발판을 마련했을지 모르지만, 이 트렌드가 제대로 가시화된 시기는 1980년대였다. 1988년《보그》는 다음과 같이 전했다. "승마용 의상은 여전히 입는 사람의 지위를 높여주는 듯하다."[62] 이 패션에는 1980년대를 살았던 많은 사람의 열망이 반영되었지만, 코스튬으로 착용되는 경우가 많아진 다른 부츠와 마찬가지로 여성 패션에서 승마 부츠는 분장 놀이나 마찬가지였다. 공주 의상으로 꾸민 어린 소녀들과 마찬가지로, 승마에서 영감을 받은 패션 의상을 입은 사람이 정말로 승마를 한다고 생각하는 사람은 없었다. 《뉴욕 타임스》는 이렇게 비꼬았다. "맨해튼 시내에서 말은 빈 택시만큼이나 희귀하다."[63] 승마 부츠의 착용과 그 속에 담긴 부유한 특권

계층이라는 암시는 실제이건 상상이건 착용자가 과시하는 부가 자수성가가 아닌 상속받은 부임을 넌지시 나타냈다. 1980년대 여성들이 사무직 직종에 대거 진출했다는 사실은 많은 사람을 불편하게 했다. 여성 지배자를 떠올리게 하는 부츠와 승마 복식의 형식을 따른 승마 부츠 등의 패션은 이를 신은 여성의 부가 직업적인 성공에 대한 직접적인 보상이 아니라 대체적인 수단으로 얻은 부임을 은연중에 나타내며 여성들의 성공을 의미하는 하이패션 스타일에 대한 이미지를 혼란스럽게 만들었다.

승마를 주제로 한 브릴랜드의 전시 역시 서부 개척 시대에 대한 경의를 내포하고 있었으며 그녀는 소아마비 전염을 피해 12세에 와이오밍에 갔을 당시 버펄로 빌에게서 직접 조랑말을 선물 받았다고 언론에 밝혔다. 랄프 로렌 역시 이 향수를 이용했다. 긴 프레리 스커트와 카우보이 부츠 차림에 나바호 패턴의 담요를 두른 채 바람을 맞고 있는 랄프 로렌의 모델들은 보헤미안 프레리 드레스와 1970년대의 그래니 부츠 스타일을 업데이트하면서 동시에 영국 승마와 미국 서부의 로맨스가 서로 어우러지게 했다.

전투적이거나 섹슈얼하거나

1980년대 여성 부츠에서 나타난 또 다른 주요 트렌드로는 선명하거나 부드러운 색상의 굽 낮은 앵클 부츠도 있었는데, 이 시대의 포스트모던 미학 그리고 뉴웨이브 음악과 어우러진 느슨한 실루엣의 스타일에 이 앵클 부츠를 함께 신었다. 반면 일본인 디자이너들은 전통과 더불어 세계 종말 이후의 미래를 표현한 해체주의 패션을 전투화 스타일의 콤배트 부츠 combat boots와 함께 선보였다. 닥터마틴이나 '그래니 부츠'였던 블랙 레이스업 부츠를 밀레니얼의 불안이 표현된 빅토리아 시대, 페티시, 펑크를 결합한 방식으로 신었던 이 스타일은 20세기의 마지막 10년을 거치며 고스 Goth 패션으로 발전했다. 일본에서는 고딕 롤리타Gothic Lolita 같은 다양한 스타일이 생겨났는데 두꺼운 검은색 밑창의 커다란 부츠를 신은 캐릭터가 등장하는 일본 만화와 애니메이션이 영향을 받았다. 이러한 유행 스타일은 불쾌감과 매력을 동시에 느끼게 했으며 이 스타일을 연출하려면 종종 몬스터 부츠라고 불리는 높은 검은색 플랫폼 부츠를 신어야 했다.

명확히 페티시와 성매매와 관련된 극도로 섹슈얼한 아이템도 여성 주류 패션에서 점차 보편적으로 활용되었다. 1990년 할리우드 흥행작인 〈귀여운 여인〉의 홍보물에는 줄리아 로버츠가 번쩍이는 블랙 비닐 소재로 된 허벅지 높이의 스틸레토 힐 부츠를 신은 모습으로 등장했는데 그로써 사람들은 그녀의 역할이 매춘부임을 바로 알 수 있었다. 부츠와 직업의 이러한 관계는 패션에서도 적극적으로 활용되었다.《내셔널 포스트》의 제인 톰슨은 이렇게 조언했다. "만약 이번 시즌 스타일을 빠르게 업데이트하고 싶다면, 가장 현명한 방법은 심플한 부츠 한 켤레를 마련하는 것이다." 또 "화려하고 대담한 아이템을 찾는 사람들에게는" 〈귀여운 여인〉에서 '매춘부 비비안' 줄리아 로버츠가 신은 부츠처럼 무릎 한참 위까지 올라간 부츠를 권했다.[66] 승마용 부츠 패션과 비슷하게 매춘부의 후커 부츠hooker boots는 일종의 코스튬으로 착용되었다. 하지만 승마 부츠가 넌지시 상류층의 특권을 나타내고 더 나아가서는 지배력을 암시한 것과 달리, 성 노동자에게서 영향을 받

21세기 초 유행한 이 허벅지 높이의 부츠는 성 노동자의 신발을 직접적으로 참조했다. 이 부츠는 에로틱한 신발을 전문적으로 만드는 토론토의 제조업체에서 만들었다. 1998년, 캐나다

은 부츠는 사회경제적인 어려움으로 유인되어 착취당하는, 일반적인 사회 규범을 벗어난 계층으로 간주하는 사람들과 연결되었다. 1990년대 '헤로인 시크heroin chic(마약에 취한 듯한 몽롱하고 퇴폐적인 분위기를 매력적으로 미화한 스타일 — 옮긴이)'와 마찬가지로 이 스타일도 '조신한 소녀'들이 빈곤의 멋을 흉내 낸 불온한 위장으로서 21세기까지 여성 패션의 다양한 부분에 등장했다.

1980년대 후반 시애틀에서 생겨난 그런지Grunge 스타일은 1990년대 초반에 인기를 얻었으며 여기에도 부츠가 함께했지만, 그런지는 브랜드에 민감하게 반응하는 장르가 아니었다. 중고(중고 할인 판매점) 의류를 입고 하이킹 부츠나 컨버스 올스타Converse All Stars를 신는 스타일이 그런지였다. 일부는 닥터마틴을 신기도 했지만 가격이 수십 년 동안 급격히 올라 쉽게 엄두를 내지 못할 정도로 비쌌다. 밴드 '너바나'의 리드 싱어인 커트 코베인은 중고 의류 매장의 옷에 하이킹 부츠를 자주 신었지만 그를 따라하는 남성은 거의 없었다. 하지만 여성들이 이 조합을 따라 입기 시작하자 킨더호어kinderwhore로 불리는 하나의 스타일이 되었다. 커트 코베인의 아내이자 나름대로 성공한 가수였던 코트니 러브는 이 스타일의 한 형태를 대중화했다. 그녀는 엉망인 상태의 드레스나 슬립을 입었으며 섹시한 란제리에 유치한 메리 제인 슈즈나 투박한 신발을 신고 대중 앞에 모습을 드러냄으로써 묘한 분위기를 연출하여 화끈한 잠자리부터 노골적으로 피해를 당한 상황까지 다양한 시나리오를 떠올리게 했다.[65]

신발, 스타일의 문화사

도시에서 즐기는 아웃도어 감성 팀버랜드

그런지의 반소비적인 태도에도 불구하고 1992년 미국 패션 디자이너 마크 제이콥스는 그가 페리 엘리스에서 일하던 시절에 그런지 스타일을 주류로 가져왔고 상표가 붙은 닥터마틴을 신은 모델들을 런웨이에 등장시켜 판을 키웠다.《보그》는 1993년을 '부츠의 해'로 선언했다. 같은 해 패션계의 이단아 장 폴 고티에가 유대교 경건주의에서 영감을 받은 컬렉션을 공개했고 여기에 콤배트 부츠를 함께 등장시켰다. 닥터마틴 패션이 확산됨에 따라 닥터마틴은 더 다양한 상품으로 새로운 시장의 요구에 응했다. 파스텔 색상부터 플로럴 패턴에 이르기까지, 다양한 색상과 패턴은 젊은 여성들에게 인기를 끌었다. 사업에는 좋은 영향을 미쳤지만 이로 인해 확고하던 닥터마틴의 정통성은 의심받을 수밖에 없었다. 얼마 지나지 않아 아웃도어와 도시의 감성을 동시에 지니고 있는 팀버랜드 부츠Timberland boots가 특히 미국에서 닥터마틴의 경쟁자로 떠올랐다.

> 신발 시장에서 이제 스니커즈는 확고히 정상의 위치에서 벗어났다. 산악 하이킹을 할 때 신든 쇼핑몰을 갈 때 신든, 아웃도어 신발이나 하이킹 부츠가 강세이기 때문이다. … 이 새로운 트렌드의 가장 큰 수혜자는 햄튼에 본사를 둔 팀버랜드사Timberland Company로 올해 2분기 아웃도어 신발 매출이 47퍼센트나 증가했다.[66]

1993년의 이 기사는 1990년대 초반 '팀스Timbs', 즉 팀버랜드 부츠가 빠르게 대중화되었음을 나타내고 있다. 닥터마틴처럼 팀버랜드 부츠도 1952년부터 생산되어온 견고한 워크 부츠였으며 마찬가지로 노동자 계층의 신뢰를 상징하는 신발이었다. 팀버랜드는 그 이름이 나타내는 바와 같이 육체 노동과 대자연이 결합한 미국적 미학을 나타내기도 했다. 브랜드가 매우 중요한 도시 문화에서 팀버랜드 부츠는 정통성과 연관성을 갖게 되었다. 또 스킨헤드족이 애용하면서 닥터마틴에 씌워진 인종 차별의 오명도 지니고 있지 않았다. 팀버랜드 부츠는 검은색으로도 나왔지만 아마도 다름을 나타내는 상징으로 가장 인기 있는 색은 황색이었다. 처음에 팀버랜드 부츠는 인기 있는 겨울 부츠로 도심에서도 착용되었으며 착용자들은 사이즈와 부피가 큰 다운재킷과 함께 신발 끈을 여미지 않은 채 헐렁한 청바지 밑단을 벌어진 부츠 목에 넣어 신었다. 팀버랜드 부츠 덕분에 그 자리에 있던 스니커즈는 겨울 방학에 들어가게 되었고 1990년대에는 많은 남성이 날씨에 상관없이 스니커즈 대신 팀버랜드 부츠를 신었다. 얼마 지나지 않아 노토리어스 비아이지, 투팍 샤커, 제이지 같은 많은 유명 래퍼들이 팀버랜드 부츠를 신은 모습을 뽐냈고 그들을 통해 이 유행이 전 세계적으로 확산되었다. 팀버랜드 부츠의 인기는 1990년대 도시 남성들 사이에서 매우 빠르게 높아져 나이키 에어 조던이 차지하던 유행에서의 패권과 시장 점유율을 위협하기도 했다. 유행의 전망 면에서 이 특정 트렌드는 육체 노동이 요구되는 직업들이 사라지고 있으며 카우보이 부츠처럼 워크 부츠도 코스튬이 되기 직전이라는 사실을 암시했다.

젊은 여성들을 사로잡은 어그와 헌터 부츠

하지만 팀버랜드 부츠는 도시에서나 다른 곳에서나 여성복에서는 중요한 신발이 아니었다. 그 대신 2000년대 초에 중요하게 부각된 신발은 논란을 일으킨 어그UGG 부츠였다. 어그 부츠는 남성복에서 슬리퍼의 경우처럼 착용자가 패션에 무심한 것처럼 보이게 했다. 어그 부츠는 오프라 윈프리부터 기네스 펠트로에 이르기까지 유명 연예인이 선택한 캐주얼화였고 판매점들은 예상치 못한 양가죽 부츠의 수요에 대응해야 했다.

전통적으로 어그 부츠는 호주와 뉴질랜드에서 양털 깎는 사람들이 발을 따뜻하게 하기 위해 신던 신발의 한 형태였다. 1960년에는 남성 서퍼들이 차가운 바다 속에서 몇 시간을 보낸 뒤 해변에서 어그 부츠를 신었다. 못생긴 부츠, 즉 '어글리 부츠'의 줄임말인 어그라는 단어는 1920년대부터 쓰였지만 1970년대가 되어서야 브랜드화되었다. 1978년 미국인 서퍼 브라이언 스미스가 어그 부츠를 미국에서 팔아볼 생각으로 호주에서 남부 캘리포니아로 돌아왔을 때 어그라는 이름을 상표로 등록했고 '남자친구의 학교 대표팀 재킷'을 입듯이 서퍼 남자친구의 어그 부츠를 신는 여성들과 더불어 부츠의 판매는 순조로웠다.[67] 이 유행은 서부 해안 지역에서만 이어지다 2000년 폭발적으로 인기가 높아져 미국 전역의 많은 젊은 여성들이 선호하는 패션이 되었다. 에어 조던 스니커즈처럼 브랜드화된 어그는 수요가 많았고 한 판매업자가 수천 통의 부츠 주문 전화를 받고 결국 "제조사인 데커스Deckers로부터 받은 몇 켤레의 부츠만 한 사람당 한 켤레라는 엄격한 조건을 적용해 팔기로 했는데, 사람들이 이를 사기 위해 아침 6시부터 매

어그 클래식 쇼트UGG Classic Short는 1990년대와 2000년대 초반 많은 젊은 여성의
복장에서 빠질 수 없는 아이템이 되었다. 어그 부츠는 원래 호주의 신발이지만 현재 어
그UGG는 미국 브랜드다. 이 어그 부츠는 2세대 클래식 쇼트 모델이다. 2016년

장 밖에 줄을 서 있는 경우가 많았다"고 전할 정도였다.[68]

  운동복 바지(스웨트 팬츠)에 헐렁한 상의를 입고 머리는 대충 틀어 올려 묶
은 채 어그 부츠를 신은 모습은 격렬한 논쟁을 불러일으켰다. 어떤 사람들
은 어그를 특히 엉망인 상태로 신는 경우가 많았으므로 단정하지 못하다고
여겼고 어떤 사람들은 지나치게 성적인 하이힐을 대신하는 편안하고 매력
적인 대체품이라고 생각했다. 많은 면에서 어그는 최신판 그런지 패션이었
지만, 부츠에 란제리를 입는 대신에 젊은 여성들이 어그와 함께 입었던 옷
은 사실상 잠잘 때나 입는 옷을 떠올리게 했다. 하지만 어그가 특권을 상징

신발, 스타일의 문화사

하는 신발이라 보는 사람들도 있었는데, 이는 브랜드화된 어그의 높은 가격대뿐만 아니라 지나치게 브랜드를 의식하지만 매우 무난한 스타일이 특징인 젊은 백인 여성, 일명 '베이직 비치basic bitches'[69] 전용처럼 착용되었다는 사실을 고려하면 일리 있는 평가다.

2000년대에는 고무 웰링턴 부츠, 특히 영국 왕실 납품 업체인 헌터Hunter의 부츠가 젊은 여성들 사이에서 인기를 끌었다. 굉장히 캐주얼한 모습을 연출하기 위해 신었던 어그와 달리 헌터는 좀더 우아한 스타일을 연출했다. 이는 어느 정도 특권과 그 브랜드의 오랜 유대와 관련이 있었다. 녹색 고무 웰링턴 부츠는 영국 상위 중산층의 레저용 유니폼의 일부였으며 정원 가꾸기 같은 전원적 취미와 연관되어 인구 통계에서 전원에 사는 부자들을 지칭하는 '그린 웰리족green welly brigade'이라는 말이 있을 정도였다. 이렇게 영국적이고 고급스러운 이미지 덕분에 이 부츠는 영국과 미국에서 모두 매력적인 패션이 되었으며 도시에서 헌터 웰링턴 부츠를 신으면 승마 부츠와 마찬가지로 일반인은 모르는 특권층의 삶을 연상하게 했다. 헌터 부츠의 가격도 이 부츠를 지위의 상징으로 만들었다. 그러자 버버리, 구찌 같은 명품 브랜드에서도 레인 부츠를 선보였다.

북미에서는 헌터와 다른 브랜드의 웰링턴 부츠가 명확하게 여성적인 부츠로 여겨진 반면, 전통적인 미국 브랜드인 엘엘빈L.L.Bean의 독특한 방수 부츠는 남성의 패션으로 다시 유행했다. 헌터 부츠와 마찬가지로 엘엘빈의 부츠도 특권을 나타냈지만, 이 경우에는 실용적인 양키 전통주의의 혈통 있는 보스턴 상류층이었다. 클락스Clarks 데저트 부츠에 대한 관심이 되살아난 것도 남성 패션에 나타난 이러한 트렌드의 일환이었으며, 이러한 흐름 속에 끈을 묶는 앵클 부츠나 첼시 부츠같이 여러 클래식 스타일이 부활했다. 이는 향수를 불러일으키는 힙스터 복장에 풍성하게 수염을 기른 남성들이 다시 등장하게 된 현상을 포함하는 더 큰 트렌드의 일부였다.

놀이와 게임의 주요 아이템이 되다

2000년대 초반 놀이의 영역에 속한 부츠는 어린 소녀들 가운데 열성적인 팬을 얻었는데, 하이힐을 신은 바비 인형보다 부츠를 신은 브라츠 인형을 더 좋아하게 된 소녀들이었다. 짙은 화장을 하고 몇 가닥 밝은 색상의 브릿지로 머리를 꾸민 브라츠 인형은 반문화적인 고스 스타일의 영향을 받아 짧은 스커트에 끈으로 매는 투박한 부츠 차림을 하고 있었다. 인형 제조사 마텔Mattel의 바비처럼 브라츠도 패셔너블하고 섹시했지만, 브라츠는 패션보다는 매춘 쪽에 더 부합하는 섹시함을 보여주었다. 이 때문에 브라츠 인형은 몇몇 부모들의 걱정을 샀다. 2003년《피츠버그 포스트》는 이렇게 전했다. "모든 부모가 … 매춘부들이 영업을 하는 어느 거리 모퉁이가 익숙한 듯 보이는 브라츠 인형의 모습을 괜찮다고 생각하지는 않는다."[70]

한편 높은 부츠와 과도한 섹슈얼리티와의 연결고리는 점점 더 강해졌으며 사이버 공간에서는 더욱 그랬다. 2000년대 초반 수십 년 동안 디지털 경험이 급증했고 가상 세계에서 부츠는 실제로 유행하는지와는 상관없이 기본 아이템이었다. 어린이를 위한 온라인상의 옷 입히기 게임에서는 다양한 부츠를 고를 수 있고, 성인을 위한 비디오 게임에서는 재미의 일환으로 아바타의 '개인 맞춤화customizing', 더 정확하게는 아바타의 '코스튬 개인 맞춤화costumizing'가 가능해졌다. 게임에서 옷을 이용할 수 있는 권리는 점진적으로 주어지며 이는 게임에서 승리함으로써 얻을 수 있다. 이를 통해 패션은 여러 사람이 참여하는 게임에서 지위를 직접적으로 표현하는 역할을 하게 됐다. 신발을 비롯해 게임하는 사람들이 고유성을 구축하기 위해 선택하는 옷의 종류는 다양하지만, 종종 게임 문화에 흔히 존재하는 과장된 표현은 이미 정해져 있는 경우가 많다. 게임 'GTA'의 일부 버전에는 캐릭터를 표현하는 방식에 많은 노력과 아이디어가 들어있다. 스니커즈와 부츠는 실제 동시대의 삶에서와 마찬가지로 게임을 하는 사람의 관심과 돈을 노리고 경쟁하며 스타일과 비용은 성과를 반영한다. 다른 게임들은 환경이나 패션 모두 극도로 환상적일 수 있는 가상의 영역으로 게임자들을 초대하며 그 캐릭터들의 옷장에는 섹시함을 드러내기 위해 사용하는 허벅지 높이의 부츠를 비롯한 온갖 종류의 부츠가 들어있다. 부츠는 슈퍼히어로 의상에서 중요한 역할을 맡고 있기도 하다. 슈퍼히어로들은 현실 도피적인 안도감을 선사하며 그들이 신은 부츠는 액션, 모험, 영웅적 행동과 더불어 부츠와 지배 사이의 오랜 연관성을 영속화하는 역할을 한다. 하지만 슈퍼히어로들이 신은 부츠도 현실에서 패션을 위해 신는 대부분의 부츠와 마찬가지로 결국은 코스튬, 분장이다.

III 하이힐: 불안정

바라보는 것만으로도
아찔해지는 유혹

Instability

하이힐은 실용성과는 거리가 멀다. 승마용 신발의 한 특징이 하이힐의 기원이 되었는데, 승마용 신발 역시 말에서 내려오면 생각만큼 제대로 걷기가 어렵다. 사실 역사적으로 하이힐의 기능은 다른 곳에 있었다. 수세기 동안 힐은 유혹의 액세서리로 간주되고 비난받아온 여성복의 한 단면이었다. 서구 패션에 도입된 이후 특권층 남성들이 130년 동안 힐을 신었다. 그럼에도 그 이유를 간단하게 설명하기는 어렵지만 힐은 성적 매력이 있는 여성성을 강조하는 아이콘이 되었다.

몇 안 되는 20세기 여성 신발 디자이너 베스 러바인은 세상에서 얻은 영감과 관찰의 결과를 종종 그녀의 독특한
기지를 더해 신발에 옮겨 담았다. 이 반짝이는 힐은 금붕어의 비늘로 장식된 것처럼 보인다. 1960년대, 미국

1장

힐은 원래
남자들의 신발

선사시대에 수많은 문화권에서 독자적으로 발전한 샌들이나 부츠와는 대조적으로 힐은 지역적인 범위가 한정된 최근의 발명품이다. 정확히 언제 처음 만들어졌는지는 아직 더 밝혀져야 하겠지만, 현재 보스턴 미술관 컬렉션에 있는 이란의 소장품인 10세기 니샤푸르 그릇에는 적어도 10세기부터 굽이 있는 신발이 존재했다는 증거가 나타나 있다.[1] 그릇 가운데에는 기수가 아름다운 준마를 탄 모습이 그려져 있다. 전투 또는 사냥할 태세를 갖춘 기수는 한 손에 고삐, 다른 한 손에 화살을 들고 있으며 굽이 있는 그의 신발은 등자에 끼워져 있다. 등자의 기원 역시 명확하게 밝혀지지 않았지만, 등자가 발명됨으로써 기마 자체가 완전히 바뀌었다. 기수들이 안정적으로 말에 올라타 더 정확하게 무기를 휘두를 수 있게 되면서 전투의 효율성이 더 높아진 것이다.[2] 힐은 착용자의 발을 등자에 단단히 고정할 수 있게 하는 이 장비에서 발전한 것으로 보인다.

힐은 그 이후 6세기에 걸쳐 서아시아와 유럽의 변방까지 퍼져나갔다. 16세기에 이르러서는 페르시아, 무굴, 오스만, 크림반도의 타타르, 폴란드, 우크라이나의 코사크, 헝가리 사람들까지 힐을 신었다.[3] 반면 서유럽인은 군사적 침략, 순례, 교역 행로를 통해 힐을 신는 문화와 충분히 접촉함으로써 힐에 대해 알고 있었지만 놀랍게도 힐을 신지 않았다. 등자는 9세기에 유럽에 도입되었고 오래전부터 근동의 복식에서 얻은 영감이 유럽 패션에 나타나지만, 힐이 서양 복식의 일부가 된 17세기 초 이전까지는 힐을 신었다는 증거가 발견되지 않는다.

이 16세기 중반의 직물에는 1540년에서 1553년 사이에 일어난 전투 중 붙잡힌 그루지야 귀족을 이란 사파위 왕조의 신하가 끌고 가는 모습이 묘사되어 있다. 페르시아인과 그루지아인은 모두 굽이 있는 신발을 신은 모습으로 그려져 있다. 16세기 중반, 페르시아

16세기 유럽 세계의 재편과 힐의 등장

이 같은 힐의 갑작스러운 등장에는 여러 가지 이유가 얽혀있다. 16세기 유럽은 극적인 변화를 겪고 있었다. 오스만 제국주의와 해상 무역의 확장은 전통적인 무역망을 흔들었고 이를 계기로 새로운 동맹이 구축되었다. 스페인과 포르투갈은 대양 일주를 통해 인도와 동아시아 교역을 주름잡고

굽이 달린 이 페르시아의 승마용 부츠는 섀그린 가죽으로 만들었다. 물에 적신 말의 생가죽을 겨자씨로 눌러 도톨도톨한 외관을 만든다. 17세기, 페르시아

신발, 스타일의 문화사

있던 오스만 제국을 피해 돌아가려 했고, 영국과 그 뒤를 이은 네덜란드는 오스만 제국의 거점을 피해 폴란드와 페르시아를 거쳐 인도로 가는 내륙 경로를 모색했다.[4] 애초에 인도와 교역 관계를 구축하기는 어려웠지만, 페르시아는 개방되었고 세기의 끝 무렵 이란의 새로운 통치자 샤 아바스 1세가 권력을 잡으면서 영국과 이란의 관계가 더욱 돈독해졌다. 샤 아바스는 유럽에 있는 그의 상대들과 마찬가지로 점점 강해지는 오스만 제국을 의식해 유럽 열강과 동맹을 맺기 위해 애를 썼다. 그 길을 터준 것이 세계 최대 기마군 중 하나를 보유한 그가 지닌 군사력에 대한 지식이었다. 정확히 유럽과 페르시아의 정치적 이해관계가 맞아떨어진 바로 그때, 힐은 유럽 패션에 첫선을 보이게 된다.

사냥개 그레이하운드와 함께 포즈를 취하고는 있지만 사냥을 위한 복장으로 보이지는 않는다. 커다란 장미와 가죽으로 둘러싼 굽이 달린 구두를 포함해 제임스 스튜어트가 입고 있는 의상의 모든 요소에서 좀더 격식 있는 복장임을 알 수 있다. 안토니 반 다이크, 〈리치먼드와 레녹스 공작, 제임스 스튜어트〉, 1633~1635년경, 플랑드르, 캔버스에 유채

　　서유럽 복식에 굽이 있는 신발의 갑작스러운 등장을 언급한 동시대의 자료는 거의 없지만 ― 담배와 커피의 유입에 대한 논쟁에서와 마찬가지로, 이전에 본 적 없고 알려지지 않은 탐험가와 무역상이 새로이 수입한 다

른 관습이나 패션에 대한 정보는 누락되어 있다. ─ 이 새로운 패션을 볼 수 있는 당시의 이미지는 많이 있다.

서양 미술에서 굽이 있는 신발은 말에 올라타 있거나 승마 복장을 한 남성의 초상에서 초기의 형태를 많이 찾아볼 수 있다. 이는 유럽의 정세 속에 힐과 승마가 지속해서 연관되어 있었음을 시사한다. 1610년대에 이르러서는 승마 복장뿐만 아니라 정장에도 남성이 힐을 신은

그림 속의 이 남자는 슬랩 솔 부츠를 신고 유행의 첨단을 보여준다. 아브라함 보스, 〈류트를 연주하며 노래하는 남자〉, 1630년대

모습으로 묘사되기 시작했다. 이는 힐의 의미가 명확하게 유럽인의 관심사에 맞춰 변하고 있었다는 사실을 암시한다. 1630년대 플랑드르의 화가 안토니 반 다이크가 그린 제1대 리치먼드 공작인 제임스 스튜어트의 초상에는 패션 아이템이자 지위를 상징하는 아이템으로 매력적인 힐의 이미지가 잘 나타나 있다.

서구 복식에서 힐 패션이 도입된 초기에는 힐과 뒤축이 없는 슬리퍼인 뮬을 함께 착용하는 경향을 비롯해 여러 가지 흥미로운 혁신이 나타났다. 이 반짝 유행은 1630년대 아브라함 보스가 그린 류트를 연주하는 한 남자

의 모습에 분명히 묘사되어 있다. 가장 초기의 '슬랩 솔slap-sole'이라는 스타일은 그 이름대로 납작한 밑창의 뮬에 굽이 있는 신발을 '끼워' 조합한 것으로 진창에 굽이 빠지는 것을 방지하는 용도로 착용했다. 하지만 이 그림에서 멋쟁이 연주자는 한 켤레가 아니라 두 켤레 모두 굽이 있는 구두를 신어 스타일리시함을 더했다. 이는 힐의 비실용성을 극명하게 보여주며 이러한 비실용성은 힐에 오래 지속되는 문화적 가치를 부여하게 된다.

반면 맨 처음 여성들을 반하게 한 힐의 매력은 비실용성이 아니라 힐을 매력적인 액세서리로 여기게 만든 이국적 정서, 승마 그리고 남성성과의 연관성에 있었다. 17세기 초반 여성복은 남성 복식에서 많은 부분을 차용했으며, 1618년 궁정 신부가 런던 주재 베네치아 대사에게 여성들이 "모두 남자 신발을 신는다"[5]고 말할 정도로 힐은 여성복을 남성화하는 데 사용되는 부가적인 특징이었다.[6] 이목을 끈 이 트렌드는 비판도 불러일으켰다. 1620년 영문으로 된 소책자 『남자 같은 여자: 이 시대의 남성 같은 여성에게 나타나는 비틀대는 망아지 병을 치료하는 약』에서는 여성들이 "이러한 과도한 허영심에 빠져 허우적대고 있으며 머리에서 허리에 그치지 않고 바로 그 발마저도 남성처럼 될 것"이라고 단언했다.[7]

특권을 표현하는 수단이 된 남성의 힐

17세기 초반, 여성복에도 힐이 받아들여지고 남성과 여성이 신는 힐이 성별이 구분된 형태를 취하기 시작하면서 그 의미에도 성차가 반영되었다.

이 신발은 아마도 유복한 집의 남자아이를 위해 만든 신발이었을 것이다. 착용자가 남성이었다는 사실은 굽의 형태와 종류로 알 수 있는데, 당시 유행에 따라 빨간색으로 칠해져 있다. 17세기 중반, 프랑스 또는 영국

높고 가는 굽과 뾰족한 코는 17세기 말 여성 신발의 특징이었다. 이 신발은 매우 부드러운 염소 가죽으로 만들어졌으며 비단 실로 수놓은 자수로 장식되었다. 1690~1700년, 이탈리아

힐은 18세기까지 남성적 특권의 표현하는 데 가장 중요했다. 가장 초기의 유럽식 힐은 보통 나무 소재로 만들어 가죽으로 싼, 일명 '셀프 커버 힐self-covered heels'로 형식적으로는 페르시아의 모델과 유사했다. 비슷하게 서아시아 모델의 영향을 받아 얇은 가죽을 쌓아 올려 굽을 만드는 가죽 스택드 힐Leather-covered heels은 좀 더 시간이 지나 유행하게 된다.[8] 17세기 초에는 남성도 여성도 두 형태를 모두 착용했지만, 시간이 흐르자 여성의 신발에는 셀프 커버 힐을 선호하는 경향이 나타난 반면, 남성 복식에는 두 형태가 모두 받아들여진 대신 착용하는 환경이 달랐다. 가죽으로 싼 굽은 집이나 좀더 격식을 차린 자리에서 신는 남성용 신발에 사용되었고 가죽 스택드 힐은 승마나 야외 활동에 신는 신발에 사용되었다.

이 두 종류 굽의 차이와 남성들이 이를 신는 적합한 시간과 장소의 구별은 17세기 후반 프랑스 국왕 루이 14세의 신발 선택에 따라 전형화되었다. 왕궁에서나 집안에서는 셀프 커버 힐을 신은 모습으로 묘사되고, 활동적인 이미지에서는 가죽 스택드 힐을 신은 모습으로 묘사되는 루이 14세는 어느 상황에서건 돋보이기 위해 빨간색 가죽으로 만들거나 빨간색으로 칠한 힐을 신었다. 루이 14세 덕분에 빨간 굽의 구두가 정치적 특권을 나타내는 복장이 되면서 이를 계기로 남성 패션에서 힐이 지닌 정치적 의의가 커지게 되었다. 빨간 굽은 왕이 신기 전부터 유행했음에도 그가 통치하는 동안에는 프랑스 궁정에 출입 허가를 받은 사람만이 빨간 굽이 달린 신발을 신을 수 있었다.[9]

시간이 흐르자 남성과 여성의 힐 사이에 구조적인 차이점도 나타났다. 남성용 힐은 더 높아지면서 두껍고 견고해졌으며 여성용 힐은 마찬가지로 높아지기는 했지만 더 가늘고 홀쭉해졌다. 발 크기도 성별의 차이를 나타내는 큰 표지가 되었다. 17세기 영국의 궁정 시인 존 서클링은 그의 시 〈혼례의 노래〉에서 이렇게 표현했다. "페티코트 아래 숨겨진 그녀의 발 / 몰래 들락날락하는 작은 쥐처럼 / 마치 빛이 두려운 것처럼."[10]

아름다움에 대한 이상은 앙증맞은 발을 더욱더 선호하게 했고 굽이 있는 신발은 치마를 들춰 그 밑으로 발의 대부분을 노출하며 작은 발에 대한 환상을 만들어내는 유용한 수단이 되었다. 동화 작가 샤를 페로의 『신데렐라』와 『장화 신은 고양이』가 모두 17세기 말에 나온 작품이라는 사실은 그래서 놀랍지 않다.[11] 이렇게 신발의 성별 차이가 더욱더 뚜렷해짐에 따라 집을 연상하게 하는 가죽으로 싼 굽은 사내답지 못하고 지나치게 고상하다고 여겨지기 시작했고, 18세기가 되자 남성 패션에서 거의 완전히 버려지게 되었다.

2장

하이힐,
남성에서 여성에게로

힐 신은 남성을 민감하게 생각하는 경향은 영국에서 떠오른 민족주의의 초점이 남성복에 맞춰지며 나타났다. 1666년 찰스 2세는 프랑스 패션으로부터 독립을 선언하며 "페르시아의 패션을 따라"[12] 새로운 유행을 확립할 것이라고 공표함으로써 일명 남성 대절제Great Male Renunciation 시대의 도래를 예고했다. 이에 따라 페르시아풍의 복식이 영국 패션에 차용되어 조끼와 스리피스 슈트의 탄생에 영향을 미쳤다. 하지만 한편으로는 페르시아 패션에서 차용한 또 다른 아이템인 힐이 종말을 맞이하는 계기가 되었다.

프랑스 패션에서 힐이 차지하는 중요성과 더불어 그 불합리성은 영국 남성 복식에서 힐이 발 디딜 곳을 잃게 했고, 18세기 초가 되자 '빨간 굽'이라는 말에는 나약함과 애국심 없는 허식이라는 의미가 담기게 되었다. 주디스 드레이크가 쓴 『여성의 성을 옹호하는 글: 공론가, 대지주, 멋쟁이, 명

연주자, 삼류 시인, 도시의 평론가 등의 등장인물을 통해』에는 이 같은 편견이 분명히 나타나 있다.

이 중 최고는 머리보다 힐에 더 많은 학식을 갖고 있던 멋쟁이다. … 그는 유행을 살펴보려 여행하는 사람이었고 최신 실루엣의 슈트와 칼자루 장식 끈이 달린 화려하고 예쁜 리본을 들여왔다. 파리에서 가장 친한 지인은 마르퀴스라 불린 그의 춤 선생이고 그가 가장 잘 다니는 장소는 오페라 극장이었다. 그는 프랑스의 왕을 한 번 만난 적이 있고 수상의 이름을 알고 있었으며 이미 세계 어느 지역에도 정치가는 없다고 대단히 확신하고 있었다. 패션에 대한 근사한 전문 지식과 조국에 대한 강한 경멸이라는 면에서는 진보적이었다.[13]

종교사상가들도 인위적으로 육체를 증강하려는 시도는 신에 대한 모욕이라는 의견을 제시하며 이 논쟁을 부추겼다. 1714년 유명한 레슬러이자 '남자다운 운동의 기술'을 다룬 논문[14]의 저자인 토머스 파킨스는 이렇게 충고했다. "이제는 인간의 적정한 대칭과 비율을 두고 조물주를 이기려 들지 말자. 마찬가지로 우리 자신의 편안함을 위해, 안전하게 발을 내디디고 똑바로 서서 걸어 다니기 위해, 조물주가 그런 모습으로 빚어놓은 대로, 굽을 낮추자."[15]

하이힐에 덧씌워진 왜곡된 성적 욕망

가죽 소재의 스택드 힐은 좀 더 낮아지기는 했지만 여전히 남성 승마용 신발의 주요 특징이었고, 17세기와 18세기 초에는 높은 굽의 잭 부츠를 신고 전투에 임하는 영웅적인 지도자의 모습도 여전히 국가의 선전에 중요하게 등장했다. 하지만 1730년대에 이르자 대다수의 남성은 격식 있는 자리와 집에서 신던 높은 셀프 커버 힐을 포기했고 그 후 2세기 동안 다시 신지 않았으며 이는 전적으로 여성적인 신발의 형태가 되었다.

하이힐의 성별 구분은 유럽 전역에서 발전하고 있던 계몽주의의 합리주의 철학에도 부합했다. 여기서는 여성을 본능, 관능, 비합리적인 열정에 이끌리는 존재로 그린 반면, 남성은 이성에 의해 통제되는 존재로 여겼다. 복장에 대한 관심은 선천적으로 여성적인 특성으로 그려졌으며 유행의 어리석은 농간에 빠져있는 행태를 여성의 나약함과 심지어는 악덕의 주요한 척도로 여겼다. 비애국적 정서부터 신을 인정하지 않는 교만에 이르기까지 다양한 혐의를 받으며 문화적 비판의 초점이 되었던 힐은 이제 기본적으로 여성의 액세서리로 자리를 잡게 되었다.[16]

힐의 여성화는 힐과 성적 욕망의 연관성을 증가시켰다. 하지만 힐이 다리를 길게 보이게 하거나 시선을 끈다는 사실만으로 힐에 에로틱한 가치가 부여된 것은 아니었다. 1724년 아래의 글에서 언급된 것처럼 여성의 다리는 가려져 노출되지 않았을 뿐 아니라 관심의 대상조차 아니었다.

하체를 드러내는 것은 결코 유행이 될 수 없다. 왜냐하면 그것에

있어 여성은 못생기고 이상한 모습의 불쾌한·피조물이기 때문이
다. 만약 그렇지 않았다면 오래전에 하체를 드러내는 유행이 일어
났을 것이다. 겸양은 고사하고 그렇게 생각하지도 말라. 그게 아니
라 여성들은 그 때문에 남성들이 경멸하고 싫어할까 봐 두려워하
는 것뿐이다.[17]

힐의 에로틱한 가치는 그것을 신는 여성보다 오히려 신발의 종류에 달
려 있었다. 예를 들어 하이힐 뮬High-heeled mules은 여성이 침실에 있을 때
신던 신발로, 애정 행위를 암시했다. 뮬은 집 안에서 좀더 공개된 공간이나

뒤축이 없는 신발인 뮬은 오랫동안 실내용으로 착용했다. 이 실내용 신발에 에로티시즘이 더해지게 된 것은 하이힐이 적용되
면서이다. 이 뮬은 정교한 은사 자수로 장식되었으며 발등 부분의 주름 장식 리본은 원래 분홍색이었다. 1700~1730년대, 프
랑스

밖에서 간단히 산책할 때도 신어 에로틱한 느낌이 은근히 깔린 격식 없는 편안함을 나타내기도 했다.

18세기에는 일부 여성이 이렇게 은근한 성적 매력을 이용할지도 모른다는 생각이 많은 사람을 불안하게 만들었다. 계몽사상은 남성들만이 이성적인 존재라고 선언했지만, 여성들이 의복을 이용해 그 같은 남성들을 유혹하고 권력을 빼앗을지도 모른다는 문화적으로 뿌리 깊은 우려가 여전히 존재했다. 마치 신데렐라의 의붓언니들이 단체로 착각에 사로잡히기라도 한 것 같았다. 신데렐라의 고결함과 미덕은 패션의 힘을 통해서 밝혀졌지만, 한편으로 언니들이 패션을 이용해 자신들의 진짜 모습을 감추려 했던 시도는 교활한 사람들이 이익을 얻기 위해 일종의 속임수로 의복을 이용할 수도 있음을 암시하는 것이었다. 메시지는 명확했다. 실제이든 상상이든 자그마한 발을 암시하는 하이힐의 힘은 남성의 성적 욕망을 농락할지도 모르며 그런 계략에 넘어갈 경우 무서운 결과를 초래할 수 있다는 것이다.

비현실적인 하이힐을 신는다는 것이 본질적으로 여성의 의식 부족을 나타낸다는 주장은 더 흔하게 제기되었다. 1871년 한 잡지에 쓰인 "그녀는 프랑스식 힐을 신고 비틀거리며 발만큼이나 흐트러진 머리를 하고 번화한 해리엇가를 달려"[18]라는 구절은 멍청하면서 매혹적인 여성의 전형을 묘사했다. 하이힐은 성적 매력이 있는 여성성의 복잡하면서도 모순적인 상징이 되었고, 여성의 교활한 속임수뿐만 아니라 비천한 지성의 증거로 이용되었다. 이를 통해 하이힐은 이후 수세기 동안 이러한 일련의 의미들을 내포하게 된다.

경멸의 대상이 된 하이힐

18세기 말에 이르러서는 귀족들의 여타 복장 중에서도 특히 하이힐은 경멸의 대상이 되었다. 미국, 아이티, 프랑스 혁명으로 여성의 힐을 비롯해 귀족적인 복식에 반하는 패션이 장려되었고, 1780년대에 유례없이 높아 졌던 힐은 세기의 끝 무렵에는 몇 밀리미터까지 낮아졌다. 이러한 민주주 의적 성향은 고대 그리스 로마 시대에 대한 강한 흥미와 결합하여 반세기 이상 여성 패션에서 하이힐이 모습을 감추게 된다. 19세기 초가 되자 패션 지향적인 여성들은 고대 그리스 모델을 본뜬 납작한 밑창의 샌들을 신었고 좀더 보수적인 여성들은 실크 또는 가죽 소재에 평평한 밑창이 달리고 다 리에 리본을 묶는 섬세하고 품위 있는 로마식 샌들풍 구두를 신었다.

이렇게 귀족적인 패션에 대한 반감으로 여성복에서 힐은 버림받게 되었 다. 하지만 이 때문에 일시적으로 남성복에 힐이 다시 도입되기도 했다. 하 이힐과 마찬가지로 남성용 반바지 브리치스breeches는 18세기 특권의 뉘앙 스를 풍겼기에 외면받았다. 그 대신 발목 기장의 판탈롱 바지가 새로운 시 대가 왔음을 알렸지만, 문제도 있었다.

일반적으로 니트 소재인 판탈롱은 입으면 늘어지는 부분 없이 길고 갸 름해 보이도록 디자인된 바지였다. 바지 다리 밑단에 부착되어 발밑으로 둘러 감는 끈으로 이러한 실루엣을 연출했다. 판탈롱은 대표적으로 헤시안 부츠 등에 넣어 입거나 구두나 부츠의 밑창 아래로 끈을 끼워 입을 수 있었 다. 후자의 방식으로 입으려면 신발 뒤쪽으로 끈이 빠지는 것을 막기 위해 굽이 있는 신발을 신어야 했다. 당시의 복식 판화에는 남성들이 상당히 높

분홍색과 검정색이 조합된 하이힐. 1780년대까지 높고 가는 굽을 대비되는 직물로 싸서 돋보이게 하는 경우가 많았다. 1780~1785년, 영국으로 추정

18세기가 끝나갈 무렵, 귀족들의 여타 복장 중에서도 하이힐과 구두 버클이 경멸의 대상이 되었다. 상류층 신발에 사용되던 실크 소재의 대안으로 가죽이 쓰이게 된 것도 곧 문화적 변화가 일어날 것을 암시하는 또 다른 징후였다. 이 핑크 힐은 롤러를 사용해 날염한 가죽 소재로 만들었다. 도트 무늬는 원래 모두 은색이었다. 1790~1800년, 영국

판탈롱 위에 부츠를 신었을 때는 부츠를 신은 다리가 날씬해 보여야 했고 밑창에는 발에 거는 끈이 빠지지 않게 방지하는 굽이 있어야 했다. 이 우아한 부츠는 그냥 바지뿐만 아니라 판탈롱에 신기도 적합했을 것이며 신으면 키도 커 보였을 것이다. 1864년, 빈

신발, 스타일의 문화사

은 힐을 신고 있는 모습으로 묘사되었으며, 지침서는 이렇게 키를 커 보이게 할 수 있는 새로운 기회를 키 작은 남성들이 알맞게 이용해야 한다고 권했다.[19] 하지만 얼마 지나지 않아 판탈롱은 바지를 거는 끈이 없어도 되는 좀더 헐렁한 바지에 자리를 내줘야 했다. 이렇게 판탈롱을 입지 않게 되자 일상 패션으로 힐을 신을 명분이 사라졌고 도시에서 남성들이 힐을 신고 있으면 웃음거리가 되었다.

힐이 여성을 불안정하게 만든다

여성들의 경우 힐을 신지 않는다는 것은 단순히 귀족적인 무절제를 거부하는 것만은 아니었다. 그것은 이상적인 여성성의 개념에 대한 근본적인 변화를 의미했다. 새롭게 등장한 가정 예찬 사상은 그 이름대로 가정 밖의 더 큰 공동체와 특정 계급의 '조신한' 여성들 사이의 상호작용을 제한했다. 이 여성들이 신던 납작한 밑창의 섬세한 신발은 지속적으로 착용하기에는 적합하지 않았는데, 이는 그들이 공공 영역에 관여하지 않는다는 것을 의미했다.

모성은 여성의 소명으로 인식되었고 세상에 발언권을 갖기를 바라는 여성일지라도 온전히 도덕적으로 올바른 시민을 양육하는 것으로써만 사회에 영향력을 행사하도록 했다. 많은 여성이 이러한 한계를 탐탁지 않게 여겼고 세기 중반이 되자 여성들은 가족의 도덕성을 책임지는 사람으로서 자신들에게 주어진 힘을 이용해, 노예제 폐지를 시작으로 여성의 참정권 문제 등 공공 영역의 윤리적 문제에 관여하기 시작했다.

힐은 마치 공공 영역에 관여하는 여성이 증가하는 현상과 상호작용이라도 하는 듯, 18세기에 힐과 관련 있던 모든 주제를 이끌고 패션에 다시 수용되었다. 그 일련의 의미들은 힐이 다시 도입되기 바로 직전인 1852년부터 다음과 같은 언급에 분명하게 나타났다.

> 하이힐은 정말로 부도덕하고 괴상하기 짝이 없는 사치, 즉 쓸모없고 불편한 허영심이자 발목을 망가뜨리는 패션이며, 이전 시대의 '숙녀'들이 … '중요한 사람'이 되고 싶었지만 정말 '아무것도 아닌 사람'이었기에 '유행'했을 뿐이다. 즉 불룩하고 표면은 얼룩지고 목은 지나치게 화려한 브랜디 잔이며 힐로 높아진 오만함이다.[20]

힐의 재도입은 18세기 복장을 노골적으로 차용한 복장을 통해 여성에 대한 부정적인 고정관념을 되살리고 더욱 강화했다. 귀족적인 무절제와 여성의 경박함이라는 오명으로 얼룩진 옷을 입은 여성들을 다시 등장시킨 더 큰 패션 경향의 일부였다. 1860년대에 이르면 형식과 의미에서 로코코 스타일인 새로운 힐이 프랑스 왕 루이 15세를 기려 루이 힐Louis heel(루이 15세 시대에 유행했던 굽으로 중간 정도 높이에 가운데가 잘록하고 바깥쪽으로 넓어지는 오목한 곡선이 특징이다.—옮긴이)로 불리며 등장하는데, 이는 과거 귀족주의와 힐의 연관성을 분명하게 나타냈다.

다시 등장한 힐은 바로 여성 인권 운동가들과 복장 개혁 운동 옹호자들의 주목을 받았다. 그들은 힐이 신체적으로나 정치적으로 여성을 불안정

18세기 복식에 대한 향수가 일자 1850년대 중반에 이르러 여성 패션에 힐이 다시 도입되었다. 이때 '루이 힐'이라는 말이 처음 등장했다. 높지 않은 굽이 달린 이 밤색의 애들레이드는 콘테사 프라비네티 디 페라리Contessa Fravineti di Ferrari가 신었다. 약 1860년대, 프랑스

하게 한다는 이유로 비난했다. 하지만 그 외침은 주목받지 못했다. 1859년 《크리스천 인콰이어러》가 언급했듯이 복장 개혁 옹호자들을 "찬성하는 쪽은 건강, 경제, 상식을 주장했겠지만 … 이들이 패션, 취향, 교육, 직물 판매업자, 장의사의 반대에 직면했기 때문이다."[21]

힐은 패셔너블한 아이템으로 홍보되었지만, 예상대로 그것마저 비난의 초점이 되었으며 복장 개혁에 관심 없는 사람들까지 비난했다. 늘 그랬듯이 힐과 경박함 간의 연관성 역시 타깃이 되었다.

여성은 정말 패션의 노예일까?

일부에서는 힐을 신은 여성들의 자세를 조롱하기도 했다. 하이힐이 남성들을 생물학적으로 저항할 수 없게 하는 매력적인 자세를 만든다는 오늘날의 주장과는 대조적으로 1860년대에 힐을 신은 여성들은 그리션 벤드 Grecian bend(허리를 앞쪽으로 숙여 가슴을 내밀고 엉덩이를 뒤로 뺀 과장된 여성의 자세를 말한다. 고대 그리스 조각의 상체를 기울인 자세에서 유래했다는 설이 있다.—옮긴이)라는 조롱 섞인 이름의 추한 실루엣 때문에 비난을 받았다. 힐은 신체를 망가뜨리는 원인이 된다며 다음과 같이 조롱받았다.

사회 전체를 특히나 편치 않게 만드는 재난 중 하나는 전염성 질병, 특히 의학적 치료로 쉽게 나아지지 않는 질병의 확산이다. 그리션 벤드라는 병에 대해서는 한 목사가 이제까지 나무랄 데 없는 인

"THE GRECIAN BEND"
FIFTH AVENUE STYLE.

남성들이 입는 수수한 비즈니스 슈트와 실용적인 신발과는 아주 대조적으로, 힐을 비롯해 18세기의 영향을 받은 패션이 부활하면서 여성이 '패션의 노예'라는 부정적인 관념은 더욱 공고해졌다. 이 캐리커처는 여성들이 새로운 힐을 신게 되면서 우스꽝스러운 자세를 하게 되었다고 조롱했다. 토마스 워스, 〈그리션 벤드: 5번가 스타일〉, 1868년경, 커리어 앤드 아이브스에서 출판

품을 지닌 교구 신자 중의 한 사람의 이야기를 들려주었을 때 처음
들었다.

이어진 이야기에서 목사는 아내와 딸들에게 절름발이 캥거루처럼 보이
게 만든 병에 걸린 그 환자에게 가까이 가지 말라고 경고한다.[22] 또한 일부
에서는 힐을 신은 탓에 기울어진 채 걷는 걸음걸이도 주시했다. 하이힐은
심지어 여성들이 투표에 적합하지 않다는 증거로도 쓰였다. 1871년《뉴욕
타임스》에는 다음과 같은 사설이 실렸다.

> [힐이] 처음 패션에 도입되었을 때, 여성들은 몇 명의 상식적인 남
> 자들로부터 … 7센티미터 높이의 힐을 신으면 … 분명 고통과 기
> 형이 나타날 것이라는 말을 들었다. … 어떠한 판단력이나 자주성,
> 또는 착실한 인성도 여성이 시간, 편안함, 돈, 건강에 어떤 희생을
> 감수하면서까지 패션의 노예가 되는 것을 막지는 못하는 듯하다.
> 투표권! 피선거권! 편안함과 걸음걸이를 망가뜨리지 않는 신발을
> 신고 … 매력적인 차림을 할 만큼 … 자주성과 분별이 있는 여성을
> 먼저 우리에게 보여 달라.[23]

여성의 하이힐과 여성의 투표권 그리고 피선거권을 이렇게 엮는다는 것
은 억지스러워 보이지만, 향후 몇 년 동안 특히 여성이 공공 영역에 발을
들여놓게 되면서 이러한 관념들은 여러 차례 표면화된다.

19세기 내내 특권층 여성의 공적인 무대 진출은 험난했다. 가정 예찬

사상은 조신한 여성이라면 더 넓은 세계에 일원이 될 필요가 없다는 의미를 내비쳤고, 공공 영역에서 활동하는 여성들은 경제적 필요에 의해 그곳으로 내몰린 사람들로 여겼다. 그러한 여성들은 도덕성을 의심받았고 가족 이외 남성과의 접촉은 성적으로 음란한 행위라는 암시로 가득했다. 보장된 삶을 살았던 그들 사이에서 나온 더 폭넓은 활동의 자유를 요구하는 새로운 외침에 대해 그나마 수용할 만했던 응답 중 하나는 비생산적인 여가와 집안의 부를 보여주는 과시적인 소비의 측면에서 공적 활동을 펼치는 것이었다.[24] 새로 조성된 도시의 대로와 최신 발명품인 백화점은 한가한 여성들이 섬세한 자수로 장식된 굽이 있는 부츠를 신고서 걸어 다닐 수 있는 공간이 되었다. 그들은 자신들이 입고 소비하는 패션을 통해 집안의 부와 영향력을 뽐냈다. 새롭게 등장한 이 과시적인 소비 경향은 신발 제조 역사의 결정적 순간과 맞물려 나타나면서 결과적으로 신발 디자이너들이 찬양을 받는 현상을 낳는다.

3장

하이힐에
이중 잣대를 들이대다

19세기를 거치며 신발 제조업은 장인 공예에서 산업화된 제조업으로 바뀌었다. 브랜드 아이덴티티는 품질을 증명하는 주요 수단이 되었으며 디자이너가 취향과 스타일의 결정자라는 관념이 자리를 잡았다.

프랑스의 신발 제작자 프랑수아 피네는 종종 최초로 세상에 이름이 알려진 신발 디자이너로 일컬어진다. 그가 만든 신발은 수공예와 최첨단 산업 관행이 공존하던 산업혁명 이전 시대에 걸쳐 있었고, 우아한 '피네 힐 Pinet heels'에 곁들여진 정교한 손 자수 장식의 갑피가 특징이었다. 피네가 만든 신발은 빠르게 욕망의 대상이 되었고 피네라는 이름은 사치와 연관성을 지니게 되었다. 항상 그렇듯 사치품 소비는 탐욕스러운 여성을 비난하고 경솔함이나 심지어 더 파멸적인 미덕의 상실에 대한 주의를 촉구하는 빌미를 제공했다.

맞춤 제작과 대량 생산 사이에 놓여 있던 피네 부츠는 부유한 사람들만이 살 수 있는 가격대였다. 이 신발은 돈과 시간이 많이 드는 수제 장식과 마감을 통해 높은 품질을 유지했다. 열정적인 혁신자였던 피네는 1860년대에 유행한 곡선적인 루이 15세 힐을 제작하기 위해 기계를 만들었다. 약 1880년대, 프랑스

III 하이힐: 불안정

이 전형적인 20세기 초 '프랑스 엽서'는 하이힐을 활용해 성적 매력을 고조시킨 에로틱 이미지의 전형이다. 19세기 후반, 프랑스

"볼을 물들이고 머리를 염색하고 허리를 조이고 너무 높은 하이힐을 신는 여자는 도덕적으로 행실이 부정하지 않을지는 모르지만, 분명 본래 그 숙녀의 모습과는 전혀 다른 사람으로 오해받기 쉽다."[25] 1888년 《여성 가정 신문》에 실린 이러한 훈계는 19세기 후반 여성들에게 '미덕이 부족한 여성'으로 오해받지 않도록 옷차림에 주의하라고 조언하는 많은 사례 중 하나일 뿐이었다. 여성의 부도덕함이라는 문제는 당시의 화젯거리였다. 그 자체로 18세기를 재현하는 매춘부라는 개념은 대중의 상상력을 사로잡았다. 지식인과 예술가들은 이 주제에 매혹되었고 대중 매체는 다음과 같이 의도치 않게 '정숙한' 여성을 유혹하는 남성에 관한 상투적인 이야기를 끊임없이 다루었다.

하지만 복장에 관해 말하자면, 멋지게 차려입은 착실한 여자와 매춘부를 구분할 방법이 없을 때 아쉬움을 느낄 수밖에 없다. 그 여자들이 용모를 과시하고 길거리에서 관심을 끌기 위해 온갖 장신구와 저속한 액세서리를 하고 교묘한 차림새를 하기 때문이다. 몇 년 전까지 다른 여자들의 전유물이라 여겨졌던 그 차림새 말이다.[26]

상류층을 상대하는 매춘부는 상류층 여성들처럼 사치품 애호가로 간주되었으며, 상류층 여성들처럼 비록 다소 너무 높기는 했지만 힐을 비롯한 18세기 스타일의 옷을 입었다. 게다가 아마도 점잖은 남자들의 잘 차려입은 아내와 딸들 대다수와 공통점을 지닌 대단히 조종에 능한 인물들로 그려졌다.

점점 더 에로틱해지는 하이힐

성매매 종사자들과 결부된 여성용 힐의 포르노화를 조장한 요인은 매춘부의 판타지적인 이미지만이 아니었다. 카메라가 발명되고 포르노 사진사들이 이를 바로 도입하면서 오늘날까지도 지속되는 여성에게 신발만 신기고 사진을 찍는 관행이 생겼다. 점잖게 말하자면 거기서 그 신발은 초기 포르노 사진의 스타킹과 마찬가지로 성기를 표현하는 데 쓰였다. 좀 더 개념적인 차원으로 보자면, 신발의 존재는 그것이 지닌 그 진부한 연관성을 통해 포르노 이미지의 관음적인 매력을 돋보이게 했다. 이러한 '프랑스 엽서'에 현대적인 신발이 함께 등장하면서 그 이미지들은 은유나 비유에 그치지 않게 되었으며, 신발은 여성의 몸을 시간과 공간에 고정해 노골적이고 실제처럼 보이게 했다. 이러한 포르노 이미지가 널리 유포되면서 여성들이 신는 일상적인 신발에 에로틱한 의미가 더해지게 되었고 19세기를 거치며 하이힐은 개인과 공공 영역에서 모두 점점 더 도발적인 신발이 되었다.

에로틱한 의미가 더해지면서 힐의 높이도 더 높아졌다. 더 높은 힐은 과

이 페티시적인 구두는 사람이 신고 서 있을 수도 없었기에 확실히 밖에서 신는 용도로 디자인되지 않았다. 20세기 초, 유럽

신발, 스타일의 문화사

도함과 극도의 비실용성을 떠올리게 했고 영어권 매체에서는 이를 일관되게 '프렌치 힐'이라고 표현했다. 여기에는 프랑스적인 것을 느슨한 도덕성이나 좀더 유혹적인 간계와 연관 짓는 오래된 문화적 편견이 작용했다. 1890년대까지 이러한 '프렌치 힐'은 특히 도발적으로 디자인된 신발에서 종종 찾아볼 수 있었다. 스타킹을 신고 하이힐을 신은 것처럼 보이도록 디자인된 부츠는 보는 사람을 흥분하게 했을 뿐만 아니라 변화도 예고했다. 몇 십 년도 지나지 않아 치마의 밑단이 올라가게 되면서 여성의 다리, 그리고 그들이 신은 힐은 완전히 밖으로 드러나게 되었다. 이렇게 하이힐이 점점 더 에로틱해지는 경향의 여파는 세기말에 과장된 높은 굽이 달린 페티시적인 신발의 등장뿐만 아니라 그러한 힐이 더는 어린 소녀들에게 적합하지 않다는 인식의 확산으로도 뚜렷하게 나타났다.

카우보이에게 힐은 자유와 자립의 상징

패셔너블한 하이힐이 성적인 여성성의 상징이 됨과 동시에 미국 서부에서는 다른 종류의 하이힐이 그들만의 매력을 지닌 철저한 개인주의를 상징하는 아이콘으로 떠올랐다. 서부의 '개방'과 동시에 미국에서는 세련됨보다 남성다움이 우세해지는 경향이 나타났다. 이러한 흐름은 18세기 초부터 나타나기 시작해 이 '활동적인' 남성, 즉 자기 소유지에서 노동에 종사하거나 조국의 군사 작전에 동원된 이들이 그 특유의 세련됨이 연약함으로 여겨지기 시작한 점잖은 남자들의 자리를 차지하기 시작했다. 이는 사회경제적 경계를 넘어 성별과 그들의 영웅적 행위를 연결 지어 더 많은 남성을 해방한 남성성의 가장 본질적인 개념이었다. 남자다움은 국가 건설을 의미했고 그 이미지는 유럽의 우아함이나 상속된 지위와 대비되는 철저한 개인주의를 깊이 숭배하는 '미국적 가치'의 토대를 마련하는 데 기여했다.

그들 중 때맞춰 최고의 남자다움을 상징하게 된 사람들은 카우보이, 유럽에서 새로 넘어온 이민자로 이루어진 잡다한 거친 무리, 자유의 몸이 된 아프리카계 미국인 노예, 멕시코인과 전직 군인으로, 그들에게는 어느 정도의 화려함이 용인되었다. 도시라는 장소에서는 조롱을 받을 정도였지만 그들의 직업의 고충을 고려할 때 그 정도는 너그럽게 봐줄 만했다.

『말을 타고 옐로스톤 공원을 가로질러』(1886)를 쓴 조지 W. 윈게이트에게 카우보이 사이에 유행한 힐은 깊은 인상을 남겼다. "카우보이 중 몇몇은 누구 못지않은 패션의 노예들이다. 높은 프렌치 힐이 달린 부츠는 인기가 매우 높다."[27] 또『미국의 위대한 서부』(1883)에는 이런 인용문도 있다. "당신은 카우보이의 신발을 신으면 걷지 못한다. 너무 꽉 낀다. 알다시피 우리는 굽이 높은 부츠를 신으며 될 수 있는 한 작게 신는다. … 카우보이들은 발이 어떻게 보이는지에 매우 까다롭고, 부츠 한 켤레에 15달러를 쓰는 데 그러는 게 당연하다."[28] 이러한 언급은 카우보이들을 조롱하기에 딱 좋은 구실처럼 보였지만, 사실 조롱받은 쪽은 도시 깍쟁이들이었다. 굽 높은 카우보이 부츠는 활동적인 남자에게 필수적인 부속물, 즉 단순히 경박한 패션이라기보다는 일을 제대로 하는 데 필요한 도구로 여겨졌다.[29] 싸구려 소설과 버펄로 빌의 와일드 웨스트 쇼에서 보여주듯이, 카우보이는 미국인들이 소중히 여기는 개인의 자유와 자립의 꿈을 상징하는 인물이었으며 그들

신발, 스타일의 문화사

이 신는 힐은 그 이미지에서 가장 중요한 요소가 되었다.

새 시대는 새 신발에!

하지만 여성 패션에서는 힐에 그런 영웅적인 이미지가 없었다. 여성들이 정치적 기반을 다지고자 하면서 참정권 운동가들은 어떤 신발을 신든 언론에서 부정적으로 고정관념을 만들었다. 샌들을 신은 추레한 여자와 하이힐을 신은 날라리라는 이미지 둘 다 여성 참정권 운동가들을 반대하는 데 동원되었다. 일부 비평가들은 여성 인권 운동가들의 너저분한 복장과 매력적이지 않은 신발에 대해 비난한 반면, 또 다른 여성 참정권 운동가 반대자들은 정반대 노선을 취해 프렌치 힐 착용 같은 패션에 대해 여성 참정권 운동가들이 입을 다물고 있는 것은 상식이 결여되었음을 드러내는 확실한 증거라고 주장했다. 이러한 양극단의 주장에 맞서기 위해 여성 참정권 운동가들은 적당히 높은 굽이 달린 버튼 부츠를 신고 거리를 누비며 이렇게 왜곡된 두 이미지 사이에서 애써 균형을 잡으려 했다. 결국 여성들은 투표권을 얻어냈지만, 힐의 높이와 인격의 연관성을 놓고 뿌리 깊게 박힌 관념은 사라지지 않았다.

제1차 세계대전이 끝나자마자 여성은 투표권을 가지게 되었다. 전쟁 이후 젊은 여성들은 여성 참정권 운동가들이 어렵게 쟁취하여 안겨준 자유의 혜택을 누렸다. 하지만 그들이 성년이 되었을 때 전쟁에 이어 1918년과 1919년 스페인 독감이 유행해 투표 자격이 있는 젊은 남성 인구가 많

여기 이 발리 부츠 같은 하이힐 버튼 부츠는 패셔너블한 여성 참정권 운동가들에게 인기가 있었다. 남성복의 영향은 적당히 진중함을 부여했으며 동시에 하이힐로 여성성을 더했다.1916년, 스위스

신발, 스타일의 문화사

이 감소했고, 그로 인해 여성들 사이에 경쟁이 심화되었다. 과거와 현재의 나이 든 여성 참정권 운동가 세대에 대해 어느 젊은 여성이 "납작한 힐을 신고 싸우는 구식 페미니스트에게는 여성적인 매력이 거의 없었다."[30]고 표현한 것처럼, 많은 사람들에게 그들은 여성성이라고는 없는 노파처럼 보였다. 이제 새로운 시대는 여성성의 새로운 본보기를 필요로 하는 듯했다.

이 시기에 여성의 삶은 놀라울 만큼 크게 변화했다. 여성들은 투표권을 얻었을 뿐만 아니라 신체적으로나 사회적으로나 더 많이 움직일 수 있게 되었다. 여행을 하고 대학을 다니며 운전을 했고, 그 모든 의미를 함축한 '레이시racy(활기찬)'는 패셔너블한 현대 여성을 묘사하는 단어가 되었다. 이 급변하는 새로운 세계의 상징은 겉보기에는 스타일과 도덕적 판단에 얽매이지 않는 듯했던 젊은 플래퍼들이었고 이들이 언론의 관심을 독차지했다. 플래퍼들의 보이시한 실루엣은 여성적 형태를 부정하는 듯 보였고 엄청나게 짧은 머리는 전통에 정면으로 도전했으며 과거 '부정한 여성'들이 했던 살을 내놓고 화장을 하는 불미스러운 행동은 극도의 성적 매력이 풍기는 분위기를 자아냈다. 그들이 버리지 않은 관습은 하이힐이었는데, 치마 길이가 짧아지면서 더 이목을 끌었다. 이제 완전히 노출된 하이힐은 강하게 에로틱한 분위기를 드러냈으며 전형적인 포즈에 하이힐만 신어 더 돋보이게 한 여성의 나체는 1920년대 포르노 사진의 기본으로 자리 잡았다.

하지만 1920년대까지는 에로티시즘과 힐의 연관성에 자세가 결부되지는 않았다. 1920년대의 어색하게 꼿꼿한 실루엣에 분명히 나타나 있듯이, 힐을 신으면 남성들이 매력적이라고 느끼는 자세 — 가슴은 앞으로 내밀고 엉덩이는 뒤로 내민 상태 — 가 만들어진다는 현재의 기준은 아직 힐의 매

충격적인 플래퍼들의 행동 대부분은 미디어가 만든 관념이었다. 〈최신 유행 플라스크: 키이스 프로그램에 배역을 맡아 현재 워싱턴에 머물며 워싱턴에서 가터벨트 플라스크를 유행시킨 우아한 댄서 마드무아젤 레아〉, 1926년 1월 26일

력으로 생각되지 않았다. 힐은 1920년대 짧은 치마가 등장하면서 처음으로 여성용 힐에 특정된 기능인 다리를 길어 보이게 하는 데 활용되었다. 하지만 힐의 진정 중요한 의미는 몇 백 년 전부터 존재했던 '여성은 비논리적'이라는 관념을 영속화하는 데 있었다. 플래퍼는 현대적이었음에도 힐을 신은 플래퍼는 근본적으로 천박하다는 증거이자 비판의 원인을 제공한 바보 같은 신발을 선호하는 그저 분별없으면서 성적 매력이 넘치는 여성의 업데이트 버전으로 치부되었다.

"건강과 도덕을 수호하겠다는 숭고한 열의로 고무된 그는 조목조목 이 고약한 물건을 비난했으며 … 모든 하이힐 제조업체들을 신체 상해와 훼손의 죄목으로 교도소에 처넣기를 바랐다."[31] 1920년 《워싱턴 포스트》에 실린 이 기사는 지역에서 가장 유명한 한 외과의사가 300명의 여성을 대상으로 한 하이힐 반대 강연을 보도한 기사 중 하나다. 의사들이 자세와 발 건강에 힐이 미치는 영향에 대해 공공연히 비난하자 언론은 또 다시 그 패션을 포기하지 않는 여성들의 비이성적인 판단을 비판했다. 플래퍼가 비이성적인 여성의 이

Th. J. 드 본트Th. J. de Bont가 만든 이 신발은 갑피 전체에 걸쳐 뻗어 나가는 금빛 광채를 통해 패션으로 역동적인 아르데코를 재해석했다. 1922~1925년, 네덜란드

미지를 쇄신했듯이 의사는 목사를 대신해 여성의 신발 선택에 도덕적 분노를 표명했다.

이러한 의학적 우려는 곧 도덕적 우려와 결합해 힐을 아예 금지하라는 요청으로 이어졌다. 제임스 커비는 하이힐 금지를 포함하는 공약으로 미국 상원에 공천을 받으려 했다. 1930년 《뉴욕 타임스》는 "밀주와 하이힐이 … 전국을 파멸로 몰아넣고 있다"고 한 그의 말을 인용 보도했다.[32] 미국 전역의 신문 헤드라인은 많은 주 의회에서 하이힐 금지를 목표로 하는 법안을 제출했음을 공표했다. 하지만 텍사스주의 하원의원인 J. B. 게이츠가 공중 보건을 위해 약 4센티미터 이상의 굽을 금지하는 법을 도입했을 때, 텍사스에서는 여성뿐 아니라 카우보이들도 그러한 명령의 영향을 받게 될 것이라는 사실을 깨닫게 되었다.[33]

하이힐을 금지하려는 시도는 미국에서만 있지 않았다. 프랑스의 파리 경찰청 역시 힐을 금지했지만 동기는 달랐다. 도덕성에 중점을 두기보다는 노동자들의 검약을 장려하기 위한 규정이었다. 당연히 신발 제조업자들은 제안된 법안에 반발했고, 여성의 60퍼센트가 굽이 높은 신발을 신는데 굽 높이 4센티미터로 신발 판매를 제한하는 법은 매출에 심각한 영향을 미칠 것이라고 주장했다.[34] 실제로 신발 업계는 "업계에서 말하는 '신발 의식'[35]의 자각"을 통해 재미를 보고 있었는데, 이는 점점 더 많은 여성이 전체적인 착장에서 신발의 역할에 더 신경을 쓰고 그 결과 더 많은 신발을 구매하며 그 대부분은 뾰족한 힐이 달린 신발임을 뜻했다.[36] 이때 이 같은 보도와 함께 여성은 어쨌든 유전적으로 신발에 집착할 수밖에 없다는 대중 심리학자들의 주장이 대두되어 '여자라면 무조건 신발을 좋아한다'는 문화적 관

이 은색과 청록색의 구두로 알 수 있듯이 앙드레 페루쟈는 매우 창의적인 신발을 디자인했다. 이 구두는 그가 즐겨 사용하던 앞코 형태인 '알라딘 토Aladdin toe'가 특징이며 정교한 아플리케 기법의 검은색 스트라이프로 힐을 돋보이게 했다. 1920년대 또는 1930년대 초 추정, 프랑스

넘이 생기게 되었다. 하이힐이 이렇게 주목을 받으면서 유행의 중재자로서 고급 패션 디자이너들의 아이디어는 더욱더 중요해졌다.

이러한 1920년대 디자이너 중 가장 유명한 사람은 20세기 가장 혁신적인 신발 디자이너로 꼽히는 앙드레 페루자다. 이탈리아의 구두장이 집안에서 태어난 그는 가업을 이어 16세에 프랑스 니스에 자신의 가게를 열고 우아한 수제 구두를 선보였다. 페루자는 1910년대 니스의 고급 리조트 호텔 네그레스코에서 유명 패션 디자이너 폴 푸아레의 눈에 띄어 세상에 알려졌다. 1920년대에 이르러서는 파리 상류사회의 인물들은 물론 세계적으로 유명한 영화배우들이 페루자의 신발을 신었다.

페루자의 전위적인 디자인은 힐 구조의 지평을 넓혔다. 1936년 미래의 신발에 대한 의견을 묻는 말에 그는 이렇게 답했다. "하루 2시간만 일하면 되는 등 완벽한 경제 환경이 지배하는 세상에서 실용적인 신발이란 없을 것이다. 금속(금, 은, 강철, 알루미늄) 소재가 사용될 것인데, 가죽보다 내구성이 좋아서가 아니라 그런 소재가 발을 더 돋보이게 하기 때문이다."[37] 페루자는 앞을 내다보았고 이후 그는 계속해서 20세기 가장 혁신적인 힐을 만들었다.

신발, 스타일의 문화사

4장

하이힐의
다양한 변주

1920년대 여성 패션에서 굽이 달린 신발이 타협할 수 없는 사안이었다면, 남성의 경우 신장이 문화적 관심의 화제로 떠오르면서 남성이 힐을 신는다는 개념이 문화적으로 더욱 민감한 사안이 되었다. 제1차 세계대전의 참상과 세계의 불안정으로 인해 전례 없는 남성들의 인명 손실이 발생했고, 그 결과 결혼 상대자로 알맞은 남성을 차지하기 위한 경쟁이 치열해졌다. 여성 패션에서 과도하게 성적 매력을 강조하는 분위기가 조장되었고 더불어 남성들의 신체 건강에도 관심이 쏠렸다.

문제는 이를 통해 신체적 특징에 기초한 인종적 우월성이라는 개념이 관심사로 떠올랐다는 점이다. 이는 특히 이민 증가에 따른 '인종' 혼합과 그에 따른 결과로 '유서 깊은 혈통'을 지닌 국민들이 오염될 것이라는 우려로 이어졌다. 1918년 출간된 책 『응용 우생학』에서 위스콘신 대학교 사회학과 교수인 에드워드 로스는 새로이 미국으로 밀려드는 이민자들이 "이

전의 이민 인종에 비해 평균적인 능력이 열등하며"그로 인해 "미국인의 매력적인 용모"를 쇠퇴하게 만드는 결과를 낳을 것이며, 이는 더 "작은 키, 도덕성의 저하, 전반적인 다산성의 증가와 타고난 평균 능력 수준의 저하로 이어질 것"이라고 예측했다.[38]

이와 같은 정서는 19세기부터 서양 사상에서 다윈의 적자생존 개념을 차용해 신장이나 성적 매력 등의 요인과 결부해 발전해왔다. 1920년대에 들어서는 자기계발서가 많은 대중에게 보급되어 남성의 신장과 관련하여 커진 불안감을 더 자극했다.『용모의 아름다움』과 『인종 개량』이라는 책에서는 이렇게 말했다.

> 매력적인 특성과 매력적이지 않은 특성이 평범하게 조합되어 있지만 중간 정도의 키보다 약간 작은 남자의 멋진 용모에 관해 말하면, 여성들은 그의 신장을 흠잡는다. 신장을 이렇게 우선시하는 경향은 명백히 원시시대부터 있었고, 그때 남자는 아내와 아이들을 먹일 식량을 확보하고 야생 짐승과 다른 남성들의 흉계에 맞서 처자식을 보호하기 위해 무엇보다 우선 전사이자 사냥꾼이 되어야 했다.[39]

1930년대 초 세계의 긴장감은 더욱 높아졌고 남성의 신장은 당시의 인종 정치학과 더욱 복잡하게 뒤얽혔다. 신장은 선천적 우월성이라는 개념과 연결되었으며, 키를 높여주는 굽이 달린 신발을 신었던 남성들은 그것을 필요로 한다는 이유로 조롱을 받았다. 많은 조롱을 받았던 남성용 가발처

제대로 옷을 걸치지 않은 채 긴 다리에 하이힐을 신고 있는 여성 묘사는 1930년대와 1940년대 남성 성애물과 광고의 주요 특징이었다. 1928년, 스위스

이 비행기에 그려진 핀업걸 그림을 자세히 보면 하이힐 뮬을 신고 있다는 것을 알 수 있다. 1945년경, B24 리버레이터 폭격기의 기수에 그려진 삽화

럼, 힐은 선천적인 단점을 감춰주기보다 오히려 더 부각할 뿐이었다. 하지만 희망이 없지는 않았다. 교묘하게 키를 높일 수 있도록 구두 안에 보이지 않게 넣어 신을 수 있는 신발 깔창인 리프트lift가 널리 보급되었다.[40]

제2차 세계대전과 하이힐 신은 핀업걸

남성들이 타고난 신장에 매우 민감하던 그때, 여성 패션에는 플랫폼 밑창의 신발이 유행하기 시작했다. 플랫폼은 1920년대 여성복 비치웨어의 일부로 처음 등장했다. 제2차 세계대전이 시작될 무렵, 패셔너블한 여성의 옷장에 필수품이었던 이 높은 신발은 남성들이 매력적이지 않다고 치부했음에도 인기가 점점 높아졌다. 1940년 AP통신의 한 기사는 이렇게 전했다. "현재 남성들은 웨지를 싫어한다는 데 거의 의견일치를 보고 있다. 가늘고 긴 스핀들 힐spindle heels 위에서 사뿐히 걸음을 옮기는 그 섬세한 솟은 발등 덕분에 하루가 활기찼다고 그들은 말한다.'[41] 한편 《뉴욕 타임스》는 "남성들의 마음에 들고 싶다면, 제대로 된 하이힐이 달린 극도로 여성스러운 신발이 있다"고 외쳤다.

1933년 창간된 중상류층 남성 소비자를 타깃으로 한 잡지 《에스콰이어》는 고급 의류, 담배 제품, 주류 광고 지면 사이에 '예술적인' 핀업 화보를 실었다. 작가 조지 페티의 유명한 작품 〈페티 걸스〉와 이후 알베르토 바르가스가 만든 〈바르가 걸스〉는 옷은 제대로 걸치지 않고 하이힐을 신고 있는 일반적인 포르노 모델을 기본으로 하는 전면 컬러 판타지 세미

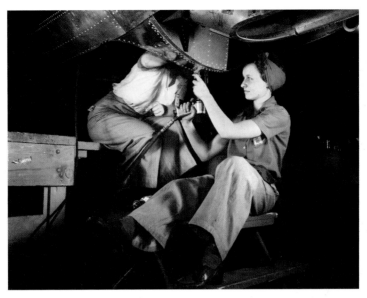

핀업걸들과는 반대로 전시 협력 중에 대다수의 여성은 낮은 굽의 실용적인 신발을 신었다. 그럼에도 이 사진 속 여성이 작업한 폭격기에는 힐을 신은 여성들의 이미지가 그려졌을 것이다. 〈폭격기에 작업 중인 여성〉, 1942년 10월

누드 스케치 또는 그림이었다. 이러한 핀업 화보에 등장하는 신발은 조금씩 다르기는 하지만, 지나치게 높고 종종 극도로 얇은 힐이 다수였다. 사실 1930년대와 1940년대 핀업걸 화보에 그려진 대부분의 신발은 그 신발을 신은 여성들과 마찬가지로 작가와 독자의 상상 속에만 존재했다. 연필처럼 얇은 힐은 2차 세계대전이 끝나고 나서야 처음 등장한다.

전쟁이 발발하고 진행되는 내내 사진이나 그림 속의 잘생긴 영화배우들과 매력적인 여성들이 신은 힐은 군대의 사기를 고취하는 데 쓰였다. 관계 당국의 묵인 속에 거의 벗은 상태로 아찔한 힐을 신은 미인들의 이미지가 전투기 조종석과 병영 막사를 장식했고 심지어 사병들은 비행기와 다른 군

사 장비에 직접 이런 그림을 그리기도 했다. 당시의 많은 할리우드 스타 중 가장 유명한 미국 핀업걸 사진은 원피스 수영복 차림을 하고 100만 달러짜리 다리에 힐을 신은 베티 그레이블이었다. 핀업걸들의 발은 맨발이어도 마치 보이지 않는 힐이라도 신은 듯 부자연스럽게 아치를 그리고 있는 경우가 많았다. 작업화나 패셔너블한 플랫폼을 신은 여성들을 성적으로 묘사한 이미지는 그다지 눈에 띄지 않았다. 성적 매력이 병사들의 사기를 높일 것이라 생각했으며 하이힐은 성적 매력이 있는 여성이라는 의미와 직결되었다.

한편 국내 전선에서는 여성적인 매력이 아니라 남성들이 떠난 일자리에서 일하는 여성들의 노력이 촉구되었다. 수백만 명의 여성들이 굽이 낮은 실용적인 신발을 신고 이에 응했다. 리벳공 로지Rosie the Riveter(방위산업체에 종사하는 여성을 상징하는 이미지로 제2차 세계대전 당시 미국의 수많은 잡지 표지와 광고의 전면을 장식했다. ─ 옮긴이)는 섹시한 신발을 신을 겨를이 없었다. 남겨진 애인과 아내들은 일하지 않는 시간에는 약간 화려하게 꾸미고 싶어했지만, 부적절한 관심을 불러일으켜서는 안 되었다. 여성들에게는 전쟁 지원을 위해 소비를 제한하지 않는 코르크, 라피아 그리고 약간의 다른 재료로 만든 스타일리시한 플랫폼과 웨지힐이 제공되었다. 이렇게 패셔너블하지만 성적 매력은 없는 신발은 전쟁 중 물자 부족의 해결책이 되었고 신발 제조업자들은 이 덕분에 사업을 유지할 수 있었다.

전쟁이 끝나갈 무렵, 전시 국민 협력의 실질적인 후원자들과 군인들이 동경한 육감적인 눈요깃거리 사이의 차이가 극명히 드러났다. 1945년 귀환한 병사는 이렇게 말했다.

핀업 화보는 병사들이 함께할 수 있는 유일한 여성이다. … 그리고 어느 정도 시간이 지나면 병사들은 모든 여자가 그 화보 속 핀업 걸과 같다고 믿게 된다. 그 병사가 고향으로 돌아가 아내나 애인이 그 이상에 못 미친다는 사실을 알게 된 순간의 상실감을 상상해보라. 핀업 사진들도 매우 심하지만, 바르가 걸들은 더 심하다. 여성들은 절대 그렇게 몸매가 좋지 않다.[42]

전쟁이 끝난 후 일종의 가정화된 핀업걸 격인 여성성의 새로운 모델이 문화적 이상이 되었다. 1950년 디즈니의 신데렐라는 갈색 작업화를 버리고 힐을 신은 청순한 바르가 스타일의 핀업걸로 스크린에 등장했으며, 여성들은 신데렐라처럼 작업장에서 신는 레이스업 부츠와 투박한 플랫폼을 버리고 스틸레토 힐이 등장할 수 있는 길을 마련했다.

보기만 해도 아찔한 스틸레토 힐

1950년대 초 매우 높고 가는 스틸레토 힐stiletto heels이 첫선을 보이면서 핀업걸이 신고 있던 환상의 구두가 현실에 등장했다. 스틸레토 힐의 기원은 특정하기가 매우 까다롭고 어렵지만, 크리스티앙 디오르가 선보인 뉴룩의 등장으로 힐의 높이가 더 높아지고 얇아지기 시작했음은 분명하다. 하지만 이렇게 전쟁 직후에 등장한 힐은 과거에 비해 상대적으로 가는 편이었을 뿐이다. 디오르의 뉴룩과 함께 선보인 페라가모의 힐은 우아하고 곡선미가 있었지만 전혀 가늘지 않았다. 1952년 미국《보그》의 한 호에 실린 스틸레토 힐로 설명된 앤드루 겔러의 구두는 현대인의 눈에는 상당히 두꺼워 보이지만, 당시에는 스타일리시하고 인상적으로 날씬한 디자인이었다. 그런데 겔러가 디자인한 힐을 설명하기 위해 사용된 '스틸레토'라는 단어는 그 힐만을 지칭하는 것은 아니었다.

스틸레토라는 단어는 미 공군의 새 실험기 X-3 플라잉 스틸레토부터 디오르의 뉴룩이 구식이 되면서 유행하게 된 길고 날씬한 새로운 패션의 실루엣에 이르기까지, 1950년대 초 모든 세련되고 현대적이며 우아한 디자인 특징을 설명하는 데 사용되었다.[43] 디오르의 1953년 에펠 타워 라인과 이듬해 선보인 H 라인은 스틸레토 힐에서와 마찬가지로 날씬한 실루엣을 나타내는 '스틸레토 슬림stiletto slimness'의 전형이 되었다.

날씬한 굽이 유행하자 신발 제조업자들은 굉장히 세련되면서도 여성의 체중을 지탱할 수 있는 새로운 소재를 찾아내야 했다. 해답은 강철, 즉 스틸이었다. 최초의 얇은 스틸 소재 힐은 1951년 페루자가 크리스티앙 디오르를 위해 만든 이브닝 샌들이었다. '스틸 힐이 새 구두를 떠받치다'라는 제목의 한 신문 기사는 스틸 힐이 "스타일을 최우선"으로 하고 있음을 분명히 보여주었다.[44] 페루자의 스틸 힐은 길고 납작해 당시로서는 너무 미니멀했다. 하지만 많은 디자이너가 재빨리 자신만의 방식으로 해석한 스틸레토 힐을 내놓으면서 힐의 구조적인 지지물로 강철을 사용한 그의 혁신적인 접근이 혁명적이었음이 입증되었다.

1953년 디오르가 브랜드로 영입한 신발 디자이너 로저 비비에는 당대 가장 인기 있는 몇몇 스틸레토 힐을 만들었다. 비비에는 뉴욕의 허먼 델만과 계약되어있는 동안 디오르의 눈에 띄었다. 비비에는 1930년대부터 델만에서 디자인을 선보여왔고, 1950년대 초 디오르의 관심을 받았다.[45] 비비에는 1953년 왕실에 신발을 납품하던 레인과 델만 사이의 복잡한 협력 관계를 통해 곧 여왕의 자리에 오를 엘리자베스 2세가 대관식에서 신을 신발을 디자인하게 되었다. 그 의뢰를 받은 이후 델만과 디오르는 자체 계약을 체결했고 비비에의 사용권은 디오르에게 넘어갔다. 그는 디오르에서 일하며 디오르 제품에 자신의 이름을 넣을 수 있는 유일한 신발 디자이너가 되었다.

비비에와 페라가모 같은 디자이너들이 더 세련된 스틸레토 힐을 내놓으면서 스틸레토 힐은 빠르게 여성의 복장에서 반드시 갖춰야 하는 아이템이 되었고 집 안 청소부터 유흥, 그리고 물론 유혹에 이르기까지 광범위한 활동에 어울리는 신발로 언론에 보도되었다. 하지만 스틸레토 힐은 분명히 당시 새로이 여성들을 고용하기 시작한 군수공장과 같은 작업 환경에는 어울리지 않았다. 스틸레토 힐은 이전 시대의 하이힐과 마찬가지로 여성과 관련된 고정관념을 영속화하는 데 유용한 도구였으며, 씰룩대며 걷는 육감적인 여성에 대한 묘사부터 에스컬레이터나 맨홀 뚜껑에 굽이 끼인 여성을 찍은 사진 자료들에 이르기까지 여성이 분별없이 패션에 복종함을 나타냄을 암시하는 다양한 이미지의 중심에 있었다. 스틸레토는 극도로 에로틱한 신발 형태이기도 했으며, 남성 포르노에서 그 위치는 빠르게 타의 추종을 불허하게 되었다.

1950년대 내내 하이힐을 신은 여성이 《플레이보이》, 《비자르》 같은 남성 잡지의 지면을 장식했고, 여성들이 일상적으로 신는 스틸레토 힐에는

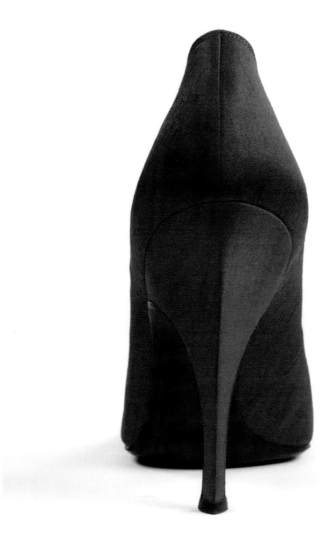

스틸 소재로 만든 이 에귀유aiguille 힐은 로저 비비에가 델만-디오르을 위해 디자인한 것으로 크리스티앙 디오르가 내세웠던 유선형의 새로운 실루엣과 잘 어울렸다. 1950년대 중반, 프랑스

에로틱한 의미가 훨씬 더 많이 담겼다. 이러한 연관성으로 인해 힐 높이에도 성적인 의미가 더 크게 부여되었다. 매우 높은 스틸레토는 일종의 공격적인 성행위를 암시했다. 이탈리아어로 '작은 칼'을 뜻하는 스틸레토는 일반적으로 날렵한 느낌을 표현하는 말이었지만, 위험과 위협 가능성이라는 의미를 내포하기도 했다. 과장된 하이힐은 1930년대부터 BDSM의 에로틱한 이미지에서 중요한 부분이었으며, 베티 페이지 같은 핀업걸이 인기를 얻으면서 좀 더 높은 힐에 좀 더 아찔한 느낌까지 더해졌다. 이와는 반대로 낮은 키튼 힐kitten heels은 정숙한 주부들이나 어린 십대들에게 더 어울린다고 여겼다. 세기말에는 하이힐이 완전히 자리를 잡아 외설적인 독일의 빌드 릴리 인형을 미국적으로 '건전하게' 해석해 내놓은 바비 인형은 하이힐만 신을 수 있는 발 모양으로 출시되었다. 현실에서 신발을 신지 않은 여성을 볼 수 있는 해변 등에서 찍은 사진에서 여성들은 마치 보이지 않는 신발을 신고 있는 듯 발끝으로 선 포즈를 취하기도 했다.

여성화는 낮아지고 남성화는 높아지고

여성 패션과 남성 성애물에서 하이힐이 보편화되었지만, 1960년대 청년 반란youthquake 운동이 새로운 스타일의 도래를 알리면서 그 지배력은 흔들리게 되었다. 런던의 고급 기성복 패션 부티크를 중심으로 젊은 디자이너들이 아동복에서 영감을 얻은 패션을 선보이기 시작했다. 날씬하고 긴 다리를 가진 모델들은 짧은 스커트, 타이츠, 무릎 기장의 양말 그리고 아동용

로저 비비에가 디자인한 이 신발을 구성하는 요소인 사이키델릭한 직물, 큰 라인스톤을 박아 넣은 버클과 낮은 굽은 모두 1960년대 패션의 특징이다. 1960년대 중반, 프랑스

처럼 보이는 낮은 힐의 신발을 비롯해 어린 소녀들에게서 영감을 얻은 착장을 하고 나타났다. 이때도 많은 남성은 그 신발을 좋아하지 않았다. 토마스 미한은 '여자들은 다 어디로 갔는가'라는 제목의 기사에서 "소녀 스타일의 옷은 가슴, 엉덩이 등에 빈틈이 거의 없어 미국 남성의 입장에서 볼 때 분명히 여성적이지 않다"고 투덜댔다.[46] 힐의 쇠퇴는 "눈으로 여자를 훑어보던 이들에게 가혹한 처사"[47]였지만, 스타일에서 힐의 배제는 베이비 붐 세대가 품고 있었던 전후 상황에 대한 끓어오르는 불만을 반영한 단순한 변화 이상이었다. 런던의 패션 디자이너 마리 콴트에 의해 대중화된 짧은 미니스커트는 "여성 해방의 결정판인 여성의 경제적 독립성 향상을 선언했다. … 길고 걸리적거리는 치마는 여성을 집에 묶어두는 족쇄였다. 그 매우 짧은 스커트는 '밖으로 나가겠다'는 외침이었다."[48] 이와 마찬가지로 힐은 자연으로 돌아가자는 히피뿐 아니라 여성 해방 운동가들에 의해 억압을 상징하는 물건이라며 배척되었다. 유일하게 남성 성애물에서만 여성의 하이힐을 여전히 중요하게 생각했다. 하지만 남성 패션에서는 이야기가 달랐다.

문화적 규범을 면밀히 따져보게 되면서 남성 역시 현재 상황에 이의를 제기했으며 패션을 통해 1950년대 엄격한 드레스 코드에서 벗어날 기회가 주어졌다. 남성의 복장에도 개성을 주자는 '피콕 혁명peacock revolution'의 일환으로 남성들에게 장려된 점점 더 화려해진 복장은 동물의 왕국 그리고 다른 문화와 시대의 남성 복식의 예에서 보듯이 원칙적으로는 남녀 중에서 남성이 더 화려해야 한다는 생각을 나타냈다. 피콕 혁명의 일환으로 남성들에게 제시된 많은 새로운 스타일 중에는 다소 높은 굽이 달린 신발도 있었다. 《타임》이 "다소 걱정될 정도로 십대 소년들이 하이힐을 신고 있다"[49]고 전했듯이, 존 레넌의 하이힐 비틀 부츠는 이 트렌드가 자리 잡는 데 큰 영향을 미쳤다. 1970년대 초가 되자 "공작새peacock는 … 꼬리 깃털을 꽂아 넣었다. 한 패션 리더가 말하는 '과한 패션'의 포로들이었다."[50]

개성적인 액세서리를 착용하고 계속 높아지는 굽을 고수함으로써 남성 패션이 다시 광범위하게 획일적으로 돌아가는 경향은 줄어들었다. 《워싱턴 포스트》는 이렇게 보도했다. "신발 같은 액세서리에서 패셔너블한 표현이 다양하게 나타나리라 생각한다. … 남성 신발은 높은 굽을 당당하게 드러내고 있다. 화려한 다섯 가지 색의 스웨이드 소재에 7센티미터 굽이 달린 스타일뿐만 아니라 보수적인 스타일에서도 말이다." 더 흥미로운 사실은 이 남성용 하이힐이 남성의 신장 그리고 "남성성과 자신감"을 높여주는 방법으로 모든 사람이 볼 수 있는 수단을 통해 광고되었다는 점이다.[51] 스택드 힐보다는 셀프 커버 힐인 경우가 많았던 이 뭉툭한 힐은 18세기 초 궁정의 멋쟁이들이 신던 신발과 비슷했다. 이런 특징이 종종 언론에 홍보되며 이 신발들은 여성 복식에서 차용되었다는 이미지를 확실히 떨쳐버렸다.

신발의 높이만큼 과잉된 남성성

이러한 힐을 신는 사람들 가운데에는 1970년대 많은 미디어에서 인기를 끈 문제적 캐릭터인 흑인 영웅 영화의 포주 역, 즉 '핌프'가 있었다. 1973년 영화 〈더 맥〉의 핌프는 "남성 피콕 패션계의 트렌드세터였다. 이 핌프들이 나머지 악당들(사기꾼, 노름판 물주, 마약 거래상)과 함께 연보라와 분홍

1970년대 초에는 남성들에게 하이힐 구두와 같은 액세서리를 착용하여 개성을 표현하도록 장려했다. 가장 인기 있는 신발의 형태는 여전히 전통적인 레이스업 슈즈였지만, 전통적인 레이스업 슈즈도 마찬가지로 높은 굽, 플랫폼 밑창, 비전통적인 다양한 색상과 패턴을 더해 업데이트되었다. 1970년대 초, 미국

색 정장, 펄럭이는 셔츠 그리고 매우 높은 스택드 힐이 달린 투톤의 천공 장식이 달린 구두를 가장 먼저 신었다."[52] 편협한 고정관념이 반영되기는 했지만, 대중문화에서 펌프라는 가상의 역할로 흑인 남성을 가장 중요한 남성으로 인식시키려 했다는 점이 남성 패권을 향한 사회적 도전과 명확하게 관련되어 있었다는 사실을 이해하기란 어렵지 않다. 〈토요일 밤의 열기〉(1977) 같은 영화에 등장하는 과도한 남성성을 뿜어대는 이탈리아인 역시 디스코와 높은 남성용 스택드 힐을 비롯한 디스코 패션에 이성애 중심적인 특징을 각인시키는 데 영향을 준 정형화된 표현이었다.

1970년대에 높은 신발을 신었던 과잉 남성성의 또 다른 지배적인 문화 아이콘은 글램록 또는 글리터록의 남성 스타들로, 이들도 마찬가지로 남성과 여성의 이분법을 재확인해주었다. 글램록은 1960년대 말 영국에서 시작되었으며 남성 가수들이 종종 벌레스크 스타일의 멋을 부린 파격적인 무대 의상을 입는 것이 특징이었다. 영국의 데이비드 보위는 게리 글리터, 엘튼 존, 마크 볼란과 함께 높은 플랫폼 힐을 신었다. 미국의 밴드 '키스'는 음악만큼이나 메이크업과 의상으로도 유명했는데 그들이 신은 하이힐은 높이가 약 18센티미터 이상에 이르렀다.

흑인 영웅 영화의 펌프 의상처럼 글램록 뮤지션들의 파격적인 의상은 남성성이라는 개념에 이의를 제기하기보다 이를 재확인하는 데 중요한 역할을 했다. 데이비드 보위 같은 일부 뮤지션들이 성 유동성gender fluidity이라는 주제에 진지하게 관여했음에도 종종 언론에서는 여성 숭배의 중심으로 그려졌다. 이 스타들은 위엄 있는 퍼포먼스를 보여주었고 언론에서는 여성 숭배의 중심으로 그려졌다. 밴드 '더 튜브스'의 리드 싱어 피 웨이

빌은 글램록의 방식으로 남자답지 않은 멋쟁이를 희화화했지만, 그 모습이 결코 여성스럽지는 않았다. 키 루드라는 캐릭터로 공연할 때 "신체 결박 카탈로그에 나와 있는 이미지에서 디자인을 따온 앞부리가 굽은 긴 스틸레토 힐이 달린 페티시적인 하이힐을 신었으며"[53] 메이크업을 하고 특별히 18세기 남성들의 무절제를 암시하는 가발을 착용했다. 그의 성별은 남성이었고 고압적인 태도로 특권을 드러냈으며, 힐을 제외하면 발기한 성기가 튀어나온 것처럼 보이는 조그만 팬티 한 벌뿐인 의상을 통해 성적 본능을 분명하게 내보였다.

디스코와 흑인 영화에서 상투적으로 등장하는 좀더 화려한 의상을 비롯하여 글램록의 이러한 극단적인 의상은 실제로 여성들이 더 평등해지기 위해 투쟁하는 사회적으로 불안정한 시기에 과잉 남성성과 패권의 매력을 분명히 전달하는 역할을 했다. 흑인, 이성애자, 동성애자, 그리고 무엇보다 남성은 그래도 남성이라는 생각을 재확인하게 했다.[54] 이러한 남성성의 전형들이 신은 힐은 여성적인 스타일과 거기에 내포된 의미와의 결합과는 거리가 멀었다.

이 시기에는 여성들도 플랫폼 힐을 신었고 남성의 힐과 마찬가지로 과거의 스타일을 참고했는데 이 경우에는 1940년대였다. 1967년 로저 비비에가 플랫폼을 다시 선보였고 1970년대에는 플랫폼을 재미있는 여성 패션으로 여기기도 했지만, 1940년대와 마찬가지로 매력적이지 않다고 생각하기도 했다. 이 "거대하고 육중하고 질겁하게 못생긴 괴상한 물건은 그럼에도 불구하고 오늘날 가장 눈에 띄는 신발이다." 1970년 《타임》은 이 신발을 이렇게 설명했다.[55] 그리고 1940년대의 플랫폼과 마찬가지로 1970년대

1970년대 엘튼 존은 페라디니Ferradini의 이 신발을 포함해 별난 의상과 반짝이는 하이힐을 신고 무대를 활보했다.
1972~1975년, 이탈리아

의 플랫폼도 여전히 하이힐을 편애했던 남성 성애물에는 등장하지 않았다.

1970년대 중반 여성 패션은 다시 한번 스틸레토에 주목했다. 패션에서 포르노의 영향력이 급격히 커지면서 성적인 이미지를 표현하는 데 정평이 난 레퍼토리인 높고 날씬한 힐이 다시 중요한 패션 액세서리가 되었다.《보그》와《하퍼스 바자》의 지면에는 사진작가 헬무트 뉴턴이 찍은 스파이크 힐을 신은 얼음 공주가 등장해 이 포르노와 패셔너블한 이미지의 융합을 표현했으며, 사진작가 기 부르댕이 샤를 주르당Charles Jourdan 구두 회사를 위해 한 작업도 이와 마찬가지였다. 하이힐의 재도입은 섹시해 보이고자 하는 패션의 명확한 목표와 맞아떨어졌고 1970년대 내내 스틸레토는 성적 매력이 가장 크게 드러나는 형태의 하이힐로 여겨졌다. "신발이 섹시할 수 있다면, 스틸레토는 분명히 섹시하다. 이는 여성들이 설레는 기분을 느낄 때 원하는 신발이다. … 스틸레토는 목선이 깊게 파인 드레스만큼이나 도발적이다."[56]

스틸레토는 저녁 차림에 적합한 구두로 여겨졌지만, 다음 세기에 이 구두가 여성이 직장에서 착용하는 복장에서 어떤 역할을 하게 될지 예상한 사람은 거의 없었다. 20세기 말 높은 스틸레토 힐로 럭셔리, 특권 그리고 여성성을 명확히 정의하게 된 마놀로 블라닉이 신발 디자인을 시작한 것은 이때였다.

여성들이 평등뿐만 아니라 존경을 요구하는 시대에 깊게 파인 목선, 트임이 있는 스커트 그리고 스틸레토 힐이 타당할까? … 미국의 여성들은 분명한 진전을 이루었고 자긍심을 향상하기 위해 고

군분투하고 있으므로, 한때 그랬던 것처럼 성에 따른 편견을 두려워하지 않으며 원하는 것을 손에 넣기 위해 더는 옷을 칙칙하거나 단조롭게 입어야 한다고 느끼지 않는다.[57]

1970년대 말에 이르러 사회에 다시 슬그머니 보수적인 가치들이 확산하고 남성들이 좀더 전통적으로 남자의 성공을 상징하는 굽이 낮은 정장용 브로그를 선호하게 되면서 높은 굽의 신발은 외면받았다. 스타일적으로 대담한 사람들은 미국의 철저한 자기 신뢰의 전통과 낭만적인 추억을 회고하는 흐름을 타고 패션에서 부활하게 된 카우보이 부츠를 신었다. 로널드 레이건은 이 이상을 상징하는 인물이었다. 카우보이 부츠를 신는 것으로 유명한 그가 두 번째 임기 중에 내놓은 기금 모금 선물은 대통령 인장과 'Ronald Reagan 1984'라는 글자로 장식한 작은 도자기 부츠였다.[58]

포르노적 판타지에서 전문직 여성의 상징으로

1970년대가 막바지로 접어들 때쯤 전문직에 종사하는 여성들 사이에서는 보수적인 패션이 유행했다. 1979년 마거릿 대처가 영국의 첫 여성 총리로 집권하게 되었고 그녀의 스커트 정장과 낮은 굽의 펌프스는 어디서든 사무직 여성의 유니폼을 상징했으며 보수주의가 확대되었음에도 전례 없이 많은 여성이 업무 현장에 진출했다. 하지만 여성들이 직업적인 필요에 맞춰 남성의 비즈니스 복장을 채택하고 이를 소화하려 하면서 이들이 선택

시퀸으로 장식한 로리 아자로Loris Azzaro의 이 육중한 플랫폼은 1970년대에 아주 현대적인 디자인으로 여겨졌을 수 있지만,
그 형태는 1940년대의 영향을 받았으며 다이아몬드 형태의 할리퀸 패턴은 15세기에 체계화된 패치워크 패턴과 연관되어 있
다. 1970년대 초, 이탈리아

한 의상에는 성적 매력이 결여되어 있다는 가차 없는 비난을 받았다.

《뉴스위크》는 악명 높은 기사 '신데렐라는 왕자님을 놓치는가?'를 통해 여성들이 회사에서 승진하는 데 집중하면서 매력적이지 않게 그리고 결혼에 적합하지 않게 되었다고 전했다.[59] 한편 고급 패션에서는 성공한 여성의 복장에 포르노적인 요소를 심어 그 해법을 제시했다. 패션지의 지면마다 여성의 성공은 공격적이며 심지어 금전적으로 또 성적으로 이익을 위해 남을 이용하는 것도 서슴지 않는 모습으로 그려졌다. 언제나 스틸레토였던 '킬러 힐killer heel'은 파워 드레싱(지위, 위엄, 권위를 느끼게 하는 비즈니스맨이나 커리어 우먼의 스타일을 말하며 특히 1980년대 전문직 여성의 패션 스타일을 지칭한다. — 옮긴이) 패션의 전형을 포르노적인 판타지에서 여성 지배자로 바꾸어놓았으며 전문직 여성들의 이미지도 뒤얽히게 했다.

여성의 성공과 성적 상품화가 연계되면서 1980년대에 에드워드 7세 시대의 사창가를 떠올리게 하는 고가의 속옷을 특화한 새로운 럭셔리 시장이 등장했다. 1980년대 패셔너블한 여성 임원이 날카롭고 차가운 모습으로 표현되었다면, 란제리 광고에서는 이런 겉모습을 벗고 그녀가 지닌 더 고분고분한 여성성의 증거로 실크 속옷에 높은 스틸레토 힐을 신은 모습으로 노출되었다. 성적 상품화의 낭만적인 묘사는 19세기 귀족들을 상대하던 매춘부에 대한 집착과 아주 닮아 있었고 이는 여성의 사회적 그리고 경제적 진보에 대한 불안감이 불러일으킨 반응과 비슷했다.

앞서 소개한《뉴스위크》기사가 나간 지 1년 뒤, 주식 시장이 무너지면서 1980년대의 호경기가 가져다준 자신만만함도 사라졌다. 블랙 먼데이로부터 시작된 경기 위축은 기업 규모 축소와 직장에서의 불안정성 증가로

매우 높은 굽에 페티시에서 영향을 받은 고광택 소재로 마감된 이 구두는 1980년대 '파워 드레싱'에 흡수된 에로티시즘의 영향을 나타내고 있다. 1985~1988년, 프랑스, 지방시Givenchy 제품

발리 제품인 이 명랑한 색조의 펌프스에는 포스트 모더니즘 미학이 나타나 있다. 굽이 낮아 1980년대 사무실에서 착용하기 적합했을 테지만, 아마도 직장이 아닌 곳에서 신었을 것이다. 1980년대 후반, 스위스

신발, 스타일의 문화사

이어졌다. 컴퓨터 시대로 완전히 진입하면서 슈트를 입은 비즈니스맨이라는 전통적으로 성공한 남성의 이미지는 스니커즈를 신은 실리콘 밸리의 거물들에 비해 갑자기 촌스럽고 시대에 뒤떨어져 보였다.

이 불확실성의 시대에 하이패션은 성별의 이분법을 강화하는 데 주력했다. 하이힐과 같이 성별이 구분된 액세서리 역시 제3의 물결 페미니스트의 초점이 되었으며 일부는 하이힐과 관련된 힘을 개인에게 유리하게 이용해야 한다고 주장했다. 하지만 이는 여러 면에서 일명 '여성의 새로운 질서New Girl Order'를 제2의 플래퍼주의flapperism로 바꾸며 얻어낸 극도로 성적인 액세서리의 전통적인 의미였다. 광란의 20대 플래퍼들처럼 1990년대 '전문직 패션을 선택하는' 여성들은 성적으로 충족되지 못했고 혹사당한 1980년대 '슈퍼우먼'이 지닌 이미지와 의식적으로 거리를 두려 했다. 이 여성들은 남성이 해석한 여성성을 이용하여 힘을 얻으려 했다. 1999년 잡지 《버스트》의 데비 스톨러는 "외적으로 여성적 성향이 강한 립스틱 레즈비언부터 화장한 언더그라운드 페미니스트 펑크 운동가 라이엇 걸스에 이르기까지 매력적인 오늘날의 몽상가들은 버켄스탁을 신은 모습에 의지하지 않아도 페미니스트적인 패션 표현이 가능하다고 믿는다"라고 전했다. 스톨러는 유니섹스 버컨스탁 샌들을 언급함으로써 세기 초 '낮은 굽을 신고 싸우는 페미니스트'들과 마찬가지로 여성성이 결여된 여성으로 간주된 따분한 '여성 해방 운동의 지지자들'을 떠올리게 했다.

1990년대 이 과장된 여성성의 '회복'은 느닷없이 신발 디자이너들을 문화적 아이콘 수준으로 격상시켰다. 아찔한 하이힐로 유명한 마놀로 블라닉과 크리스티앙 루부탱은 유명인사가 되었다. 블라닉은 20세기 말 이미 장인으로 정평이 나 그 이름이 명품과 동의어가 되었고, 루부탱은 트레이드마크인 붉은색 밑창이 세계적인 관심을 끌면서 스타로 떠올랐다. 루부탱은 1991년 파리에 첫 번째 매장을 열었고 그가 만든 붉은 밑창의 하이힐은 빠르게 문화 아이콘이 되었다.

큰 인기를 끈 미국 TV 드라마 〈섹스 앤드 더 시티〉는 디자이너 구두를 독립, 지위, 성적 표현 그리고 '여성 자주권'의 상품화된 표현으로 만들었다. 분명히 실용적이지 않은 신발의 이러한 과시적 소비는 다른 한편으로 낭비 같은 여성과 관련된 오랜 고정관념을 영속화하는 역할도 했다. 디자이너 힐은 놀랄 정도로 비쌌으며 언론은 터무니없이 비싼 신발뿐만 아니라 신발에 대한 욕망을 억제하지 못하는 것처럼 보이는 여성들에 관한 기사를 쏟아냈다. 기사에서는 여성들이 평생 신발에 수천 달러를 소비하고 종종 배우자에게 구매한 사실을 숨기며, 그중 가장 갈망하는 신발은 하이힐이라고 전했다. 디자이너 하이힐에 대한 만족할 줄 모르는 집착을 보이는 〈섹스 앤드 더 시티〉의 등장인물들과 캐리 브레드쇼라는 인물의 다음과 같은 대사에도 이런 경향이 나타난다. "신발 사는 데 4만 달러를 썼는데 살 집이 없다고? 말 그대로 늙어서 신발 속에 살게 되겠군!"[60]

이처럼 여성들을 파산의 위기에 처하게 한 신발은 스트리퍼나 성 노동자와 관련 있는 신발을 참조하는 경우가 많았다. 높은 플랫폼 밑창으로 균형을 맞춘 아찔하게 솟은 하이힐은 1930년대 페티시에서 처음 시작되어 세기가 바뀌면서 스트립 클럽에서 가장 선호하는 신발이 되었다. 2000년대 초 럭셔리 구두 디자이너들은 열성적인 고객을 위해 이러한 스타일을 다음과 같이 설명했다.

크리스티앙 루부탱은 기하학적 무늬, 발등 스트랩과 같은 1920년대 신발 디자인의 특징을 현대적인 스틸레토 힐과 조합한 구두 커시드럴Cathedral을 디자인했다. 루부탱이 부활시킨 플래퍼 패션은 '여성 자주권'의 시대에 잘 어울리는 듯하다. 2007년, 프랑스

스파이크가 박힌 여성 지배자의 힐. 신체 결박에서 영감을 얻은 발목 스트랩의 스틸레토. 무릎 위까지 타이트하게 감싸는 13센티미터 힐의 부츠… 포르노 비디오에 나오는 신발이 아니다. 오늘날 평범한 여성이 신는 신발이다. 매우 높은 굽에 노출이 많아 스트리퍼나 성 노동자가 아니라면 반감 없이 착용할 수 있다고 생각하기 어렵다.[61]

실제로 하늘 높이 솟은 스트리퍼 패션의 신발과 더불어 1996년 영화 〈스트립티즈〉 등의 주류 문화와 폴 댄싱 에어로빅 강좌나 브라질리언 제모의 유행은 보행자들의 포르노화를 부추겼다. 이로 인해 1920년대와 마찬가지로, 지난 수십 년 동안 여성들이 이루어낸 실질적인 진보는 다른 모든 특성을 제치고 여성적인 매력과 성적 매력이 주목을 받으면서 역행하게 되었다.

하이힐은 여성의 권력 수단인가?

이러한 사실에도, 아니 이러한 사실로 인해 힐은 2000년대 권력이라는 개념과 더욱더 깊은 연관성을 지니게 되었다. 여성들이 주로 남성을 성적으로 조종하여 권력을 얻었다는 이야기는 18세기 이후 똑같이 되풀이되어 왔다. 많은 사람들은 여성들이 그들의 성적인 교환 수단을 부당하게 이용하여 직장에서 발판을 마련하기 위해 높은 힐을 선택했다고 주장했다.

언론에서 하이힐은 여성들이 유리하게 이용할 수 있는 여성의 '권력 도

1990년대 스트리퍼 슈즈는 '공격적인' 장식과 신체를 결박하는 구속복을 암시하는 스트랩이 달린 경우가 많았다. 이 스타일은 주류 패션 신발 디자인에 영향을 미쳤다. 1995년, 미국

구', 즉 유혹의 액세서리로 자리 잡았다. 하지만 누구도 이 교환 수단을 이용해 여성들이 얻는 것의 정확한 가치에 대한 정보를 제공하지 않았다. 그 교환 시세는 여전히 그들이 고용주이건 카페 직원이건 교환에 동의한 사람들의 종잡을 수 없는 생각 속에만 있었으며 임금 평등과 같이 실제로 정량화할 수 있는 진전 같은 것은 거의 없었다.

힐과 관련된 이 '권력'은 본질적으로 특정 연령대에 속한 사람에게만 한정되기도 했는데, 배우 헬런 미렌은 67세의 나이에 대담하게 '스트리퍼' 힐을 신고 레드 카펫에 등장해 인터넷에서 큰 화제가 되었다. 많은 사람이 그녀의 선택에 박수를 보냈지만 이것이 '대담한' 행동으로 여겨졌다는 사실은 현실에서 그녀나 그녀와 비슷한 다른 '노년'의 여성이 힐의 착용 덕분이라고 간주되는 '권력'을 이제는 이용할 수 없을 것이라는 생각에 설득력을 더할 뿐이었다. 배우 케이티 홈즈와 톰 크루즈의 딸인 수리 크루즈가 유아용으로는 너무 높다고 생각되는 힐을 신은 모습이 포착되었을 때 빗발친 항의와 유명한 하이힐을 본떠서 신생아부터 6개월 유아용의 부드러운 굽이 달린 신발을 만들어 판매하는 회사인 힐래리어스Heelarious에 대한 대중의 분노는 힐 그리고 힐과 관련된 그 힘이 사실상 명확하게 성적인 것임을 대중에게 상기시켰다.

한편 2000년대 초를 거치며 하이힐의 상징적인 가치도 높아졌다. 2001년 9월 뉴욕의 세계무역센터 테러 현장에서 탈출하면서 발에 피를 흘리며 신발을 들고 있거나 힐을 벗어버린 여성들의 사진과 보도는 여성 피해자들의 취약성을 보여주었다. 남쪽 타워의 사무실에서 일하던 린다 레이쉬 로페즈가 신었던 피 묻은 하이힐은 쓰라린 기억을 담고 있는 911 기념관의 전시품으로 '그득한 공포, 혼란, 망연자실함을 상징하며 그 화요일에 일어난 이해할 수 없는 사건을 떠올리게 한다.'[62] 사건 직후 일부에서는 테러의 공포가 존재하는 새로운 시대에 그 영향으로 패션에서 힐의 인기가 사그라질 것이라 예상했다. 하지만 오히려 패션에서 힐의 중요성은 더 커졌다. 탈레반이 아프가니스탄에서 하이힐을 금지한다고 크게 보도되었는데, 이는 여성이 걸을 때 소리를 내지 않아야 했을 뿐만 아니라 하이힐이 서구의 퇴폐를 상징하는 물건이 되었기 때문이다. 이렇게 하여 역설적이게도 하이힐은 서구의 자유와 여성의 자율성을 상징하는 기표가 되었다.

5장

하이힐,
예술이 되다

2000년대 첫 십 년의 끝 무렵, 힐의 구조에 이의를 제기하기 시작한 많은 패션 디자이너들이 이를 예술 작품에 가깝게 변화시키며 힐은 다시 주목을 받았다. 아마도 가장 유명한 예는 알렉산더 맥퀸이 2010년 플라토 아틀란티스Plato's Atlantis 컬렉션에서 선보인 조지나 굿맨Georgina Goodman 디자인의 '아르마딜로Armadillo'일 것이다. 이 신발은 높이와 형태에서 밴드 더 튜브스의 키 루드가 무대에서 신은 페티시적인 힐을 참고했다. 이는 "이론의 여지없이 한동안 패션계에서 창조된 물건 중 가장 이상하고 놀라운 디자인이었다."[63] 이 신발은 2011년 메트로폴리탄 미술관에서 열린 전시 〈알렉산더 맥퀸: 야만적 아름다움〉에서 전시품으로 각광을 받았다. 2015년에는 미술품 경매 회사 크리스티의 경매에서 가장 높은 가격을 제시한 미국의 팝 가수 레이디 가가에게 세 켤레가 295,000 달러(약 3억 4천만 원)에 팔리면서 미술품으로서의 위상을 입증했다.[64] 2000년대 말 대침체와 동시에 극도로 패션 지향적인 힐의 유행이 일어났고, 이 기간 동안 신발 디자인의 초점이 성적 욕망과의 연관성보다는 순전히 높이에 맞춰지면서 여러 면에서 신발 디자인과 관련된 놀랍고 폭발적인 창조적 에너지를 반영했다.

하이힐의 속임수는 정말 통할까?

경제적으로 매우 힘들었던 이 시기에 일부에서는 신장이 수입과 직접적인 관련이 있다고 주장하는 연구에 주목했다.[65] 이 연구가 주는 메시지는 '키가 클수록 수입이 많고 직업적으로도 잘나가며 성적 매력도 높다'는 간단한 등식을 성립시켰다. 조엘 왈드포겔은 《네셔널 포스트》에 이렇게 썼다.

> 키가 작은 사람들이 키가 큰 사람들보다 수입이 적다는 사실과 관련된 증거는 많다. … 신장을 제외한 다른 모든 측면이 유사한 사람들로 이루어진 두 그룹을 비교해보면, 신장이 큰 그룹의 평균 급여가 더 높을 것이다. 남성과 여성 모두 키가 약 2.5센티미터 커질수록 연간 평균 수입은 약 2퍼센트 증가한다.[66]

하이힐을 옹호하는 사람들은 이 연구가 실제 키를 공론하고 있다는 점을 간과했다. 남성이 신은 힐과 마찬가지로 여성이 신은 힐도 키를 속이기 위한 기능보다는 타고난 키가 작다는 것을 더 강조하는 역할을 했다. 둘 다

170센티미터가 안 되는 전 미국 국무장관이자 대통령 후보인 힐러리 클린턴과 독일 총리 앙겔라 메르켈처럼 실제 권력을 쥔 위치에 있는 대다수의 여성은 그러한 신발을 잘 신지 않았다는 사실에도 주목해야 한다. 언론에서는 끊임없이 이들의 성적 매력이 부족하다고 떠들었지만, 사실 그들의 힘은 매우 강력하다는 사실을 부정할 사람은 없다.

남성의 경우 하이힐의 속임수는 아무런 도움이 되지 않았다. 미국 대통령, 최고 경영자 그리고 다른 남성 리더들의 키를 조사한 보고서에 따르면 이렇게 높은 위치에 있는 남성의 키는 대부분 188센티미터 이상이었고 183센티미터 이하인 경우가 드물었다. 온라인 소셜 미디어 토론에서는 남성이 힐에 의지하지 않고 커 보이려고 필사적으로 애를 쓰고 있음을 보여주었다. 밑창이 두꺼운 농구화와 도시 패션의 필수 아이템인 팀버랜드 등의 부츠는 키를 높여주는 수단으로 선전되었다. 약간의 높이 차이만으로도 원치 않는 관심을 끌 수 있었기에 신발 안에 보이지 않게 넣는 깔창은 발밑에 신경을 쓰는 사람이라면, 언제나 당연히 선택할 만한 옵션이었다.

배우 톰 크루즈는 평소 깔창을 사용한다는 언론의 추측 보도에 시달렸고 니콜라 사르코지 프랑스 전 대통령이 신는 신발은 프랑스와 해외 언론에 끊임없는 기삿거리를 제공했다. 2009년 영국의 일간지 《데일리 메일》은 이렇게 비꼬았다. "키 부분에서 부족하다면, 훌륭한 정치인 같은 인상은 주지 못할 것이다. 그러므로 당연히 인위적으로 자신을 드높여야 한다."[67] 2016년 미국 공화당 대통령 후보로 지명된 상원의원 마르코 루비오도 마찬가지로 약 '7센티미터'의 쿠반 힐cuban heel이 달린 부츠를 신어 비웃음을 샀으며 꼬마 마르코라는 조롱 섞인 별명을 얻었다.

라드 후라니는 패션 위크에서 유니섹스 컬렉션을 선보인 최초의 디자이너다. 그는 모델들에게 하이힐을 신기는 경우가 많지만, 힐 자체는 대개 전통적으로 남성적인 디자인이다. 2015년, 프랑스

힐은 많은 유명인사들의 무대 위와 무대 밖의 트레이드마크가 되었다. 하지만, 21세기 초반에 힐을 신은 남성들에 대한 반응은 극단적이었다. 미국의 슈퍼스타 프린스는 1981년 남성 패션에서 힐이 외면당하던 바로 그때부터 힐을 신기 시작했다.[68] 또 다른 미국 뮤지션인 레니 크라비츠는 부츠를 자주 신지만, 크라비츠가 꽉 끼는 가죽 바지와 웨지 힐을 신은 채 찍힌 사진을 가지고 '미국 여성 같은 차림으로 뉴욕을 돌아다닌 레니 크라비츠'라는 제목의 기사를 낸 《데일리 메일》의 예에서 보듯이, 그의 선택은 비난을 면치 못했다.[69] 이와 비슷하게 래퍼 칸예 웨스트가 2015년 파리 지방시 패션쇼에서 굽이 있는 벨벳 부츠를 신었을 때는 아내의 옷장을 뒤진 것 아니냐고 비난하고 조롱하는 인터넷 댓글이 달렸다. 미국의 패션 디자이너 릭 오언스와 마크 제이콥스는 수년간 높은 힐이 달린 신발을 만들어 신었고, 크리스티앙 루부탱은 2015년 남성 신발 라인에 힐을 추가했다. 요르단 출신 캐나다 디자이너인 라드 후라니는 2012년 파리 패션 위크에서 첫 유니섹스 컬렉션을 선보이며 높은 굽이 달린 신발을 비중 있게 다루었다. 언급한 이 모든 신발은 정도에 상관없이 남성의 신발에 굽이 있다는 이유로 바로 '너무 여성적'이라는 비난을 불러일으켰다. 하지만 그 신발들에 달린 힐은 여전히 여성이 아니라 남성 복식에서 차용한 두껍고 뭉툭한 것들이었다.

힐은 성별을 구분하지 않는다

오늘날 우아하고 뾰족한 하이힐은 여성성의 아이콘이자 이분법적인 성

2014년 프랑스의 안무가 야니스 마셜과 그의 댄서들은 가늘고 높은 힐이 달린 여성용 부츠를 신고 춤을 춰 인터넷에서 센세이션을 일으켰다.

별 구조의 강력한 상징이지만, 다양한 상황에서 남성들이 점점 더 많이 착용하는 신발 종류이기도 하다. '강간, 성범죄, 성폭력 근절을 위한 국제 남성 행진'은 성적 폭력에 대한 인식을 높이기 위해 남성들에게 빨간 하이힐을 신고 1마일 걷기에 동참해 달라고 호소했다. '그녀의 신발 신고 1마일 걷기'는 기금 조성과 논의의 활성화를 위한 재미있고 위협적이지 않은 활동으로 홍보되며 일반적으로 매우 코믹하지만 좋은 취지의 행사로 여겨진다. 공연하면서 하이힐을 신어왔던 많은 남성 댄서들은 대체로 패션을 위해 하이힐을 신는 남성들이 으레 받아왔던 부정적인 평가 대신에 남성 댄서들의 힘과 인내력을 칭찬하는 반응을 얻었다. 상까지 받은 레이디 가가의 노래 〈알레한드로〉의 뮤직비디오에는 페티시에서 영향을 받은 패션과 스틸레토를 신은 남성 댄서들이 관례적으로 여성화되지 않은 모습으로 등장했다. 마찬가지로 2012년 마돈나의 엠디엔에이MDNA 투어에 참여한 댄스팀 카자키의 남성 백업 댄서들도 프라다가 디자인한 힐을 신고 풍자적이지 않은 진지한 퍼포먼스를 선보였다. 안무가 야니스 마셜 역시 매우 높은 스틸레토 힐을 신은 안무와 공연으로 유명해졌다. 온라인 잡지이자 신문인 《퀴어티》는 이렇게 말한다. "힐을 신은 남자들에게는 무언가 특별한 것이 있다. 힐 신은 여성을 싫어하지는 않지만, 힐을 신은 남자들은 정말 최고다."[70]

21세기에 성 유동성gender fluid에 대한 인식이 커지고 더 넓게 용인되는 현상은 앞으로 더 많은 사람의 복장에 힐이 받아들여질 것을 시사한다. 하지만 아직 하이힐은 여성성 표현의 중심이며 당연히 여성용으로 생각하고 그렇게 익숙해진 신발의 형태다. 미국의 유명인사이자 트렌스젠더인 케이틀린 제너가 매우 공식적으로 여성의 복장을 하면서 선언한 성전환 화제의 초점은 종종 그의 새로운 힐 사랑에 맞춰졌다. 《피플》은 이 은퇴한 올림픽 선수의 이전 공식 정체성을 지칭하는 잘못된 성별 대명사 'He'를 사용하여 제너에 대해 이렇게 말했다. "그는 온갖 여성적인 것들에 푹 빠져있다. … 그는 하이힐을 신는 것을 매우 좋아하고 머리를 만지는 것도 정말 좋아한다. 정말 한껏 즐기고 있다."[71] 이성의 복장을 하는 남성 크로스 드레서들 또한 그들의 여성성을 드러내는 데 힐을 중요하게 활용하고 있다. 사실 힐을 향한 크로스 드레서들의 욕망은 2005년 영화에 이어 2012년 가족 뮤지컬로 선보인 〈킨키 부츠〉의 핵심 주제다.

이러한 예시들로 누가 힐을 신는지에 더 관대해졌다고 주장할 수도 있겠지만, 힐은 오늘날에도 여성성 해석에서 매우 중요한 역할을 하므로 많은 경우에서 타협 대상이 아니다. 2015년 칸 영화제는 힐을 신지 않은 여성 참석자들을 부적절한 복장이라는 이유로 돌려보냈는데, 여기에는 보석 장식이 달린 플랫 슈즈를 신은 여성뿐만 아니라 발의 일부를 절단해 하이힐을 신을 수 없는 영화 프로듀서 발레리아 릭터도 포함되었다.[72] 2016년 영국의 한 안내데스크 직원은 힐을 신지 않았다는 이유로 귀가 조처를 당하고 하루치 급여를 받지 못했으며 한 캐나다인 웨이트리스는 근무 시간 내내 하이힐을 신을 수밖에 없어 피투성이가 된 발 사진을 인터넷에 올렸다.[73]

이러한 이야기들은 힐을 신지 않는 것이 많은 여성에게 실제 처벌로 이어질 수 있을 정도로 오늘날 지금 이 시대에도 여전히 여성성의 가장 중요한 상징이라는 사실을 보여준다. 그러나 한편으로는 이러한 이야기들이 뉴스거리가 된다는 사실은 시대가 변하고 있다는 의미이기도 하다. 스니커즈가 여성 패션에서도 기본 아이템이 되고 있는 현상은 어쩌면 변화가 임박했음을 암시하는지도 모른다.

IV 스니커즈: 특별함

대중성과 개성의
가장 완벽한 구현

Exclusivity

매우 현대적인 스니커즈는 산업 시대 혁신의 산물이다. 스니커즈의 역사는 19세기 그 기원부터 소비의 정치학을 비롯해 기술 혁신 추구와 밀접하게 관련이 있다. 오늘날 스니커즈는 전 세계에서 착용되며 여러 면에서 가장 대중적인 신발의 형태로 여겨졌다. 하지만 몇몇 스니커즈는 상품화와 브랜딩을 통해 남성 패션에서 점점 더 중요한 위치를 차지하며 많은 이들이 탐내는 욕망의 대상이 되기도 했다. 게다가 스니커즈의 광범위한 범주에는 특별함, 사회적 열망, 운동선수의 기량 및 변화하는 이상화된 남성성에 대한 해석과 관련된 다양하고 미묘한 의미도 담겨있다.[1]

피에르 아르디는 로이 리히텐슈타인의 작품에서 영감을 받아 스니커즈 '파워라마Poworamas'를 디자인했다. 그는
리히텐슈타인의 매력적인 그래픽을 웨어러블 아트로 바꾸어놓았다. 2011년, 프랑스

1장

숲에서 찾아낸
혁명적 신발 소재

스니커즈의 역사는 남아메리카와 중앙아메리카의 숲에서 시작된다. 이곳의 원주민들은 수세기 동안 진액이 흐르는 나무(헤비아 브라질리엔시스Hevea brasiliensis 또는 고무나무)의 우윳빛 수액을 활용해 고무공부터 방수 신발에 이르기까지 온갖 물건을 만들었다. 유럽인이 이 신기한 물질에 대해 알게 된 것은 16세기이지만, 고무의 놀라운 탄성과 방수성이 서구 과학자들의 마음을 사로잡기 시작한 18세기 중반 이전까지는 큰 관심을 끌지 못했다. 대중과 발명가들이 이 물질을 찬양하게 된 것은 19세기 초에 이르러서였고 1820년대에 브라질에서 미국과 유럽 수출용으로 만든 오버슈즈overshoes, 고무 덧신이 등장하면서 고무의 대유행이 일어났다.[2] 가죽 신발보다 신축성과 방수성이 5배나 뛰어났던 이 방수 덧신은 상대적으로 희소성이 높은 고무 소재라 가격이 높게 반영된 사치품이 되었다.[3] 고무나무 경작은 매우 노동집약적이었으며 이 나무의 수액인 라텍스

latex는 이틀에 한 번씩 채취할 수 있었는데 한 번 채취할 때 한 컵 정도만 얻을 수 있었다. 이러한 어려움에도 이후 스니커즈를 구매하는 핵심 동기로 이어지게 되는 건강을 생각한다는 이유를 포함해 이 새로운 유형의 방수 덧신에 대한 기대는 점점 더 높아졌다.

나이나 경력에 상관없이 의사의 머릿속에는 '젖은 발'이라는 단어를 들으면 떠올리게 되는 고통스러운 기억이 얼마나 많은가. … 아침까지만 해도 너무나도 사랑스럽고 명랑하게 뛰놀던 아이가 밤에는 후두염에 걸려 하루 이틀 뒤에는 송장이 됐다.[4]

브라질에서 서구 시장을 겨냥해 만든 신축성 있는 방수 덧신은 소비자의 마음을 사로잡았다. 하지만 곧 이 신발은 고온과 저온에서 모두 불안정하다는 치명적인 단점이 드러났다. 1830년대, 브라질

1829년 《건강 저널》에 실린 이 같은 슬픔이 있었기에 질병을 예방하기 위해 고무 덧신이 장려되었다. 하지만 의사들이 얻고자 했던 잠재적인 건강상의 이점과 수입업자들이 전망했던 단기 수익 창출의 기대에도 브라질산 덧신은 안정성이 떨어지는 것으로 드러났다. 고무로 만든 덧신이 여름의 더위에 녹아버리고 겨울의 혹한에는 갈라졌던 탓에 시장은 무너졌다.[5] 그 결과 '고무 공황' 상태가 이어졌지만 많은 이들이 계속해서 고무를 안정적이고 유용한 소재로 만들기 위해 노력했다.

찰스 굿이어, 고무 밑창을 발명하다

이 일에 몰두했던 사람 중에는 찰스 굿이어도 있었다. 그는 고무의 가능성을 증명하는 데 거의 광적이다시피 전념했으며 나중에는 그릇부터 장신구, 의류, 신발에 이르기까지 거의 모든 것을 이 소재로 만들게 되리라 생각했다.[6] 굿이어는 여러 번에 걸친 채무로 감옥에서 수감 생활을 하던 시절, 1834년부터 생고무 한 덩이와 아내의 밀방망이를 가지고 실험을 시작했다. 그러던 1839년 마침내 해결책을 찾았다. 굿이어는 미국의 발명가이자 사업가인 너새니얼 헤이워드의 실험을 바탕으로 끓는 라텍스에 황을 첨가해 열기나 한기에 영향을 받지 않으면서 탄성을 유지하는 물질을 만들어 냈다. 굿이어의 실험에서 아이디어를 얻은 영국 과학자 토머스 핸콕은 영국에서 이 과정을 더욱 발전시켰는데, 그의 작업을 기록한 책에 따르면 한 친구가 고대 로마 불의 신 불카누스Vulcanus의 이름을 따 이 과정을 벌카니

제이션vulcanization(가황)이라고 명명했다고 한다.[7] 가공하지 않은 라텍스에 유황을 첨가해 내구성이 있는 고무로 바꾸는 이 기술은 스니커즈를 포함해 많은 혁명적인 소비재가 탄생할 수 있는 토대가 되었다.

초기의 스니커즈는 고무 밑창이 달린 캔버스나 가죽 소재 신발이었으며 겉모습은 변변찮았지만, 이전의 덧신들처럼 처음부터 사회적 영향을 받아 값비싼 사치품으로 시작했다. 19세기는 산업화의 호황기로 출세욕에 찬 중산층이 등장했고 이들은 새로운 지위를 나타내는 수단으로 오랫동안 부유층의 특권이었던 여가를 즐기고자 했다. 이러한 유흥을 즐기기 위해 특별히 디자인된 장비와 의류가 필요해졌다. 이로 인해 추진력 있는 제조업자들은 이 고무 밑창 운동화를 값비싼 고무 가격뿐 아니라 판매 대상으로 삼은 고객들이 경제적인 성공을 과시하는 효과까지 가격에 반영해 선보였다.

스니커즈와 함께 급부상한 테니스의 인기

최초의 스니커즈가 만들어진 정확한 시기와 이유는 여전히 확실하지 않다. 1832년 웨이트 웹스터가 신발에 인도 고무 소재 밑창을 부착하는 공정으로 미국 특허를 받았지만, 그가 이 공정을 특별히 운동화에 적용할 생각이었다는 증거는 없다.[8] 굿이어의 획기적인 발명 몇 년 전의 매사추세츠주의 공문서에는 고무 밑창을 스포츠화에 부착한 것이 언급되었다. 갑피에 사용된 소재는 나타나 있지 않지만 고무 밑창 신발이 스포츠용으로 디자인되었다는 사실은 주목할 만하다.[9] 1830년대에 스니커즈를 처음 선보인 것

19세기 여성들의 스포츠화는 테니스를 비롯한 다양한 활동에 적합했다. 구멍 장식의 브로그 디테일에서 남성 복식의 영향이 드러난다. 19세기 후반, 이탈리아

은 '영국 리버풀 러버 컴퍼니British Liverpool Rubber Company'라고 선전하는 경우가 많지만, 1861년까지는 그 회사가 있지도 않았다는 사실은 그것이 잘못된 주장임을 입증한다. 또 공기식 자전거 타이어의 창안자이자 던롭 러버 컴퍼니Dunlop Rubber Company의 전신인 던롭 뉴매틱 타이어 컴퍼니 Dunlop Pneumatic Tyre Company의 설립자 존 보이드 던롭이 1830년대에 스니커즈를 처음 발명한 사람이라는 또 다른 흔한 억측 역시 1840년까지 그는 태어나지도 않았고 회사는 1890년에 설립되었다는 사실로 수그러들었다. 던롭사는 분명 이후 유명한 던롭 그린 플래시Dunlop Green Flash 모델을 비롯한 다양한 스니커즈를 생산했지만, 그것은 1920년대 후반이 되어서였다.

미국에서는 캔디 러버 컴퍼니Candee Rubber Company가 스니커즈의 원조로 여겨졌다. 그 회사가 구기 종목의 일종인 크로케를 위한 신발을 만든 것은 사실이지만, 크로케용 신발이 정확히 무엇이었는지 알기는 어렵다. 1868년 영국잡지 《젠틀맨스 매거진》은 "궂은 날씨에 불안한 엄마들이 만약 얇은 신발을 못 신게 한다면, 신발은 모조리 버려질 수도 있으며 대신 인도 고무 덧신을 신발 위에 덧신는 것이 아니라 양말이나 스타킹만 신고 신게 될지도 모른다"라고 경고했다.[10] 이 시대의 다른 자료에는 크로케 샌들이라고도 불린 크로케용 신발이 단순한 고무 덧신이라고 나와있다.[11] 비슷하게 샌드 슈즈sandshoes는 해변용이라고 설명되었지만, 샌드 슈즈가 어떤 구조였는지 명확히 말하기는 어렵다. 그 시대의 자료에 따르면 종종 밑창은 코르크로 만들어졌다. 하지만 19세기 중반 광고나 신문 기사에 나타나 있듯이 당시 고무 밑창이 달린 테니스화가 생산되었다는 사실은 논란의 여지없이 명백하다.[12] 1881년 잔디 코트 테니스에 어울리는 복장을 다룬 《하퍼스 바자》의 기사에는 여성들은 굽이 없는 낮은 캔버스화에 밝은 색상의 스타킹을 신으라는 충고가 담겼다. 이어서 이 평평한 신발이 "여성들의 발을 하이힐에서 벗어나 대지에 닿을 수 있게 했다"며 이것만으로도 나머지 경기는 가치가 있다고 칭송했다.[13] 이러한 충고가 있었음에도 많은 여자 테니스화에는 굽이 달렸다. 이 기사는 남성 테니스 복장도 언급하고 있는데, 남성들도 "골이 진 인도 고무 밑창이 달린 … 멋진 캔버스화"를 신었다고 적혀있다. 각자 특화된 테니스 복장을 한 남성과 여성은 모두 게임을 즐겼고 종종 함께 경기를 뛰었다. 복식 경기 덕분에 이 스포츠에는 로맨틱한 분위기가 감돌았다. 작가 R. K. 먼키트릭의 첫 테니스화에 대한 애틋한 추억은 복식 경기에 대한 문화적 관념을 보여줄 뿐 아니라 정서와 향수 어린 동경이 그 시작부터 스니커즈 문화의 일부분이었음을 시사한다.

> 내 첫 테니스화에 대해 말하자면 … 체중을 줄이고 좋은 컨디션을 유지하기 위해 운동이 필요하다는 말을 들었다. 여러 어린 아가씨들이 시합 방식을 가르쳐주고 시합에 대해 모르는 것을 죄다 알려주겠다고 했다. 마다할 이유가 없었다. 내가 뭘 어찌하겠는가? 그래서 신발을 샀다. … 발랄한 열일곱 살짜리 어린 소녀들에게 의미 없이 허튼소리를 하는 것도 … 즐거웠다. … 이 많은 소박한 즐거움들이 이 캔버스화의 고무 밑창에 녹아있는 듯하다.[14]

테니스는 신분 상승에 완벽한 운동이었다. 테니스는 오랫동안 귀족들과 연관되었다. 헨리 8세는 직접 테니스를 즐기는 열렬한 애호가였고 엘리자베스 1세 여왕은 열광적인 테니스 팬이었다. 1660년 찰스 2세 집안과 관련된 사람들의 청원이 기재된 기록물에는 영국 왕, 즉 요크 공작의 침실 궁내관이 되고자 했던 로버트 롱이 자신의 자격을 증명하는 사항으로 그가 이전 왕의 '테니스화와 발목 양말'을 관리했다는 내용이 기재되었다.[15]

1860년대 테니스화 광고에서 알 수 있듯이 이 '구식 게임'을 좀 덜 복잡하게 만든 잔디 코트 테니스가 세기 중반에 다시 인기를 끌었다. 1874년에 영국의 월터 클롭튼 윙필드 소령이 잔디 코트 테니스 시합을 체계화했고 이 간소화 버전의 테니스를 부유층에게 어울리는 완벽한 여가 활동으로 홍

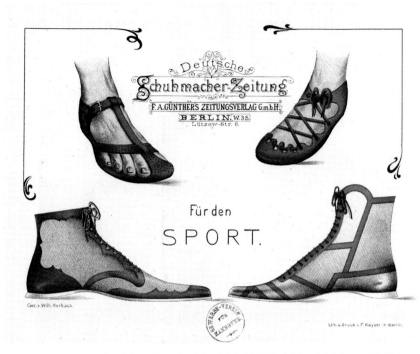

《도이치 슈마허 자이퉁》에 실린 이 지면에는 샌들부터 스니커즈까지 다양한 운동용 신발이 그려져 있다. 1890년경, 독일

보했다. 이를 즐기기 위해서는 특별하게 손질한 잔디밭이 필요해 곧 돈 있는 사람들이 사유지에 코트를 만들기 시작했다. 이 같은 잔디 코트에서는 스파이크가 달린 테니스화보다 잔디를 상하게 하지 않는 고무 밑창 테니스화가 선호되었다. 테니스가 큰 인기를 얻고 얼마 지나지 않아 공공 테니스 코트까지 만들어졌다. 1884년 《뉴욕 타임스》는 브루클린 공원 내의 공공 테니스 코트를 이용하게 해달라는 사람들의 엄청난 요청을 보도하며 공원 관리국장이 모든 이용자들에게 "잔디 보호를 위해 테니스화 신을 것"[16]을 요구했다고 전해 테니스가 폭넓게 보급되었으며 이와 함께 고무 밑창 신발

이 활용되었다는 증거를 보여주었다.

초기에 선보인 스니커즈는 색상이 다양했다. 1888년의 광고에서는 검은색, 갈색, 담갈색, 청회색뿐만 아니라 흰색과 갈색 체크무늬까지 볼 수 있다. 많은 테니스화에는 갈색 또는 빨간색 고무 밑창이 달렸다. 갑피는 직물인 경우가 많았지만 개중에는 가죽도 있었는데 대부분 가장자리는 가죽으로 마감되었다. 두 가지 색상으로 조합된 스펙테이터spectator 슈즈와 화이트 벅white buck 슈즈도 이 시절에 탄생했다. 이 스펙테이터 슈즈는 일반적으로 1868년에 영국의 신발 제조업체 존 롭이 처음 만들었다고 알려졌다. 흰색 가죽 크리켓화를 신고 경기를 할 때 잘 더러워지는 부위를 검은색 가죽으로 덧대었다고 한다. 하지만 장식과 보호 목적으로 가죽을 덧대는 방식은 그 이전부터 사용되었다. 확실한 것은 두 가지 색상으로 배색된 그 신발이 테니스를 보는 사람뿐 아니라 시합에 참여하는 선수와도 연관성을 가지게 되었다는 사실이다. 20세기에 이르러서 스펙테이터 슈즈는 스타일을 중시하는 많은 남성의 의상에 흡수되었다. 화이트 벅은 테니스화에서 발전한 신발이다. 테니스화처럼 티 없이 하얀 여름용 화이트 벅을 신는다는 것은 지위를 공표하는 것과 같았고, 이는 20세기 후반 아주 깨끗한 흰색 스니커즈를 신는 도시 패션으로 재현된다.

신발, 스타일의 문화사

2장

스니커즈 신고
운동을 합시다

놀이와 레저 복장은 19세기 중반, 성공을 과시하는 주요 수단이었던 한편 심신의 건강을 위한 운동은 점점 더 '풍요병'의 해결책으로 여겨졌다.[17] 시골에서 도시로 인구이동이 이루어지면서 산업화의 파괴적인 영향이 사회의 도덕적·신체적 근성을 망가트린다는 우려가 커졌다. 중산층이 차지하던 앉아서 일하는 사무 업무와 노동계급이 하던 반복적인 공장 노동은 몸을 튼튼하게 하기보다 상하게 했다. 무엇을 하다 왔는지 알 수 없는 수많은 사람이 일자리를 찾아 도시로 밀려든 탓에 개개인의 품성을 판단하기가 어렵게 되었고 이는 낯선 사람들의 도덕성에 대한 우려로 이어졌다. 게다가 가장 가난한 도시 노동자들이 사는 곳의 지저분한 생활 환경은 신체적으로는 전염의 공포와 도덕적으로는 도시 범죄에 대한 불안을 키웠다. 신분 상승이 이루어지는 시대였지만 불안도 가득한 시대였다. 찰스 다윈의 자연도태와 적자생존 이론은 과학뿐 아니라 사회에도 영향을 미쳤으며 운동과 신선한 공기는 건강과 장수를 보장할 뿐 아니라 현대 사회의 고뇌와 불안을 해소하는 수단으로 여겨졌다.

산업화 시대의 불안 해소법

도덕성과 신체 활동의 관계를 가장 강력하게 표출한 것은 건강한 신체와 두터운 신앙심이 밀접하게 연관되었다고 설파한 '강건한 기독교 운동 Muscular Christian movement'이었다. YMCA, 즉 기독교 청년회는 이 운동의 중심점이었다. 1844년 22세의 청년 조지 윌리엄스가 런던에서 설립한 YMCA는 육체적, 정신적으로 풍요로운 도시로 몰려든 젊은이들에게 오락거리를 제공하고자 했다. 이 개념은 급변하는 19세기 중반의 세상에서는 설득력을 가져 이 사상이 영국 전역을 시작으로 이후 북미로 퍼져나가 1851년 캐나다와 미국에도 협회가 설립되었다. 남녀가 함께 즐기는 크로케나 잔디 코트 테니스 같은 여가 활동과는 달리 YMCA는 개신교 신앙에 따른 이상화된 남성성을 추구하기 위해 주로 중간 정도의 다양한 경제적 배경과 직업을 가진 남성들이 화합할 수 있는, 명확하게 성별 특징이 드러나는 장소를 제공하여 매우 격렬한 운동을 할 수 있게 했다.

YMCA를 비롯하여 다른 체육 지지자들이 권장했던 운동에는 세기 초 처음으로 도입된 다양한 체조와 맨손 체조를 비롯하여 곤봉, 근력 운동용 메디신 볼medicine ball을 이용한 운동도 포함되었다. 이러한 활동은 특별히 나무 바닥으로 깐 체육관에서 이루어졌는데 여기서는 마감 칠을 한 바

모든 남학생이 운동용 스니커즈를 신고 있다. 〈운동하는 남학생들, 일부는 기구를 사용하기도 함〉, 워싱턴 DC 웨스턴 고등학교, 19세기 후반

닥을 긁거나 손상하지 않는 신발이 필요했다. 1860년대 옥스퍼드 대학에 체육관을 개설한 체육 지지자 아치볼드 매클래런의 저서 『체육의 체계: 이론과 실제』에서 '체육관 규칙 및 규정' 중 첫째는 "학생은 체조용 벨트와 체육관용 신발 없이는 어떤 운동도 해서는 안 된다"는 내용이다.[18] 매클래런이 말하는 것이 구체적으로 고무 밑창 신발을 가리키는 것인지 알수 없지만, 세기 후반 제조회사들은 테니스화와 유사하지만 일반적으로 장식이 없는 체육관용 신발을 광고하기 시작했다. 운동화 시장이 다양화되고 있었다.

이 로우컷 레이스업 스니커즈는 19세기 말 스포츠 및 레저용으로 다양하게 착용되었을 것이다. 19세기 말, 미국, 굿이어 러버 컴퍼니와 메탈릭 컴퍼니 제품

19세기 중반에 이르러서는 단체 운동이 산업화가 가져온 사회적 혼란에 질서를 부여하기 위해 도움이 되는 방법이라고 확실히 믿게 되었다. 이는 아래의 타일러가 쓴 글처럼 기독교에 대한 경외심, 신앙과의 연계를 통해 혈기를 누그러뜨리고 사회적 지위를 향상하는 수단으로 여겨졌다.

> 자립은 극도의 신체적 극복이 인간을 내면적으로 고결하고 강하게 만든다는 사실을 … 일깨워주는 요소다. … 경외심은 인간이 자신 이외의 존재 … 자기 자신보다 더 위대하고 훌륭한 존재의 가치와 힘을 인식할 수 있게 해주는 요소다.[19]

스포츠를 통해 본질적으로 다른 각각의 사람들이 비슷한 목표를 위해 뭉치면서 팀 스포츠가 급증했다. 더구나 근무시간이 축소되기 시작하면서 사회·경제적 계층에 상관없이 누구든 단체 경기와 운동에 참여할 수 있었다. 야구, 미식축구, 크리켓, 테니스를 취미로 즐기는 인구가 늘어나기 시작했다. 미국에서는 유럽의 공원을 보고 영감을 얻어 만든 큰 도심공원이 부유한 사람이든 가난한 사람이든 모두 시합을 하고 팀을 꾸리고 신선한 공기를 마시려고 이용하는 장소가 되었다.

운동으로 형성된 남성들의 유대감

점점 더 혼잡해지는 도심에서는 다른 남성 사교 단체와 마찬가지로 집

본격적인 달리기용 신발은 19세기 중반 가죽 소재로 만들어졌다. 현존하는 가장 오래된 달리기용 스파이크 슈즈로 여겨지는 이 신발은 가죽 갑피에 그 시대 남성 복식과 유사한 낮은 힐이 특징이다. 발등을 가로지르는 넓은 가죽 밴드를 추가해 안정성을 높였다. 1860~1865년, 영국, 더튼 앤드 소로우굿 제품

단 정체감을 확립하기 위한 수단으로 갱단이 속속 생겨났다.《하퍼스 뉴 먼 슬리 매거진》의 조시아 플린트는 미국의 갱들에 관한 기사에서 이들이 어 떻게 결성되는지에 대해 전했다.

> 한 건달이 세상이 너무 거대하다는 것을, 너무나 거대하여 사실 그 가 결코 그 모든 것을 이해할 수 없다는 사실을 깨닫게 된다. 그는 자신이 가장 쉽게 얻을 수 있는 특정한 그 '친구들'을 선택할 수 있 는 대로 선택한다. 이러한 선택을 통해 … 낙오자들의 클럽이 결성 되고 … 그가 운동을 하는 클럽 하우스는 아지트가 된다.

브루클린 다리 근처에 있는 래퍼의 클럽 하우스에는 "두 개의 공간이 있었는데 길로 나 있는 공간은 술 마시는 곳으로 사용되었고, 뒤쪽으로 있 는 공간은 도박과 '훈련'을 위한 공간이었다. 그들은 매일 밤 여기 와서 카 드놀이를 하고 … 주먹다짐과 '치고받기'로 몸을 단련했다."[20] 범죄자이든 기독교인이든, 이러한 결속은 남자들이 격렬한 신체적 활동과 남자들만의 사회적 유대감 형성을 통해 새로운 정체성을 구축할 수 있게 했고 향후 스 니커즈가 문화적 중요성을 갖는 데 영향을 미치게 되는 행동 양식이 확립 되었다.

체육관이나 클럽을 기반으로 한 운동은 19세기에 건강을 위해 권장된 활동 중 하나였으며, 걷기와 달리기 역시 장려되었다. 18세기 이후 걷기는 건강과 활력을 증대하기 위한 수단으로 장려되었으며 19세기 중반에는 도 보 경주에 꽤 많은 관중이 모여들었고 경주 우승자는 일종의 유명 인사가 되었다. 유명한 도보 경주자 찰스 웨스트홀도 이들 중 한 명이었다. 1853년 웨스트홀은 『달리기, 걷기, 조정, 복싱의 현대적 훈련 방법과 운동, 식이, 복장에 관한 요령 및 트레이너를 위한 조언』이라는 책을 썼는데 이 책에서 러닝 슈즈의 전신인 달리기용으로 특화된 가벼운 레이스업 슈즈를 신을 것을 주장했다.

운동을 위한 특별한 신발이 필요해!

다른 신흥 스포츠와 마찬가지로 달리기에도 특화된 신발이 필요했다. 현존하는 가장 오래된 러닝화는 1860~1865년 영국 제조사 더튼 앤드 소로우굿Dutton & Thorowgood이 만든 스파이크 슈즈이며 노샘프턴 뮤지엄 앤드 아트 갤러리가 소장하고 있다. 웨스트홀이 옹호했던 신발처럼 이 신발은 끈을 묶는 스타일로, 경량이었는데 고무 밑창이 달리지는 않았다. 육상 스포츠에는 종종 밑창과 갑피가 튼튼한 가죽으로 되어있고 스파이크가 달린 신발이 필요했다. 이 대다수의 스포츠는 20세기가 한참 지나도록 고무 밑창이 달린 신발을 도입하지 않았다. 아마도 장거리 달리기가 최초였을 것이다. 20세기 초에 열린 수많은 경주와 마라톤 대회의 이미지를 보면 실제 많은 선수가 스니커즈를 신고 있었다는 것을 알 수 있다. 캐나다의 인디언 보호 구역인 '식스 네이션스 오브 디 그랜드 리버Six Nations of the Grand River'의 오논다가 부족 출신 달리기 선수인 토머스 롱보트는 1907년 보스턴 마라톤에서 우승하며 당시 가장 유명한 달리기 선수 중 한 명이 되었다.

그의 업적을 홍보하는 사진에서 그는 분명 스니커즈를 신고 있으며 이것을 신고 경기를 한 것으로 보인다. 롱보트 와 더불어 1896년 최초의 근대 올림픽 마라톤에서 우승한 그리스 출신의 물 배달꾼 스피리돈 루이스, 1908년 올림픽 마라톤에서 가장 먼저 결승선을 통과한 이탈리아 출신의 제빵사 도란도 피에트리 등 다른 비 앵글로색슨계 달리기 선수들이 그들의 업적으로 앵글로색슨이 인종적으로 우월하다는 선입견에 도전했다.

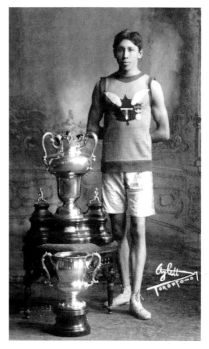

고무 밑창이 달린 하이탑 캔버스로 보이는 러닝 슈즈를 신은 캐나다의 달리기 선수 토머스 롱보트, 1906년, 캐나다

운동에 대한 관심이 높아지면서 운동용으로 특화된 신발의 수요가 증가했고 이러한 수요를 충족시키기 위해 생산력이 강화되었다. 생산 방식은 개선되었고 고무 가격은 내려가기 시작했다. 브라질의 가혹한 노동 조건은 고무 공급을 증가시켰다. 1876년 고무나무 씨앗이 브라질에서 영국의 열대 식민지로 밀반출되면서 고무 소재의 이용도가 증가했고 노예가 되어 고무를 채취해야 했던 이들의 처지는 그만큼 더 비참해졌다. 벨기에 국왕 레오폴드 2세의 통치 아래에 있던 벨기에령 콩고 같은 곳에서 벌어지는 참사는 많은 사람에게 충격을 안겼으며 폭력적인 노동 관행에 관심이 쏠렸는데, 21세기 초 스니커즈 제조회사들에서도 이 문제는 반복된다.

모두가 즐겨 신는 편한 고무 신발

이러한 폐해에도 불구하고 고무 채취는 줄지 않고 계속되어 스니커즈 가격은 낮아졌고 스니커즈는 소수가 독점하는 특권이 아닌, 모두를 포용하는 해방의 상징이 되었다. 19세기가 막을 내릴 때쯤 스니커즈는 1887년 《슈 앤드 레더 리포터》의 기사에 보도된 대로 다양한 활동을 위한 신발로 수많은 사람이 일상적으로 착용하게 되었다.

> 테니스 선수에게 유용한 이 신발의 바로 그런 특성 때문에 운동을 위해서가 아니더라도 이 신발을 신게 된다. 막 풀을 깎아낸 초원에서 일하거나 추수한 밭의 그루터기 위를 걷는 농부, 배 갑판에 선 요트 애호가, 해안이나 숲속 또는 시골 고속도로에서 즐거움을 찾는 사람, 그 모두가 금방 고무 밑창이 달린 부드러운 캔버스화가 편하다는 것을 알게 되었다. 이름 그대로 테니스화라고 하지만, 사실 테니스를 할 때 한 켤레가 신기는 동안 테니스 코트를 밟은 적이 없는 백 켤레가 돌아다닌다. 이 신발은 여름용으로, 특히 휴가용 신발로 보편적으로 신게 되었다.[21]

미국에서는 테니스화라고 불리기도 했지만, 점점 보편화하고 있는 이러한 형태의 신발을 스니커즈라고 부르게 되었다. '살금살금 걷는다'는 뜻의 '스니크sneak'라는 말은 일찍이 1862년 영국에서 고무 '갈로슈'를 칭하는 말로 사용되었는데 고무 밑창 덕분에 발소리를 내지 않고 조용히 걸을 수 있었다는 사실과 관련이 있다. 이 표기는『여자의 감옥 생활』이라는 책에 나오는 것으로 "야간 간수는 보통 인도 고무 신발이나 갈로슈 종류를 늘 신었다. 거기 여자들은 이 신발을 '스닉스sneaks'라고 불렀다."[22] 스닉스는 영국 기자 제임스 그린우드의 1873년 저서『낯선 사람들 틈에서: 순회 특파원의 체험담』에도 다시 언급된다. 앞서 언급된 경우와 마찬가지로 여기서도 교도소 직원이 신었다고 나와 있지만, "교도소 용어로 '스닉스'라고 알려진" 인도 고무 밑창이 달린 캔버스화로 더 자세히 설명되었다.[23] 하지만 스니커즈라는 용어가 고무 밑창이 달린 운동화와 일반적으로 동일시된 곳은 미국뿐이었고 1870년대까지는 오로지 미국 동부 해안에서만 쓰는 속어의 일부였다. 스닉스처럼, 스니커즈도 불법적인 행동을 암시했으며 유머러스하게 쓰이는 경우라도 일종의 범죄와의 관련성을 내포하고 있었다. 스니커즈는 분명 은밀한 일을 하는 데 신을 법한 신발이었다. 1887년 시카고의 패트릭 캔트라는 범죄자와의 다소 특이한 인터뷰에는 범죄에 성공하려면 "고무 신발을 신어야 하며 그런 다음 몰래 다가가 (피해자가) 등을 돌리고 있을 때 해치우면 된다"라는 그의 조언이 실렸다.[24] 스니커즈와 이러한 변변치 않은 인간들이라는 이미지의 연결고리를 없애고자, 매사추세츠주 케임브리지의 가이어스 슈 스토어Guyer's Shoe Store는 "스니커즈를 신고 있다고 다 좀도둑은 아니다. 스니커즈는 고무 밑창이 달린 테니스화에 붙여진 이름이다"라는 광고를 통해 이 문제를 거론했다.[25] 100년 뒤 런 디엠씨Run-D.M.C.가 작곡한〈마이 아디다스〉의 "나는 스니커즈를 신지만 좀도둑은 아냐"라는 가사는 이 광고 카피와 놀라울 정도로 흡사해 스니커즈와 범죄 사이의 오랜 역사를 보여주었다.

영국에서는 샌드 슈즈, 테니스 슈즈와 더불어 플림솔plimsoll이라는 용어
가 1870년대 말에 일반적으로 사용되었다. 1876년 위험한 선박 과적재를
막기 위해 선체에 만재흘수선을 표시하도록 의무화한 사무엘 플림솔 법이
시행되었다. 이 새로운 만재흘수선은 스포츠화에서 캔버스 소재 갑피와 고
무 밑창을 결합하는 가죽 트리밍인 폭싱foxing으로 인해 생긴 선을 연상하
게 했고 사람들은 이 선 위까지 발이 잠기면 발이 침수된다는 우스갯소리
를 했다.

최고의 실내운동으로 자리 잡은 농구

세기말 무렵, 찰스 굿이어가 50년 전 고무 사업을 처음 시작했던 도시
인 매사추세츠주 스프링필드 출신인 제임스 네이스미스가 스니커즈 역사
상 가장 중요한 스포츠 중 하나인 농구를 창안했다. 네이스미스가 자세히
설명했듯이, "1891년 여름을 보내며 새로운 게임이 절실히 필요했다. …
체육관 강습 수강생들은 한때 서커스 공연자였던 R. J. 로버츠가 도입한
운동 방식에 흥미를 잃어가고 있었다."[26] 로버츠가 장려했던 체조는 지루
했고 네이스미스와 함께 강습에 참여했던 청년들은 반복적인 맨손 체조
보다는 과감한 경쟁을 하고 싶어했다. 특히 네이스미스의 강습생들은 야
외에서 축구나 야구 같은 게임을 할 수 없는 겨울 동안 에너지를 쏟아낼
배출구가 필요했다. 그래서 네이스미스는 YMCA의 기독교적 이상에 따라
동지애를 느낄 수 있고 지루함은 해소하면서도 공격성은 제한되는 겨울

새롭게 창안된 농구 시합을 하는 뉴욕의 아이들. 뉴욕 시 5번가 카네기 운동장, 1911년

레크리에이션으로 농구를 고안했다. 농구 시합은 실내, 실외를 가리지 않고 작은 공간만 있으면 할 수 있었고 특별한 장비가 필요하지도 않았다.

이 새로운 스포츠는 바로 열광적인 반응을 얻었다. 대학과 중·고등학교에서는 농구를 운동 프로그램에 넣었고 도시의 운동장과 공터에서 빠르게 인기를 얻었다. 농구는 처음부터 도시 환경에서 행해졌고 이 게임은 다양한 인종 배경을 가진 도시의 선수들에게 보급되었다. 농구는 여성들도 즐기는 스포츠였다.[27] 운동을 좋아하는 강인한 젊은 여성의 이미지는 미국의 예술가 찰스 다나 깁슨에 의해 더 매력적으로 묘사되었다. 깁슨이 그려낸 위엄이 있는 '깁슨 걸Gibson Girl'의 냉철한 분위기와 세상에 참여하고자 하

여성들은 농구에 열심이었고 많은 고등학교와 대학교에서 여자 운동 경기에 농구를 추가했다. 무명의 미국 농구팀, 1910년경

는 열의는 열정적인 활동성과 함께 여성성을 다시 정의할 수 있게 했고 많은 여성이 깁슨 걸을 귀감으로 삼았다. 농구는 이른바 '신여성'이라고 불린 이 여성들에게 딱 맞는 운동이었다. 농구는 잔디 코트 테니스처럼 교태를 흘릴 일도 없었고 경쟁심을 표출할 수 있었다. 농구를 처음 접한 한 목격자는 《뉴욕 타임스》에 뉴욕주 바사 대학에서 열정적으로 시합을 하는 선수들이 "다들 멋지고 … 발이 빠르며 유연하고 민첩하고 우아했으며 … 아자! 아자! 뭐 문제 있냐고? 천만에! 천만에! 우리는 농구하는 여자들일 뿐! … 이라는 응원 구호가 울려 퍼지며 메아리쳤다"라고 전했다.[28] 이러한 찬사에도 불구하고 여성이 경쟁하는 스포츠에 참가한다는 사실은 많은 사람

을 불편하게 했다. 이 게임이 운동을 좋아하는 여성에게 "기지와 용기, 품위와 힘"을 보여줄 기회를 주었다며 여성의 참여를 지지하는 사람도 있었지만, 그럼에도 불구하고 "미래의 여성들은 그리스 동사를 쓸 줄 알고 안경을 쓰고 있으며 코르셋과 하이힐에 딱 맞는 몸매를 지닌 전자계산기에 지나지 않아야 한다고 생각하는 사람들"의 항의가 빗발치고 있다고 전했다.[29]

컨버스 올스타의 역사적 등장

새로운 스포츠의 인기는 곧 농구 스니커즈의 등장으로 이어졌다. 하지만 어느 회사가 최초의 농구화를 만들었고 언제 이것이 유니폼의 표준이 되었는지에 관해서는 이견이 있다. 코네티컷에 본사를 둔 콜체스터 러버 컴퍼니Colchester rubber company는 1893년 최초로 특화된 디자인의 농구화를 내놓았다고 알려져 있지만, 이 고무 밑창 운동화가 농구 전용으로 제작되었다는 명백한 증거는 없다. 1896년《뉴욕 타임스》의 기사는 바사르의 선수들이 테니스화를 신었다고 전했다. 이듬해 A. G. 스팔딩 앤드 브라더스A. G. Spalding & Brothers의 광고에서는 YMCA 회원들에게 타이츠, 셔츠, 트렁크, 수건, 수영복과 '튼튼한 캔버스 고무 밑창 신발'이 포함된 체육관에서의 활동을 위한 의상 세트 '일체'를 특가로 제공한다고 홍보했다. 광고 하단에는 농구복과 축구복도 구매할 수 있다고 나와 있지만, 의상을 완성하는 특화된 신발에 대한 언급은 없다. 네이스미스는 1903년에 쓴 책『농구: 그 기원과 발전』에서 스팔딩사가 최초의 흡착형 밑창suction sole

스팔딩사는 1907년 『스팔딩 체육 총서 공식 대학 농구 가이드』에 흡착식 밑창이 달린 이 하이탑 스니커즈 광고를 실었다.

이 달린 농구화를 선보였다고 썼는데, 이를 통해 1903년 이전에는 흡착이 되지 않은 농구화를 신었음을 알 수 있다.[30] 1904년 세인트루이스에서 열린 올림픽 시범 경기에서 우승한 버펄로 저먼스 YMCA 농구팀의 사진에는 모든 선수가 캔버스 하이탑을 신고 있는 모습이지만, 이런 스니커즈는 흔했고 농구용으로만 쓰이지는 않았다. 비슷한 시기에 찍힌 대학 농구팀의 사진에서는 선수들이 각기 다른 하이탑과 로우탑 스니커즈를 신은 모습을 볼 수 있다. 하지만 1907년 스팔딩의 농구화 광고에는 하이탑 스타일만 보이는데, '오래 사랑받아온 스팔딩 No. BB 슈즈'에 흡착형 밑창을 단 신발도 포함되었으며 4달러 50센트라는 상당한 가격이었다. 더 흥미로운 것은 8달러짜리 전문가용 스팔딩 No. BBR 슈즈로, 이는 이미 농구화 시장에서 계층이 구축되었으며 일부 선수들은 운동화에 거금을 쓸 정도로 이를 중요하게 생각했음을 시사한다.

농구화의 역사가 바뀐 시점은 1917년 컨버스 러버 슈 컴퍼니Converse rubber shoe company가 컨버스 올스타Converse All Star와 컨버스 논스키드 Converse Non-Skid를 선보였을 때부터다. 올스타는 갈색 캔버스 갑피가 특징이었던 반면 논스키드는 같은 신발이었지만 흰색 캔버스 소재였으며 바닥이 약간 달랐다. 두 모델에는 모두 토 캡toe cap, 뒤꿈치의 라이선스 플레이트 그리고 발목 안쪽에 달린 보호 패치를 포함해 오래도록 브랜드를 식별할 수 있는 장치가 된 요소들이 곁들여졌다. 이 신발들은 일반적인 체육관용 신발로 판매되었지만, 특히 농구용으로 호응을 얻었다. 이 두 스타일의

컨버스 러버 슈 컴퍼니는 1917년에 100년이 넘도록 오래 팔리게 될 스니커즈 스타일 중 하나를 출시했다. 갈색 캔버스 소재의 모델은 올스타로 출시되었고, 바닥 면이 약간 다르고 흰색 캔버스 소재로 된 같은 신발은 논스키드로 불렸다. 결국 논스키드라는 이름은 사라지고 올스타라는 이름은 아이콘이 되어 남았다. 컨버스 올스타/논스키드, 1924년, 미국

스니커즈는 너무 비슷해 혼동될 수밖에 없었기에 1920년에 이르러 결국 논스키드는 단종되었고 컨버스 올스타만 남아 역사상 가장 중요한 스니커즈 중 하나가 되었다.

사회의 관심사로 떠오른 운동과 신체 단련

올스타가 출시된 1917년은 제1차 세계대전이 시작되고 만 3년 만에 미국이 전쟁에 참전하게 된 해이다. 미국은 자국민의 해외 파견을 내켜 하지 않았으나 일단 참전이 결정되자 미국 남성들의 신체적 건강이 국가적 사안으로 떠올랐다. 유럽 전역은 전투태세를 갖추기 위해 오랫동안 체력 단련에 힘쓰고 있었다. 19세기 프랑스, 영국, 독일이 체육관 운동을 중시한 것은 많은 부분에서 명백히 군국주의적 색채를 띠었으며, 1896년 올림픽의 부활은 당시 갈수록 치열해지는 경쟁심의 배출구 역할을 했다. 《텔레그래프 헤럴드》는 한 기사를 통해 남성들의 전투 대비를 위한 스포츠의 역할을 이렇게 논했다.

영국 본토에 '잉글랜드의 전투 승리는 크리켓 경기장에서 이루어졌다'라는 말이 있다. 민주주의와 인류를 위해 앞으로 다가올 미국의 승리는 야구장, 축구장, 테니스 코트, 육상 경기장, 운동장과 수영장 덕분일 것이다. 대통령의 소집 명령에 응한 천만 명의 젊은이들은 스포츠를 통해 이미 위대한 미국 군대의 예비 훈련을 받았기

때문이다.[31]

이 기사는 체육을 승리를 위한 수단뿐 아니라 세계 무대에서 미국의 치욕을 막아줄 수단으로 홍보했다. 기사가 다소 과장되었을 수 있지만, 전쟁에 나서는 두려움은 충분히 느껴진다. 잡지《피지컬 컬처》역시 과장을 보태 실제로는 "신체적으로 군 복무가 가능한 인구는 천만 명 중 이백만 명뿐이다"라고 전했다.[32] 군대에 소집된 이들의 체력 부족은 불안을 불러일으켰다. 여기에 참전한 사람들에게 치러지는 전쟁 비용은 한층 더 불안을 가져왔다. 과학은 상상할 수 없는 대량 살상을 일으킬 수 있는 무기의 혁신을 가져왔지만, 의학의 진보는 심각하게 다친 많은 사람을 구했다. 상처 입은 그들의 몸에 나타난 취약점이 사회적으로 영향을 미친 데다 종전 이후의 불안정한 평화는 운동과 신체 단련을 1920년대 문화적 관심사로 올려놓았다.

고대 그리스인의 완벽한 신체는 이상적인 모습으로 장려되어 1920년과 1924년 하계 올림픽에 새로운 에너지를 불어넣었다. 야외 운동과 선탠은 고대 '신들'의 빛나는 완벽함에 필적하는 몸을 만드는 수단으로 여겨졌다. 여성 패션에서는 당당한 깁슨 걸이 유연한 할리우드 플래퍼로 대체되었고 여성들은 체중 '과잉'을 걱정하기 시작했다. 잔인한 역설이지만, 그래서 당시 단식 투쟁을 하던 여성 참정권 운동가들의 항의 수단이었던 단식이 유행하게 되었고 운동은 '기지와 용기, 품위와 힘'을 보여주기 위해서가 아니라 체중 감량의 수단으로 하는 사람이 많았다. 1926년《뉴욕타임스》에 브룩스 박사는 "유행하는 최고의 감량 방법"은 "지나친 운동

여성들의 스포츠 참여가 증가했음에도 활동성이 여성의 여성스러움을 해칠 것이라는 우려는 여전했다. 플릿풋Fleet Foot의 이 스니커즈에는 여성성이 돋보이도록 하이힐을 달았다. 1925년경, 캐나다, 도미니언 러버Dominion Rubber 제품

… 굶는 다이어트, 물 안 마시기, 갑상선제나 요오드의 복용, 과도한 흡연이며 이 모든 것들은 명백히 해롭다고 단언했다.”[33] 새롭게 운동이 중요하게 여겨짐에도 활동성과 여성성은 여전히 서로 대립하는 이상이었다. 일부 여성들이 계속해서 경쟁 스포츠에 참여했지만, 위대한 프랑스 테니스 선수 수잔 랑글렌 같은 소수의 여성만이 유명 인사 반열에 오를 수 있었다. 하지만 《보그》도 분명히 “대도시의 일반 대중은 굽이 높은 구두나 샌들을 신고 비틀거리며 출근을 하지만 … 스포츠에는 낮은 굽이 (넌더리나는 그 말인) ‘알맞다’고 인정하기 시작하고 있고 테니스나 스쿼시 같은 게임의 경우 거의 굽이 없는 신발을 신는다고 알고 있다”[34]고 분명히 밝혔음에도 많은 여성이 계속해서 높은 굽이 달린 스포츠화를 신었다.

재건 병원에 따르면, 발의 아치를 보전하고 싶다면 맨발로 또는 납작한 스니커즈를 신고 서 있는 해수욕객들과 휴가 야영객들의 처신은 올바르지 않다고 한다. 또한 발이 약해지거나 평평해지는 것을 예방하기 위한 올바른 관념을 가진 이들은 수영복에 하이힐 펌프스를 신는 여성들이라고 한다.[35]

심지어 위의 기사처럼 힐을 수영복과 함께 착용해야 한다고 주장하기까지 했다.

3장

누구에게나
값싸고 편한 신발

호화 리조트 타운에서는 부자들이 부를 과시하기 위해 흰 테니스화를 계속해서 착용했지만, 시판되는 스니커즈는 대부분 가격이 저렴해 모든 계층의 사람들이 신었다. 1923년 《뉴욕타임스》는 소재와 생산 분야의 기술 혁신으로 캔버스와 운동화, 기타 고무 밑창이 달린 스포츠화가 특히 잘 팔린다고 전했다.[36] 같은 해 《뉴욕타임스》는 이미 스니커즈 산업이 번창한 프랑스에서 미국산 스니커즈가 가능성을 보이고 있다고도 보도했다. 그 가능성은 다음과 같은 사실과 연관되었다.

전쟁 이후 생활수준이 높아짐에 따라 모든 계층에서 신발 구매자 수가 증가했고 기계공, 노동자, 농장 노동자들은 이제 과거의 무겁고 불편한 물건으로는 만족할 수 없었다. … 이전에는 밧줄로 엮은 밑창의 캔버스화를 신었던 노동자들이 지금은 비슷하지만 고무 밑창이 달린 신발을 신는다. 특히 방학 기간 동안 학생들은 후자와 같은 신발을 점점 더 많이 신는다. 전쟁 이후 스포츠와 야외 경기의 인기가 높아지면서 시장도 커졌다.[37]

대공황으로 가속화된 스니커즈의 상승세

점점 더 많은 사람이 스니커즈를 신기 시작하면서 더 많은 제조업체가 시장에 진출했고 수요를 맞추기 위해 생산도 증가해 스니커즈의 가격은 더 내려갔다. 스니커즈 제조업체들은 이제 유명인의 추천 얻는 것을 포함해 새로운 상품 마케팅 방법을 모색하며 시장 점유율 싸움을 해야 했다. 시카고 대학의 감독 할런 '패트' 페이지는 1920년대 컨버스 올스타를 추천했고 케즈Keds는 1925년 농구팀 오리지널 셀틱스와 추천 계약을 맺었다. 이렇게 얻은 훈장은 《보이즈 라이프》, 《파퓰러 머캐닉스》 같은 잡지에 광고로 게재되어 자랑스럽게 홍보되었다. 세미 프로 선수이자 코치였던 척 테일러가 컨버스사와 함께 일하기 시작한 것도 이때다.

대공황으로 스니커즈의 상승세는 더욱 가속화되었다. 부족한 일거리와 실업으로 '여가 시간'은 늘어났고 절약이 더없이 중요해졌다. 덜 비싼 스니커즈가 가죽 신발을 대체했고, 운동이 아닌 용도로도 스니커즈를 신는 것이 일반화되었다. 스니커즈 제조업체들은 이 흐름을 이용했다. 1934년 메이시스 백화점에서 열린 제4회 연례 전국 스포츠화 주간에 대해 다룬 기사는 이렇게 전했다. "다시 미국인들이 밖으로 나간다. 남자, 여자, 어린이 등 모든 사람이 가능한 한 야외활동을 많이 하려고 하며 그들 대부분이 빈둥거리거나 놀 시간이 그 어느 때보다 많다! 신발 상인들이 할 일은 운동화를 눈에 띄게 하고 돋보이게 하는 것이다!"[38] 제조업체들이 자사의 운동화를 '돋보이게' 하고자 썼던 한 가지 방법은 시그니처 슈즈 출시였다. 시그니처 슈즈는 단순히 유명인의 추천을 넘어 스포츠 영웅의 자문을 받거나 적어도 그들이 검토한 시제품이 실제 디자인으로 구현되었음을 뜻했다.

유명 선수가 신으면 홍보 효과가 톡톡

최초의 시그니처 슈즈는 1934년에 출시된 '컨버스 척 테일러 올스타 Converse Chuck Taylor All Star'였다. 이듬해 BF 굿리치B. F. Goodrich의 캐나다 사업부가 캐나다의 유명 배드민턴 선수 잭 퍼셀이 보증한 시그니처 슈즈를 만들었고 이는 척 테일러 올스타와 마찬가지로 불후의 스타일로 남게 되었다. 그보다 불과 몇 년 앞서 던롭이 출시했던 던롭 그린 플래시Dunlop Green Flash는 막강했던 영국 테니스 선수 프레드 페리가 이 신발을 신고 1934년부터 1936년까지 윔블던 3연패를 하며 인기가 치솟았다. 그러나 제휴를 통해 득을 본 던롭과 달리 페리는 공식적인 홍보를 통해 보상을 받게 될 경우 아마추어 자격이 무효가 될 수 있었기 때문에 보상을 받을 수 없었다. 아마추어 선수들이 스포츠에서 그들이 이룩한 성공으로 금전적인 혜택을 누릴 수 없게 하는 이러한 금지 규정은 특히 가장 위대한 미국의 육상 선수 중 한 명인 제시 오언스를 화나게 했다. 그는 1936년 베

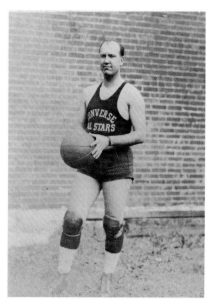

농구 코치인 척 테일러는 1920년대에 컨버스와 함께하기 시작했고 1934년에는 유명한 컨버스 올스타에 이름을 새겼다. 1920년대, 미국

제시 오언스는 1936년 베를린 하계 올림픽에서 네 개의 금메달을 땄다. 그는 올림픽에서 다슬러 형제가 제공한 신발을 신고 훈련을 했다고 한다. 1936년 신기록을 수립한 200m 경기에서 출발하는 제시 오언스.

를린 올림픽에서 4개의 금메달을 따며 명성을 얻었지만 부를 얻지는 못했다.

하지만 오언스의 올림픽 우승과 그가 신었던 신발에 대한 이야기는 이후 운동화 업계의 전설이 되었다. 베를린 올림픽이 시작되기 전, 머지않아 각각 아디다스Adidas와 푸마Puma를 설립하게 되는 아디 다슬러와 루디 다슬러 형제는 다슬러 형제 제화 공장을 함께 운영하며 운동화를 만들고 있었다. 형제는 올림픽 선수들에게 자신들의 신발을 신기는 것이 목표였다. 그들은 직전 L.A. 올림픽에서 겨우 선수들에게 신발을 신길 수 있었고,

1936년에는 독일 육상 코치 요제프 바이처와 함께 단거리 운동화sprinting shoes를 개발하기 위해 애썼다. 아디 다슬러가 눈여겨보고 있던 선수 중 하나가 제시 오언스였는데 그는 몇 개의 달리기용 스파이크를 선수에게 전달할 수 있게 도와달라고 바이처에게 부탁했다. 바이처는 팽팽한 긴장이 감돌고 있었던 나치 분위기 때문에 망설였다. 오언스는 미국인이었을 뿐만 아니라 아프리카계 인종이라 그의 업적은 나치 이념을 강하게 반증하는 것이었다. 하지만 결국 몇 켤레가 오언스에게 전달되었고 그는 연습 중에 다슬러 형제의 신발을 신었다. 비록 오언스가 실제 시합에 이 신발들을 착용한 적은 없지만, 이 제휴는 오늘날까지 아디다스의 자랑으로 꾸준히 이야기된다.[39] 오언스가 다슬러 형제 제화 공장과 후원 계약을 맺을 수 있었다면 어떤 일이 벌어졌을지 추측해보는 것은 흥미롭다. 이후 다슬러 형제는 제2차 세계대전으로 인한 정치적 상황 탓에 나치 운동에 휘말렸고 전쟁이 끝난 후 갈라서서 독일의 작은 마을 헤르조게나우라크에 각자 회사를 세우고 치열한 경쟁자가 되었다.

체력이 곧 국력

오언스는 올림픽에서 좋은 성적을 거두었지만, 합계에서는 독일이 가장 많은 메달을 획득했고 아리안 민족의 신체적 우월성에 대한 신화는 여전히 나치 이념의 핵심에 자리하고 있었다. 제1차 세계대전 당시와 마찬가지로 남성의 체력 단련과 전투 준비 태세는 전 세계적인 관심사가 되었다. 히틀러는 자서전 『나의 투쟁』에 이렇게 썼다.

만약 운동 경기로 완벽하게 훈련된 청년들이 그들의 몸을 조국 독
일에 바치며 조국에 대한 열렬한 애국심으로 싸움에서 앞장설 태
세를 갖춘다면 이들의 몸으로 민족 국가는 2년도 안 되어 군대를

1930년대에 이르러 스니커즈 생산과 착용은 세넬CENEL 압착이라는 바타의 혁신적
인 방식 덕분에 어느 정도 세계화될 수 있었다. 이 포스터는 인도에서 생산한 바타
스니커즈를 홍보하고 있다. 1930년대, 체코

만들 수 있을 것이다. … 그들은 또한 나치 운동을 위해 방어 무기로 사용될 수 있는 민첩한 운동 능력을 개발해야 한다.[40]

신체적 완벽함은 사회적, 인종적 우월성의 외형적 증거로 선전되었고 독일, 일본, 이탈리아에서는 모두 대규모 신체 단련 대회가 열렸다. 베니토 무솔리니는 1939년 나흘간 열린 체력 테스트에 그 휘하의 지휘관들을 참여시켰으며 여기에는 '뚱뚱하고 50세 이상'인 지휘관들도 포함되었다고 한다.[41] 연합국들도 마찬가지로 개인의 건강을 국가의 안보와 연계시키는 건강 의식 캠페인으로 국민들의 체력을 증진하기 위해 노력했다. "매일 더 많은 사람이 신체 문화의 중요성을 깨닫고 있다. 외국의 많은 국가에서는 정부가 나라의 청년들이 신체적으로 완벽해질 수 있도록 독려하기 위해 가능한 모든 수단을 강구하면서 이것은 국가적 차원의 문제가 되었다."[42] 이 '완벽함의 정치학'이 지배하던 시대에 스니커즈는 사람들의 복장에 필수품이 되었다. 스니커즈 생산은 더욱 증대되었고 고무의 이용도는 증가했으며 스니커즈 산업은 급속도로 발전했다. 전쟁이 발발했을 즈음에는 전 세계에서 스니커즈를 생산하고 착용했다. 스니커즈를 비롯한 세계 최대 신발 생산업체 중 하나인 체코의 신발 제조업체 바타Bata는 1930년대 인도에 공장을 설립하고 1936년 현지에서 바타 테니스화를 생산하기 시작해 아시아로 생산처를 이전한 최초의 서양 신발 회사가 되었다.[43] 파시즘의 출현과 그에 대한 두려움으로 스니커즈는 세계에서 가장 민주적인 형태의 신발이 되었다.

천연 고무 부족이 가져온 합성 고무 개발

전쟁 초기 스니커즈의 운명은 불확실한 상황에 놓였다. 일본인들이 태평양 작전 지역에 있던 세계에서 가장 큰 고무 생산 지역 중 많은 곳을 빠르게 장악했고 그 후 고무 부족 사태가 연합군의 승리를 위협했다. 고무는 타이어부터 구명보트, 가스 마스크와 부교에 이르기까지 안 쓰이는 곳이 없었기 때문이다.[44] 미국 대통령 프랭클린 루스벨트에 의해 조직된 '고무 조사 위원회'는 고무 부족이 "영국의 안전과 연합국의 승리에 가장 큰 위협이 될 것이며 … 새로이 대량의 고무를 신속하게 확보해 공급하지 못한다면 전시 중 국민 협력과 국내 경제가 무너질 것"이라고 단언했다.[45] 결과적으로 고무는 제일 먼저 소비가 제한된 물자 중의 하나가 되었고 스니커즈 생산은 중단되었다. 미국의 스니커즈 제조업체들은 대중의 관심에서 멀어지지 않기 위해 다음과 같이 다양한 마케팅을 시도했다.

'케즈'는 전쟁의 첫 희생자 중 하나입니다. … 전쟁으로 어쩔 수 없이 우리 '신발 제조업체'들은 우리만이 충족시킬 수 있는 전시 필요품을 만들고 그에 부응하기 시작했습니다. … 고무 구명보트, 구명조끼, 총알, 방탄 가솔린 탱크, 정글 부츠 등 수많은 제품을 만드는 것은 우리 같은 '신발 제조업체'들입니다.

이와 같은 광고 카피를 통해 케즈와 다른 회사들은 사람들의 마음속 최전선에 머물러 있고자 했다. 소년들을 대상으로 스포츠 영웅들의 조언을

수비대를 뜻하는 개리슨 하이탑Garrison high-top이라는 걸맞은 이름이 붙여진 이 신발은 군용으로 개발되었다. 그러나 안타깝게도 구조가 너무 조악하여 곧 쓰이지 않게 되었다. 1940년, 캐나다

담은 우편 주문 책자 배포도 스니커즈 제조업자들이 썼던 또 다른 방법이었다. 이렇게 일찍이 10대 시장을 목표로 한 것은 전후 시대의 마케팅을 지배하게 될 청소년 문화에 중점을 두겠다는 뜻이었다.[46] 전쟁 초기 미국 육군은 병사들에게 하이탑 스니커즈를 착용시키려고 했지만, 사용할 수 있는 고무 물량이 제한적이었고 군용으로 제작된 스니커즈의 구조가 조악했던 탓에 열대 지역 전투에는 가죽 부츠보다 스니커즈가 차라리 낫다고 여겨졌음에도 실전 투입에는 적당하지 않다고 판단했다.

일본이 태평양 일대의 고무 생산 지역을 장악하면서 전 세계적으로 고무 소비가 제한되자 대안 소재의 개발 경쟁이 가속화되었다. 과학자들은 벌카니제이션(가황) 공정을 발견한 이래로 합성 고무를 만들기 위해 노력

신발, 스타일의 문화사

했다. 비슷하게 고무 부족 사태를 겪었던 1차 세계대전으로 인해 이 분야에 진전은 있었지만, 가장 중요한 발견은 20세기 중반이 되어서야 이루어졌다. 전쟁 중 추축국과 연합국 모두 합성 고무 개발에 초점을 맞추었는데, 독일 화학 공업 회사 이게파르벤IG Farben의 화학자들은 탄화수소의 일종인 스티렌과 부타디엔을 합성해 비교적 유연한 합성 고무인 부나Buna를 개발했고 미국에서는 1931년 듀폰Dupont 사가 네오프렌Neoprene이라고 불리게 된 합성 고무를 개발했다.[47] 미국 제조업체들은 석유 기반 소재 개발에 집중했고 이를 통해 BF 굿리치는 미국 최대 고무 생산업체가 되는 동시에 업계에 혁명을 일으키게 될 플라스틱 개발의 토대를 마련하게 된다.[48] 이러한 발전은 듀폰 나일론DuPont nylon 같은 다른 합성 소재의 혁신과 더불어 이후 수십 년 동안 스니커즈 생산의 판도를 바꿔놓았다.

전쟁이 끝나자 여전히 소비 제한을 실시하고 있던 많은 나라에서는 산업 재건에 상당한 어려움을 겪으면서도 스니커즈 제조를 다시 시작했다. 미국에서는 컨버스, 케즈, BF 굿리치가 모두 생산을 재개하며 스니커즈 생산이 빠르게 정상으로 돌아왔다. 가족들이 다시 여행을 다니기 시작하자 캔버스 소재 갑피에 고무 밑창이 달린 스니커즈는 다시 한번 모든 가족 구성원들이 신는 여름 신발이 되었다. 스니커즈의 가격은 생산성이 증대됨에 따라 사상 최저 수준으로 낮아졌고, 베이비붐으로 인해 운동화 소비는 사상 최고로 증가해 저렴한 캔버스 하이탑과 발목이 낮은 '스키피skippies'는 아동용 신발로 바뀌었다.

전후 시대 문화적으로 가장 중요한 기술 중의 하나인 텔레비전은 1950년대 주말, 미국의 아이들에게 스니커즈를 선전하는 도구가 되었다.

전후의 이 케즈 광고는 '케즈는 항상 놀기 바쁘다!'라며 모든 가족 구성원들의 레저용 신발을 선전했다. 1950년대, 미국

신발, 스타일의 문화사

토요일 아침 만화 방송 시간에는 '어릿광대 케소' 캐릭터가 만화로 제작된 중간 광고에 등장해 케즈Keds 스니커즈를 홍보했다. 인기 가족 TV 프로그램 〈개구쟁이 데니스〉, 〈비버는 해결사〉, 〈래시〉, 〈아빠가 제일 잘 알아〉에 출연한 소년, 소녀들은 언제나 스니커즈를 신었다. 교외 주택 지역에서 서로 비슷비슷하게 살던 이 시대에는 스니커즈에 사회적 신분과의 연관성은 남아있지 않았다. 그럼에도 텔레비전은 나중에 사회적 신분과 특별함을 상징하는 액세서리로서 스니커즈의 지위를 회복하는 데 중요한 역할을 하게 된다.

4장

고급 브랜드의 부상과
패션이 된 스니커즈

미국의 스니커즈 회사들이 체육 수업이나 여름철에 신을 스니커즈 생산에 주력하고 있을 때 패전국을 포함한 다른 나라의 제조업체들은 엘리트 선수용 운동화를 생산하기 시작했다. 일본의 오니츠카 타이거Onitsuka Tiger는 1949년에 설립되어 장거리 달리기 및 육상 경기라는 틈새시장에 집중했다.

1948년 독일의 루디 다슬러가 설립한 푸마와 아디 다슬러가 설립한 아디다스는 둘 다 엘리트 선수용 운동화 시장에서 앞서가고 있었다. 아디다스 운동화는 본격적으로 선수를 위해 개발되었지만 1950년에 처음 출시된 다목적용 트레이닝 슈즈인 삼바Samba 같은 모델들이 즉각 아마추어 선수들에게도 호평을 얻었다. 아디다스 운동화에서 볼 수 있는 강렬한 그래픽의 세 줄 무늬는 브랜드를 자리 잡게 하는 데 도움을 주었다. 1954년 아디다스의 축구화를 신은 독일 축구팀이 헝가리를 제치고 국제축구연맹의

최초의 아디다스 삼바는 1950년에 출시되었으며 미끄러지기 쉬운 환경에서도 착용할 수 있도록 개발되었다. 1960년대에 이르러 인기가 높아졌으며 1970년대에 실내 축구 연습용으로 개조되면서 아디다스 역사상 두 번째로 잘 팔리는 스니커즈가 되었다. 1965년, 독일

월드컵 우승을 차지했을 때 유럽 전역에 브랜드의 이름이 알려졌다. 1965년 아디다스는 가죽 소재의 프로 모델Pro Model을 선보이면서 미국 야구 시장에 진출했다. 1968년 멕시코시티 올림픽이 열렸을 때 아디다스는 엘리트 선수화 시장에서 경쟁 상대가 없는 회사였다. 전체 참가 선수 중 85퍼센트가 아디다스를 신었다.[49] 이듬해 아디다스는 스니커즈 역사상 가장 중요한 신발 중 하나인 스티치 셸 밑창 구조를 적용한 아디다스 최초의 발목이 낮은 로우컷 가죽 농구화인 슈퍼스타Superstar를 출시했다.

푸마 역시 이 몇 년 동안 육상 경기용 운동화와 더불어 축구화를 만들면서 앞서갔다. 푸마는 1960년과 1964년 하계 올림픽 메달리스트에게 그들의 운동화를 신기는 데 성공했다.[50] 1968년 올림픽에서는 대부분의 선수

가 아디다스를 신었지만, 푸마가 스포트라이트를 받은 것은 미국의 금메달리스트 토미 스미스와 그의 팀 동료이자 동메달리스트인 존 칼로스가 신고 있던 푸마 스웨이드Puma Suedes를 벗어들고 양말만 신은 채 시상대에 올라 미국 국가가 연주되는 동안 고개를 숙이고 검은 가죽 장갑을 낀 주먹을 높이 들었을 때였다. 당시는 흑인 민권 운동이 한창일 때였고 그 선수들은 그 영광스러운 순간을 이용해 자신들이 이룬 업적은 높이 평가하면서도 인종차별적 사회인 것에는 변함이 없었던 미국의 위선을 폭로했다.

조깅의 대중화와 러닝화의 등장

올림픽에서의 명성만이 사람들의 시선을 사로잡은 것은 아니었다. 아디다스, 푸마, 오니츠카 타이거가 내놓은 현대적이고 화려한 가죽 운동화는 미국에서 생산된 스니커즈와는 확연히 달랐다. 컨버스 올스타와 P. F. 플라이어P. F. Flyers는 수십 년 동안 거의 바뀌지 않아 매력이 사라지고 있었다. 뉴발란스New Balance 같은 일부 회사들은 빠르게 시장에서 자리를 잡았다. 이 회사가 1960년부터 선보인 투톤의 가죽 트랙스터Trackster는 어느 정도 공기역학적 디자인으로 설계되었으며 혁신적인 잔물결 무늬의 리플 밑창을 접목한 최초의 러닝화였다.

1960년대에 조깅이 대중적인 취미로 떠오르면서 러닝화는 더욱더 중요해졌다. 재미와 체력 단련을 위해 달리는 조깅은 세계적 육상 코치 아서 리디어드가 뉴질랜드에서 처음으로 대중화했고, 오리건 대학의 육상 코치였던 빌 바우어만에 의해 미국으로 전해졌다. 이 새로운 형태의 운동에 열정을 가지고 있던 바우어만은 1966년 『조깅』이라는 책까지 펴냈고, 조깅을 하는 미국인은 점점 늘어 1973년에는 650만 명에 이르렀다.[51]

조깅의 빠른 보급은 과시적인 소비를 통해 신체를 가꾸고 성공을 자랑하려는 이른바 '나' 세대Me generation의 자기중심적 관심과 맞아떨어졌다. 1960년대 말에는 국가를 위해 신체를 완벽하게 만든다는 생각은 버려진 지 오래였고 그 대신 개인적인 성공을 과시하려는 목적이 더 중요해졌다. 이러한 자신에 대한 관심이 증가해 조깅이나 달리기같이 혼자서 하는 운동이 급격하게 성장했다. 심지어 단체 운동도 아마추어 팀 스포츠에서 강사가 주도하는 운동 강습으로 바뀌었고 강습에 참여한 사람들은 각각 자신의 운동 성과를 높이는 데 집중했다. 경쟁을 하고자 할 때도 대체로 자기 자신과의 싸움인 마라톤 같은 스포츠를 했다. 이러한 경향은 스니커즈 회사에도 이득이었다. 소비자들은 트랙이든 디스코텍이든 관심을 끌기 위해 경쟁하는 장소에서 자신을 돋보이게 해줄 것이라 생각하는 신발에 기꺼이 돈을 썼다. 바로 이러한 사회 분위기에서 스니커즈 역사상 중요한 회사 중 하나인 나이키Nike가 설립되었다.

나이키의 역사적 탄생

나이키는 오리건의 육상 코치인 빌 바우어만과 그가 가르치던 중거리 선수 중 한 명인 필 나이트의 합작으로 탄생했다. 조깅 열풍이 불기 시작한 1960년대에 나이트는 스탠퍼드 대학교 비즈니스 석사 과정에 재학 중이었고 일본과 독일 스니커즈 브랜드의 미국 시장 점유율 경쟁을 비교하는 논문을 썼다. 그는 일본 브랜드가 독일 브랜드보다 앞설 수 있다고 확신했다. 졸업 후 나이트는 오니츠카 타이거를 설득하여 미국 배급업자가 되었다. 바우어만은 러닝화를 가볍게 만드는 방법을 궁리 중이었는데, 나이트에게 그저 신발 몇 켤레를 파는 일 대신에 파트너가 되어 오니츠카에 디자인 아이디어를 제공하자고 제안했다.[52] 두 사람은 회사 이름을 블루 리본 스포츠Blue Ribbon Sports라고 지었고 나이트는 그의 녹색 자동차 플리머스 발리언트에서 오니츠카 타이거의 첫 선적 물량을 판매했다.

1970년이 되자 두 사람은 바우어만의 디자인을 바탕으로 자신들만의 스니커즈를 만드는 데 관심을 두게 되었다. 그들은 승리를 상징하는 그리스 여신의 이름을 따 나이키라고 이름을 짓고 포틀랜드 주립 대학교에서 그래픽 디자인을 전공하던 어린 학생 캐롤린 데이비슨에게 35달러를 주고 이제는 상징이 된 나이키의 스우시Swoosh 로고를 만들었다.[53] 1972년 최초의 나이키 스니커즈인 코르테즈Cortez는 바로 브랜드의 대표 모델이 되었다. 바우어만이 만든 첫 버전은 오니츠카 코르테즈로 공개되었지만, 나이키와 이 일본 회사가 쓸쓸하게 결별한 이후 나이키 스우시를 추가하고 디자인을 살짝 변경해 이를 나이키 코르테즈로 출시했다. 오니츠카도 결국 자체적으로 디자인을 수정하고 자사 버전의 이름을 코르세어Corsair로 바꾸었다. 나이키라는 브랜드를 즉각적으로 인식할 수 있는 상표와 높은 품질은 곧 전문 육상 선수뿐 아니라 아마추어 선수의 관심까지 끌었다. 코르테즈의 성공은 1974년 와플 트레이너Waffle Trainer로 이어졌다. 격자 무늬 와

빌 바우어만이 평생 목표로 했던 일 중의 하나는 러닝화를 될 수 있는 한 가볍게 만드는 것이었다. 그의 탐구심 덕분에 바닥이 높으면서 가벼운 와플 밑창이 개발될 수 있었다. 나이키 와플 트레이너, 1974년, 미국

플 트레이너의 밑창은 바우어만이 바닥은 높지만 고무가 많이 쓰이지 않는 밑창을 개발하기 위해 집에서 쓰는 와플 기계에 고무를 부어본 실험에서 영감을 얻었다는 일화로 유명하다. 이 스니커즈는 밝은 파란색의 매우 가벼운 나일론 갑피에 과감한 노란색 스우시를 더해 눈길을 사로잡았으며 이러한 특징 때문에 운동과 패션 사이를 자연스럽게 오갈 수 있었다.

과시와 욕망의 상징이 되다

고급 브랜드들은 가격에 화려함을 결합하여 최고급 러닝화를 욕망의 대상이자 과시적인 소비의 상징으로 바꾸어놓았다. 《보그》는 1977년 "진정한 러너의 스니커즈(가장 인기 있는 지위의 상징)"라고 단언했고 실제로 스니커즈는 "나 세대의 시대"와 "새로 얻게 된 부, 그리고 이를 소비하는 시간에서 비롯된 지독한 자아도취"를 충족시키는 100억 달러 규모의 산업이 되었다.[54] 점점 더 다양해짐에 따라 개성적인 패션 감각을 표현하는 데도 스니커즈가 활용되었다. "보통 동시에 같은 일을 하는 3천만 명의 사람들이 있다고 치면 같은 틀에 넣고 찍어 낸 것처럼 모든 사람이 획일적으로 보일 것이다. 하지만 스니커즈를 신고 있다면 다르다. 마치 일제히 다소는 독립적이라는 것을 보여주기로 결심이라도 한 듯이 말이다."[55]

하지만 모든 사람이 비싼 고급 스니커즈를 신을 수는 없었다. 그럼에도 다른 한편에서는 많은 사람이 각각의 스포츠마다 그에 어울리는 특정한 신발을 신어야 한다고 한탄했다. 이러한 불평은 심심찮게 되풀이되는 한탄이었다. '이 위대한 나라를 쇠약하게 하는 스니커즈 전염병의 위협'이라는 제목의 기사에서 한 아버지는 아들이 운동을 열심히 하기를 바랐지만 이내 얼마나 많은 스니커즈를 사야 하는지를 깨닫고 충격받았다며 이렇게 썼다.

나는 인격 함양을 위한 이 스포츠에 아들이 관심을 가지게 된 것이 기뻤다. 아들이 새 스니커즈가 필요하다고 말하기 전까지는 말이다. 내가 이 말에 당황했던 이유는 아들에게 이미 새 스니커즈가 있었기 때문이다. … 하지만 아내와 아들은 조심스럽게 내가 뭣도 모르고 있다고 알려주었다. 펌프 스니커즈를 신고서 달리기를 하지는 않는단다. 달리기에는 완전히 다른 종류의 스니커즈가 필요하며 그 운동화를 사려면 새로 돈을 지불해야 한다. 게다가 그 운동화 판매원은 아들이 하려는 달리기 유형에 따라 '여러 종류'의 스니커즈가 필요할 수도 있다고 알려주었다.[56]

많은 부모가 자식들의 요구에 항복하는 동안, 일부 아이들은 유행을 거부한다는 표시로 대단한 기술이 적용되지 않은 구식 즉, 올드 스쿨 스니커즈old-school sneakers를 선택했다. 펑크족들은 펑크 패션의 다른 필수 아이템인 레이스업 콤배트 부츠, 닥터마틴과 형태적으로 비슷한 캔버스 소재의 하이탑 스니커즈를 선호했다. 펑크 밴드인 라몬즈같이 낮은 로우컷 스니커즈를 좋아하는 사람도 많았다. 서부 해안의 스케이터들 역시 캘리포니아 비치 라이프의 전형인 로우컷을 신었으며 이는 스케이트보드화로 바뀌었다. 1965년 처음으로 랜돌프 러버 컴퍼니에서 랜디 720Randy 720을 만들었

상징적인 스케이트보드 스니커즈인 반스 체커보드 슬립온Vans Checkerboard Slip-on에는 아이들이 자신의 스니커즈에 그린 디자인에서 영감을 얻은 패턴이 나타나 있다. 이 신발은 1982년 영화 〈리지몬트 연애소동〉에 영원히 남겨졌다. 1980년대 모델의 2014년 레트로, 미국

지만, 시장을 지배하게 된 것은 반 도렌 러버 컴퍼니가 만든 반스Vans였다. 스케이트보드를 타는 사람들은 반스를 마음에 들어했고 회사는 이에 부응했다. 반스의 유명한 흑백 체크 패턴은 몇몇 아이들이 흰색 반스 슬립온의 갑피를 꾸민 방식에서 아이디어를 얻었다. 이 특유의 스타일은 1982년 〈리지몬트 연애소동〉에서 배우 숀 펜이 신은 이후 세계적으로 인기를 끌었다. 반스는 자신의 노력을 추진력으로 해서 앞으로 나아가는 젊음, 자유, 속도를 상징했고 1980년대 말에는 힙합계에서도 많은 이들이 신었다.

스니커즈 패션의 정점, 농구화

하지만 스니커즈 문화를 정의하고 스니커즈 패션을 지배하게 된 것은 농구화였다. 그 중심점은 뉴욕시의 자치구들이었다. 뉴욕의 수많은 농구 코트에서 제대로든 되는대로 신은 것이든 농구화는 문화 아이콘으로서 그리고 도시 스트리트 패션의 필수 아이템으로서 각광받기 시작했다. 농구는 거의 처음 도입된 순간부터 도시 중심의 스포츠였으며 1960년대까지 뉴욕의 코트는 농구 경기라는 무대를 통해 도시 최고의 선수들이 관중의 시선을 끌고 정치적 동맹을 맺으며 경쟁 구도를 짜고 스타를 탄생시키는 장소였다. 이 '길거리 농구' 선수들의 공격적인 경기 스타일과 대담한 허풍도 흥미진진한 볼거리였는데, 이 점이 전문 스카우터들에게 통했다. 이렇게 진귀한 볼거리가 된 농구 경기는 텔레비전으로 스포츠를 보는 시대에 완벽하게 어울렸고 좀 더 길거리 농구식의 플레이 스타일이 프로 농구 경기에도 널리 도입되어 경기를 변화시키기 시작했다. 1970년대에는 프로 농구 선수의 90퍼센트가 도심 출신이었다.[57]

유명 인사 반열에 오른 사람은 극소수에 불과했지만 슈퍼스타가 된 이들과 그들의 명성은 빠르게 상품화되었다. 아디다스는 1971년 할렘 출신의 카림 압둘 자바와 계약하고 후원하는 유명 선수의 서명을 담은 첫 농구화를 출시했다.[58] 푸마는 1972년 뉴욕 닉스의 전설, 월트 '클라이드' 프레이저와 계약했으며 컨버스는 유럽 브랜드와 경쟁하기 위해 1976년 일명 닥터 제이, 줄리어스 어빙이 홍보한 올스타 프로 모델 레더All Star Pro Model Leather를 출시했다. 이 스니커즈들 중에서 스포츠계와 패션계를 연결한 것은 푸마 클라이드였다. NBA(전미 농구 협회)에서 가장 스타일이 화려한 선수로 여겨졌던 프레이저는 자신의 밍크코트를 입고 푸마 광고에 출연하기도 했는데 이는 처음으로 스니커즈가 세트로 의상과 함께 등장하는 이미지 중 하나가 되었다. 도시 패션에서 농구 스니커즈는 코트 안팎에서 남성적인 개성을 뽐낼 수 있는 수단이 되고 있었다.

창의적이고 활동적인 사람을 위한 '멋진' 신발

1973년 힙합의 등장은 동등한 기량과 스타일에 기반한 젊은 남성들에게 또 다른 종류의 경쟁을 부추겼다. 브레이킹Breaking은 디제이 쿨 허크가 노래의 간주 부분인 '브레이크' 구간을 틀 수 있도록 두 개의 턴테이블을 사용하면서 시작되었다. 이러한 브레이크 비트에 맞춰 춤을 추는 브레이크 보이, 즉 비보이들의 흥을 돋우기 위해 그가 넣은 추임새는 이어 랩 발전에 영향을 미치게 된다. 비보잉은 원래 서로 겨루는 것이 특징이며 브레이크 댄스는 창의적이고 신체적으로 매우 활동적이어서 도시 농구처럼 기능적이면서도 '멋진' 신발이 필요했다.

브레이킹이 발전하면서 비슷한 복장을 통해 집단적 유대감을 표현하는 경우가 많아졌지만, 신발을 통해서는 개성을 분명히 드러냈다. 실제로『그거 어디서 구했어?』의 저자이자 힙합 디제이 보비토 가르시아는 당시를 이렇게 기억했다.

푸마 클라이드Clyde는 1973년 뉴욕 닉스의 선수 월트 '클라이드' 프레이저의 시그니처 슈즈로 첫선을 보인 후 순식간에 도시 패션의 중요한 아이템이 되었다. 여기 이 주황색 스니커즈 토 부분에는 월트 프레이저의 서명이 있다. 클라이드, 체이스 팩Chase Pack, 1973년 모델의 2005년 레트로

브레이킹은 그 형식과 패션에서 모두 경쟁적이었다. 뉴욕의 한 길모퉁이에서 포착된 이 댄서들은 다양한 스타일과 브랜드의 스니커즈를 신고 있다. 1981년, 미국

1970년부터 1987년까지 뉴욕에서는 집단의 틀 안에서 개성을 내세우기 위해 노력했다. 그 집단은 놀이터의 공놀이하는 이들, 그래피티 아티스트, 비보이와 비걸, 디제이, 래퍼 그리고 비트박서로 이루어져 있었다. 그들의 태도는 경쟁적이고 진보적이었다. … 코트 위에서의 새롭고 멋진 움직임이든 마룻바닥 위에서의 새로운 동작이든 공 들고 노는 사람들과 힙합 팬들은 모두 늘 창의적인 한계에 도전했다.[59]

스니커즈의 특정 종류나 브랜드에 대한 그들의 관심으로 스니커즈 문화가 생겨났으며 이는 브랜드와의 유대를 통해 개인의 의사를 표현하는 미국 사회 전반의 더 큰 문화적 흐름과 맞아떨어졌다. 특히 스니커즈는 각각의 브랜드, 모델, 색상으로 조금씩 다른 사회적 주장을 표출할 수 있었기에 다양한 가능성을 제시했다. 오래지 않아 대중은 남성성과 도시 문화 그리고 스니커즈 사이의 연관성을 이해하게 되었고 이는 대중화되었다. 프로농구, 특히 1976년 텔레비전으로 방송된 콜로라도주 덴버에서 열린 '슬램덩크 콘테스트'는 사회적으로 출세를 꿈꾸는 이들이 모든 미국인의 환심을 사게 되는 하나의 매개가 되었다.

또 다른 매개가 된 것은 음악이었다. 1979년 발매된 슈거힐 갱의 〈래퍼의 기쁨〉은 최초로 차트 상위 40위를 달성한 랩 싱글이었으며 브레이크 댄스팀 록 스테디 크루를 알린 1983년 개봉한 블록버스터 영화 〈플래시댄스〉는 전 세계를 휩쓸며 브레이킹 열풍을 일으켰으며 스니커즈를 비롯한 힙합 패션을 널리 알렸다. 도시 패션이 인기를 끌면서 화려한 색상의 1970년대 러닝화에 대한 관심은 시선을 사로잡는 1980년대 농구화로 옮겨갔고 스니커즈 회사들은 이 흐름에 발맞추려 했다.

전설이 된 나이키 에어 조던

나이키는 초창기부터 농구화를 선보였지만 1985년 《뉴욕 타임스》에서 앤드루 폴락이 말한 것처럼 "유행이 바뀌기 시작했을 때 … 허를 찔렸다."[60] 이 기사는 1984년 나이키의 수익이 설립 이래 10년 만에 처음으로 29퍼센트 감소했다고 전했다. 유일하게 긍정적인 부분은 "시카고 불스의 농구 스타 마이클 조던이 보증한 검은색과 빨간색의 새로운 에어 조던 스니커즈가 히트한 것 같다"고 한 것이다.[61] 이어서 그 기사는 나이키의 대변인 더글러스 허크너의 말을 인용해 다음과 같이 전했다. "우리는 우리가 가장 잘 알고 있는, 약간의 패션이 가미된 운동복으로 돌아가고 있다."[62] 폴락도 허크너도 예상할 수 없었던 것은 나이키의 새로운 모험적 시도였던 에어 조던이 패션과 문화에 미칠 영향이었다.

첫 번째 에어 조던은 피터 무어가 디자인했다. 시카고 불스의 색인 빨간색과 검은색을 사용한 이 가죽 하이탑 스니커즈에는 밑창에 장착된 캡슐화된 공기가 완충재 역할을 하도록 설계된 나이키 에어Nike Air 기술이 적용되었다. 에어 조던을 처음 본 마이클 조던은 아마 '악마의 신발'이라고 말했을 것 같다. 실제 이 신발은 그를 곤경에 빠트렸다. 1984~1985년 시즌 중 조던이 에어 조던을 신고 코트에 발을 디디자, NBA는 즉각 '복장

스니커즈 역사상 가장 중요한 순간 중의 하나는 1984년 나이키가 시카고 불스의 경이적인 신인인 마이클 조던을 위한 스니커즈를 만들기 시작했을 때였다. 오리지널 에어 조던, 1984년, 미국

신발, 스타일의 문화사

통일 규정'을 준수하지 않았다는 이유로 징계 처분을 내리고 벌금을 부과했다. 나이키는 굉장한 광고 기회를 잡은 것이 분명했다. 탁월한 재능과 기술을 지녔으며 거침없는 노력파였던 마이클 조던은 규칙을 무시하며 경기마다 에어 조던을 착용함으로써 미국이 중시하는 개인주의의 가치를 높이는 인물로 상징화되었다. 물론 나이키는 조던이 규칙을 위반할 때마다 기꺼이 벌금을 지불했다.[63]

　　에어 조던을 통해 운동선수로서 슈퍼스타 마이클 조던의 뛰어난 기량을 수백만 명이 지지하게 되었던 것처럼, 전체가 흰색인 나이키 에어 포스 1Nike Air Force 1도 또 다른 개인적인 성공을 상징하게 되었다. 미국 대통령 전용기의 이름을 딴 이 스타일은 1982년 처음 선보였지만 불과 1년 만에 생산을 중단했다. 하지만 1986년 흰색에 흰색을 조합한 색상으로 다시 출시하자 빠르게 인기를 얻었고 특히 뉴욕에서는 더욱더 그러했다.

5장

문화가 된
스니커즈 패션

통칭 업타운스Uptowns로 알려진[64] 에어 포스 1
은 마약 거래상들이 즐겨 신는 신발로 화제가 되었는데, 흠집 없는 새하얀
스니커즈를 신을 수 있다는 것은 그가 건드릴 수 없는 존재라는 것을 암시
하며 부와 지위를 가졌다는 것을 의미하기 때문이었다. 그러한 미심쩍은
이미지가 주는 모호함이 많은 사람을 매료시켰다. 미디어에서 스니커즈를
신은 마약 거래상은 영웅이자 악당으로 두려움과 매력을 동시에 느끼게 했
다. 카우보이라는 복잡 미묘한 아이콘의 업데이트 버전처럼 마약 거래상은
철저한 개인주의와 더불어 매우 남성적인 매력, 법을 비웃는 폭력성 그리
고 자력으로 이룬 부유함이 그 이미지를 매력적으로 보이게 했다.

물론 모든 사람이 도시적인 남성성을 이런 식으로 묘사하는 것에 동의
하지는 않았다. 랩 그룹 런 디엠씨의 노래 〈마이 아디다스〉는 이러한 이미
지에 직접적으로 이의를 제기했다. 런 디엠씨를 대표하는 스타일에는 에어

브루스 킬고어는 1982년 나이키 에어 포스 1을 디자인했다. 최초 버전은 이렇게 흰색 바탕에 연회색 스우시가 들어간 디자인으로 출시되었으나 1986년에 이제는 나이키의 상징이 된 전체가 흰색인 버전으로 다시 출시되었다. 1982년, 미국

이 아디다스 홍보용 엽서는 랩 그룹 런 디엠씨와의 협업 초기에 나왔다. 멤버 모두 그들의 곡인 〈마이 아디다스〉(1986) 덕분에 유명해진 스니커즈 아디다스 슈퍼스타를 신고 있다. 1986년, 독일

포스 1과 마찬가지로 도시 패션에서 중요한 위치를 차지하던 아디다스 슈퍼스타가 있었다. 그들은 슈퍼스타의 끈을 빼고 신었는데 이는 교도소 수감자들이 신발 끈으로 자해하거나 다른 사람을 해치는 데 이용하지 못하도록 한 것에서 비롯된 스타일이라 언론에서 화제가 되었다. 하지만 런 디엠씨는 랩을 통해 끈 없이 스니커즈를 신어도 내 아디다스는 "좋은 소식만 전해줄 뿐 나쁜 놈들의 신발처럼 쓰이지 않는다"고 외쳤다. 실제로 가사에서 분명히 밝혔듯이 그들은 합법적으로 스니커즈를 구매했고 대학을 다녔으며 아디다스 슈퍼스타를 신고 선의를 도모했다.[65]

이 곡이 인기를 얻자 런 디엠씨는 1986년 아디다스와 접촉해 대담하게 백만 달러 규모의 공식 후원 계약을 요청했다. 아디다스 경영진이 이에 합의하며 힙합으로 대표되는 이 시장에 눈을 뜬 이후 수많은 뮤지션과의 계약이 이어졌으며 이를 통해 도시의 음악과 스니커즈를 비롯한 패션은 전 세계의 훨씬 더 많은 대중에게로 확산할 수 있었다. 힙합 패션의 대중화로 독특한 신발로 개성을 표현하고자 했던 스니커즈 수집광들의 고민은 커졌다. 기존 제조업체들이 최신의 혁신과 디자인을 선보이기 위해 노력하는

동안 열성적인 구매자들은 희귀한 빈티지 신발을 구하고자 애를 썼다.

스니커즈 문화가 맞닥뜨린 또 다른 고민은 나이든 사람들이 쉽고 편하게 신고 입을 수 있는 스니커즈와 운동복에 눈을 돌리고 있다는 사실이었다. 유명하지 않은 지극히 평범한 브랜드를 구매하는 사람들이 대부분이었지만 더 좋은 완충 장치나 스니커즈를 쉽게 신고 벗을 수 있게 만들어주는 벨크로 스트랩처럼 최첨단의 혁신 기술을 적용한 스니커즈에 기꺼이 더 많은 돈을 지불하려는 사람들도 있었다. 업계는 패션에 민감한 소비자들과 좀더 실용적인 소비자들 어느 쪽이든, 기꺼이 많은 돈을 지불할 용의가 있는 양쪽을 모두 만족시켜야 했다.

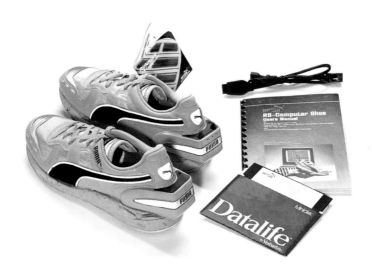

피터 카바노프가 디자인한 이 스니커즈는 뒤꿈치에 컴퓨터 칩이 달려 있어 거리와 시간을 기록할 수 있었다. 가정용 컴퓨터에 연결하여 분석할 수 있도록 소프트웨어 패키지와 프로그램 디스크, 연결 케이블이 스니커즈와 함께 제공되었다. RS 컴퓨터 슈, 1986년, 미국

에어 기술은 1980년대 중반 도입된 혁신 중에서 단연 독보적이다. 에어 펌프Air Pump는 나이키 프레셔Nike Pressure와 리복 펌프Reebok Pump 같은 모델에 완충 효과와 내부 공기주머니를 부풀려 맞춤형 핏을 제공하는 데 사용되었으며 여러 나이키 스니커즈 밑창의 공기 캡슐이 완충재로 사용되었다. 1980년대에는 아디다스 마이크로페이서Adidas Micropacer와 푸마 RS 컴퓨터 슈RS-Computer Shoe 등 디자인에 육상 선수들의 기록 향상을 추적하는 데 도움이 되는 웨어러블 컴퓨터 기술을 접목한 스니커즈가 나오기도 했다. 컨버스는 이미지를 재구축하기 위한 노력의 일환으로 웨폰Weapon을 비롯한 화려한 색상의 여러 가죽 농구화를 선보였다. 새로운 스니커즈 회사들도 생겨났고 이들이 도시 패션 시장에 진입하면서 이를 고대했던 열성적인 고객들도 확보하게 되었다.

스니커즈 문화에 덧씌워진 인종 차별

1983년 설립된 미국 회사 브리티시 나이츠British Knights는 다른 많은 회사의 공통된 전략을 통합했다. 도시 소비자에 초점을 맞췄지만 그들의 궁극적인 목표는 더 많은 백인, 평범한 대중에게까지 도달하는 것이었다. 브리티시 나이츠의 보도자료 중 하나에 나와 있듯이, "교외의 중산층 고등학생에게 제품을 구매하게 하는 유일한 방법은 이를 도심의 아이들에게 신기는 것"[66]이다. 브리티시 나이츠가 이러한 전략을 펼친 목적은 스니커즈 문화의 확산은 물론 점점 더 관심을 확대하기 위해서였다. 이 신발을 홍보한 아프리카계 미국인 슈퍼스타 운동선수들과 이를 진짜로 인정한 흑인 젊은 이들 덕분에 이 스니커즈는 확고한 정통성을 나타내면서도 동시에 갖고 싶은 열망도 느끼게 하는 독특한 매력을 지니게 되었다. 하지만 도심 빈민 지역의 젊은이들이 스니커즈를 찾아다니고 신는다며 크게 비난을 받거나 조롱의 대상이 되기도 했다.

《보스턴 글로브》에 네이선 콥이 쓴 〈스니커즈 시크는 도심 패션만의 유행〉이라는 기사의 첫 단락은 스니커즈 문화를 이야기하면서 노골적인 인종 차별과 무례함을 드러내는 많은 기사 중 한 예다.

> 이런, 이런, 샤킬 무하마드의 신발이 신상품 아니면 안 되지! 그들은 시내의 워싱턴가를 지나가면서 신발들을 살펴본다. 스웨이드와 고무, 폴리우레탄 그리고 나이키 회사 사람들이 젊은 친구의 발에 둘러야겠다고 생각한 그밖의 다른 소재들로 만든 109달러짜리를 말이다. 무하마드의 팔 아래 가방에 들어있는 상자 안에는 15분 전에 신고 있던 92달러짜리 나이키가 들어있다. 이봐, 지난달에 나온 모델이야. 또 봐.[67]

스니커즈 소비와 관련하여 흑인 젊은이들이 호구 노릇을 하고 있으며 지도가 필요하다는 온정주의적인 우려를 표명한 기사도 있었다. 하지만 도심의 젊은이들은 비싼 스니커즈를 사야만 하는가 아닌가를 논하는 것이 의미가 없었다. 사실상 슈퍼스타가 등장하는 광고보다 이 젊은이들을 통해 알려지는 효과가 더 컸다.[68] 《워싱턴 포스트》의 빌 브루베이커는 이와 비

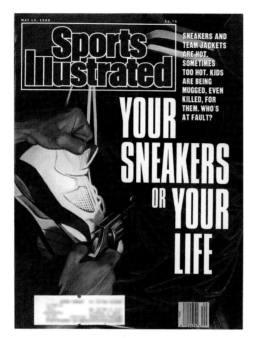

논란이 된 《스포츠 일러스트레이티드》의 표지에는 에어 조던 5를 암시하는 스니커즈가 등장했다. 1990년 5월 14일, 미국

슷한 견해를 밝혔다. "이러한 현상은 특히 도심의 흑인 청년들에게서 두드러지는데 … 대개 백인 사업가들이 운영하며 제품 물량 대부분을 백인 소비자들에게 파는 산업의 속도와 스타일을 그들이 정한다."[69]

하지만 이러한 비평에도 불구하고 스니커즈와 도시 소비자를 둘러싼 발언들은 계속해서 도시 문화에 새로이 흡수된 이 구성원을 매우 가치 있고 고도로 상품화할 수 있게 만든 근본적인 사회적 문제에 대한 고심보다 흑인 남성의 욕망을 억제하는 데 계속해서 초점을 맞추었다. 영화감독 스파이크 리는 그가 감독한 1986년 영화 〈그녀는 그것을 좋아해〉의 캐릭터 '마스 블랙몬'으로 분하여 1980년대 말 큰 성공을 거둔 일련의 광고에 마이클 조던과 함께 등장해 도심 지역 소비자에게 집중적인 논란을 불러일으켰다. 1990년 《뉴욕 포스트》의 필 머시닉은 스니커즈 절도 과정에서 자행되어 세간을 떠들썩하게 한 여러 건의 살인 사건을 놓고 나이키, 마이클 조던 그리고 스파이크 리가 범죄를 유발하는 욕망을 부채질한다며 비난했다. 이에 격분한 스파이크 리는 머시닉이 인종차별주의자이며 더 큰 사회 문제가 영향을 미치고 있다는 점은 모른다며 반박해 치열한 논쟁을 벌였다.《스포츠일러스트레이티드》는 1990년 5월 14일자 표지에 한 손에는 스니커즈를, 다른 한 손에는 미상의 피해자 등에 겨눈 총을 들고 있는 흑인 남자의 삽화를 실어 논란을 가중했다. 함께 실린 기사는 사치품에 대한 환상을 부추기는 시장에 초점을 맞추었다.

경제적으로 비참한 도심 지역에서 사치품에 대한 환상을 부추기는 시장은 마약과 갱단의 자금 흐름을 거리낌 없이 이용하고 있다. 이로 인해 가난한 흑인 아이들은 '죽이는 신상품'이나 최신 유행 패션으로 유명해지기 위해 끔찍한 범죄를 저지르게 되었다.[70]

이에 대해 아이라 브리코우는《뉴욕 타임스》에 이렇게 썼다.

마이클 조던과 스파이크 리는 도심의 청소년들 또는 다른 누군가의 전형적인 역할 모델이다. 그들은 열심히 일하고 노력한다. 땀 흘리고 머리를 써서 자신의 재능을 최대한으로 발전시켜 지위를 얻었고 이를 사회적 제도 내에서 그리고 국가의 법 안에서 이루어냈다. 그들은 신념을 지켜왔다. 그들은 투사다.[71]

1990년 9월 레스 페인은《뉴스데이》에 이렇게 덧붙였다.

스니커즈로 인해 일어나는 거리의 살인 때문에 조던을 비난하는 행태는 쉐보레 콜벳Corvettes의 도난율이 높다고 쉐보레와 홍보 계약을 맺은 가수 디나 쇼어를 비난하는 것과 같은 일이다. 하지만 머시닉과 같은 사람들은 그들이 아무렇지도 않게 흑인 유명 인사들에게 책임을 전가하는 범죄들에 대해 백인 유명 인사들을 엮어서 비난하는 일은 결코 없을 것이다. 그렇지 않다면 머시닉이나 몇몇 먹고살 만한 그의 동료들은 아마 지금 이 순간에도 도널드 맥킨지 살인 사건처럼 롤렉스 시계 때문에 전국적으로 빈발하고 있는 강도 사건이나 심지어 살인 사건을 롤렉스 시계와 후원 계약을 맺은 백인 유명 인사들과 엮어 그들에게 책임을 전가하고 있어야 할 것이다.[72]

남성을 위한 완벽한 액세서리로 자리 잡다

스니커즈, 도시 패션과 상업화의 관계가 점점 더 업계의 의문이 되고 있는 가운데 스니커즈를 신은 성공한 남자의 또 다른 모델이 나타났다. 흑인 운동선수, 랩 스타들과 함께 실리콘밸리의 총아들이 성공한 남자의 새로운 전형으로 떠올랐다. 존경 그리고 조롱과 우려를 동시에 받았던 백만장자인 기술업계 거물들이 운동복과 스니커즈를 신고 이사회에 참석하는 것으로 정장용 브로그나 스리피스 슈트는 이제 세상의 새로운 질서를 반영하지 않는다는 뜻을 넌지시 비쳤다. 한 기자가 기억하듯이 '정장을 사지도 않을뿐더러 인터뷰에 나설 일도 없는 스물두 살의 닷컴 기업 백만장자들의 시대

에 기업들은 차려입는 것이 약간 시대에 뒤떨어진다고 생각하게 되었다.'73

이러한 변화가 감지되면서 일반적인 남성 복장에서 스니커즈의 중요성이 높아지게 되었다. 1980년대 후반에서 1990년대까지 이어진 캐주얼 프라이데이는 직장의 위계질서를 느슨하게 하고 직원들 사이에 친근감을 높이기 위한 장치였지만 사실 이것이 발전할수록 남성들은 복장에 대해 더많이 고민해야 했다. 100년이 넘도록 사무직에 종사하는 남성들은 당연히 비즈니스 슈트라는 유니폼을 입는다고 생각해왔다. 지위는 일반적으로 남성 복식의 동일성에 부합하는 값비싼 의복을 통해 표현되었다. 하지만 캐주얼 프라이데이로 인해 남성들은 전통적으로 여성을 대상으로 했던 패션, 개성을 표현하는 데 활용되는 그 패션에 난생처음 관여하게 되었다.

실제로 남성들은 자신들의 알려지지 않은 자아, 즉 진정한 자아를 조금씩 드러낼 것을 요구받고 있었다. 다양한 스포츠와 하위문화의 속성을 보여주며 다양한 스타일과 색상으로 선보이는 스니커즈는 분명히 개인의 정체성을 투영할 수 있는 완벽한 액세서리였다. 게다가 더 중요한 것은 스니커즈를 신음으로써 남성성이 위협받기는커녕 운동선수든 갱단의 일원이든 IT 업계의 천재든지 간에 성공한 남성성 과잉의 전형과 스니커즈의 오랜 연관성 덕분에 이들의 패션 소비가 여성화와 결부되는 것을 막았다는 점이다.

이와는 반대로 여성의 경우, 사무직의 업무 복장과 스니커즈가 연결되면 조롱의 대상이 되었다. 여성의 비즈니스 슈트와 스니커즈의 조합은 그다지 환영받지 못했다. 1980년대 내내 신문 기사부터 벼락출세한 특권층을 흉내 내어 슈트를 입고 나이키 러닝화를 신은 여성을 표지에 등장시킨

『여피 안내서』 같은 책에 이르기까지 슈트에 스니커즈를 신은 여성은 미디어에서 놀림거리가 되었다.

1980년대 여성들은 남성이 우세한 사무직 직장의 문턱을 넘기 위해 어깨가 넓은 블레이저에 스커트를 입고 굽이 낮은 펌프스를 신는 등 전통적인 남성의 비즈니스 복장을 참조하되 여성스러운 느낌을 가미한 스타일이 장려되었다. 하지만 펌프스는 확실히 비즈니스용 브로그만큼 실용적이지 않았고 여성들은 힐을 들고 다니며 사무실을 오갈 때는 러닝화와 에어로빅 스니커즈를 신는 경우가 많았다. 이런 식의 스니커즈 활용은 여성들이 가정에서 벗어나 사회 경제적 의미가 담긴 행위인 출퇴근하는 위치에 있다는 사실을 강조했다. 많은 사람이 〈성공을 위한 스니커즈 패션? 여성에게는 아니다〉라는 기사를 쓴 저자의 의견에 동의했다.

> 길거리에서 유행하는 최신 아이템을 보면 믿기지 않아 진저리가 쳐진다. 빠르게 트랙을 달리기 위해 운동용 양말, 조깅용 반바지와 '맞춰' 신은 신발을 말하는 것이 아니다. 사무실까지 빠른 걸음으로 오기 위해 스타킹, 비즈니스 슈트, 정장 셔츠에 신은 스니커즈다.[74]

한정판 스니커즈에 열광하는 사람들

스니커즈가 체육관에서는 어떤 매력이 있었는지 몰라도 — 유행한 체육관 운동인 에어로빅은 종종 맨발로 하거나 스니커즈 위에 레그 워머를

미국 디자이너 제러미 스콧은 경계를 허무는 디자이너로 유명하다. 2013년 아디다스와 협업으로 탄생한 토템Totem 컬렉션은 큰 논란을 일으키며 문화적 도용이라는 비판을 받았다. 토템, 2013년, 미국

2004년부터 수천 명의 사람이 해마다 미국에서 가장 큰 스니커즈 컨벤션인 H 타운 스니커즈 서밋에
참석해 희귀한 스니커즈를 구매하고 거래하고 감탄하며 바라보려고 휴스턴을 방문한다. 2011년 1월
23일, 미국 도요타 센터에 모여든 인파.

덮어 신고서 했다 — 여성의 일상 속으로 들어온 것은 명백했다. 이처럼
여성 패션에서는 스니커즈가 겨우 호응을 얻어가는 중이었지만 남성 패
션에서는 스니커즈의 중요성이 계속해서 커졌다.

스니커즈 문화의 대중화와 함께 스니커즈 전문가들은 희귀하고 잊힌
모델을 찾기 시작했고 금세기 말 이베이eBay 같은 온라인 상거래 업체들
이 사장되었던 재고를 열성적으로 소비할 발판을 마련했다. 스니커즈에
대한 욕구가 커지자 고급 패션 브랜드 또한 스니커즈를 선보이기 시작했
다. 1980년대에 구찌가 처음으로 스니커즈를 선보였고 1990년대에는 프
라다가 그 뒤를 이었다. 이후 2002년 아디다스는 업계에서 가장 전위적
인 디자이너인 요지 야마모토, 제러미 스콧과 함께 협업을 진행하여 유행

을 선도했다. 같은 해 나이키는 유명 스케이트보드 패션 브랜드인 슈프림Supreme과의 협업에 이어 2005년에는 뉴욕에서 활동하는 스테이플 디자인Staple Design의 제프 응과 함께 스테이플×나이키 덩크 로우 프로 SB '피죤'Staples × Nike Dunk Low Pro sb 'Pigeon'을 만들게 되는데, 이 한정판 때문에 2005년 '스니커즈 폭동'이 일어나자 폭력, 스니커즈 문화, 인종 문제에 관한 주류 사회의 우려가 다시 살아났다.

이러한 논란에도 불구하고 스타일의 표현 양식을 다양화하기 위한 방편으로 남성들이 스니커즈에 점점 더 큰 관심을 보이면서 한정판 협업 스니커즈나 고급 스니커즈가 계속해서 등장했다. 스니커즈와 관련된 의미나 스니커즈 착용에 관심이 있는 사람들은 점점 더 다양해지고 있었고 스니커즈 문화에 동참하는 사람들 역시 기하급수적으로 늘어났다. 나이키 덩크SB 로우 스테이플 NYC 피죤이 전 세계 150켤레 한정으로 출시되었던 해인 2005년, 빈티지킥스닷컴(vintagekicks.com)은 뉴욕에 빈티지 스니커즈를 위탁하고 구매할 수 있는 오프라인 매장 파이트 클럽Flight Club을 열었다. 원래 박스에 담긴 그대로 매장 재고 창고에 방치되어 보관 중이던 OG(최초 발매) 스니커즈를 입수하는 것에 관심이 급증했다. 스니커즈 수집광이라는 말도 흔히 쓰이게 되었고 '새천년'의 중반에는 스니커즈 잡지, 책, 웹 사이트가 수많은 독자를 끌어모았다. 스니커즈 발매 파티는 인파로 북적였고 스니커즈 컨벤션에는 전 세계적으로 수천 명의 참가자가 몰려들었다. 나이키의 팅커 하트필드 같은 스니커즈 디자이너들까지 명성을 얻으면서 스니커즈 디자이너들도 크리스티앙 루부탱, 마놀로 블라닉 같은 명품 브랜드의 디자이너들을 찬양하던 커다란 문화적 흐름에 편

모든 특별한 스니커즈가 주요 브랜드에서만 나오는 것은 아니다. 가장 희귀한 스니커즈 중의 일부는 매치 같은 커스텀 아티스트들에 의해 맞춤 제작된 것들이며 이러한 작업을 통해 그는 유명 인사들도 찾는 국제적인 명성을 얻는다. 에어 포스 25 매치 커스텀, 2012년, 미국

승하게 되었다.

수집할 가치가 있으며 희귀하고 향수를 자극하는 스니커즈에 대한 대중의 갈망을 파악한 회사들은 레트로 모델을 내놓기 시작했다. 팅커 하트필드가 디자인한 최초의 에어 조던인 '에어 조던 3'은 1994년 재발매되었다. 그 뒤를 이어 많은 다른 '레트로 시리즈'가 발매되었고 곧 다른 회사들도 그들의 시그니처 모델을 재발매했으며 열성적인 소비자들은 종종 단순히 신기 위한 것이 아니라 재판매를 통해 돈을 벌려는 목적으로 발매 제품을 손에 넣기 위해 스니커즈 매장 밖에서 줄을 서고 밤새 야영했다. 스니커즈 브랜드들은 소비자들에게 '쇼핑 경험'을 제공하고자 했고 런던의 나이키 타운Niketown 같은 스니커즈 매장들은 그 자체로 들러야 할 명소가 되었다. 뉴욕의 키스Kith와 파리의 콜레뜨Colette 같은 좀더 정통한 편집숍들도 엄청난 가격의 특별 한정판 스니커즈를 취급하면서 프리미엄 스니커즈를 위해 특별히 찾는 매장이 되었다.

유명인과 협업해 가치를 높이다

독특한 신발을 원하는 사람들은 맞춤 스니커즈도 찾았다. 나이키가 1999년 나이키 아이디NIKE ID를 선보이며 개인의 요구에 맞춰 만든 스니커즈를 구매할 수 있게 했지만, 메스앰피비안, 에릭 헤이즈, 시큐어 디, 매치 같은 세계적으로 칭송받는 커스텀 아티스트들은 진짜로 특별한 것을 추구하는 사람들을 위해 스니커즈를 착용 가능한 예술로 바꾸어놓았다.

2009년 래퍼 카니예 웨스트는 명품 브랜드 루이 비통과 손잡고 몇몇 스니커즈를 만들어 곧바로 매진을 기록했지만, 이는 2009년 나이키의 마크 스미스와 함께 만든 나이키 에어 이지Nike Air Yeezy 그리고 웨스트가 디자이너로서의 평판을 얻게 된 2012년의 이지 2Yeezy 2에 대한 대대적인 선전이었다. 권장 소비자 가격이 250달러인 이지 2가 이베이에서 90,300달러(약 1억 원)에 팔렸다는 소문이 돈 후 나이키와 카니예 웨스트의 국제적 명성은 더욱 높아졌다. 소문이 사실이든 아니든, 1984년 마이클 조던이 에어 조던 1을 신었다고 벌금을 냈을 때와 마찬가지로 이보다 더 효과적인 홍보는 없었다. 크게 성공한 래퍼들이 고급 명품 브랜드의 슈트에 최고급 스니커즈를 신고 사업가로 변신하면서 전통적인 그리고 새로운 스타일적 기표와 남자의 성공이 관련 있음을 입증했다.

패션과 스니커즈의 관계는 계속해서 농구와 연관성을 지니고 있었고 특히 나이키가 코비 브라이언트, 르브론 제임스와 계약하게 된 후에는 더욱더 그러했다. 두 선수 모두 뛰어난 패션 감각으로 정평이 나 있었지만, 특히 제임스는 이미 그 나름대로 스타일 아이콘이었다. 제임스는 아프리카계 미국인 남성으로는 처음으로 미국 《보그》의 표지를 장식했으며 스니커즈를 신지 않은 모습을 자주 보이는 그가 선택한 스타일은 종종 언론의 관심을 모았다. 자연스럽게 브로그와 운동화를 오가는 제임스의 모습은 남성 패션 라이프스타일 잡지《GQ》에 실린 이 짧막한 글에서도 알 수 있듯이 전반적으로 남성들의 복장에 주목하는 사회적 트렌드를 분명히 보여주었다.

신발, 스타일의 문화사

NBA 슈퍼스타 르브론 제임스는 코트 안팎의 스타일 아이콘이었다. 그는 변화하고 있는 성공한 남성의 이미지에 패션과 스니
커즈를 연결했다. 대담한 그래픽과 만화적인 감각으로 표현된 이 대단히 희귀한 스니커즈는 제임스가 가장 좋아하는 TV 애니
메이션 〈패밀리 가이〉의 캐릭터 '스튜이'에게 영감을 얻어 만들어졌다. 양산은 되지 않았으며 단 24켤레만 제작되어 '프렌즈 앤
드 패밀리' 프로모션을 통해서만 구할 수 있었다. 스튜이 그리핀 르브론 6Stewie Griffin LeBron VI, 2009년, 미국

NBA MVP를 2회 수상했으며 올림픽 금메달리스트인 그는 지금 신고 있는 르브론 9을 포함해 나이키 신상품을 홍보하기 위해 런던에 방문했다. 하지만 제임스는 마이애미 히트팀 코트에서의 인상적인 플레이와 더불어 맞춤 테일러링 의상을 입는 것부터 뉴욕 패션 위크 제일 앞줄에서 선보이는 패션에 이르기까지 코트 밖에서의 스타일로도 명성을 얻고 있다.[75]

유명 래퍼 제이 지, 카니예 웨스트와 마찬가지로 르브론 제임스도 누구나 갖고 싶어 하는 스니커즈를 신고 소비함으로써 성공한 남자의 이미지와 그 표현 방식을 바꾸는 데 핵심적인 역할을 했다.

파리에서 가장 오래된 오뜨꾸뛰르 하우스인 랑방Lanvin은 2005년에, 그리고 이브 생로랑은 은퇴한 창업자가 세상을 떠난 해인 2008년에, 명품 패션 브랜드들이 남성용 스니커즈를 선보이기 시작했다. 2010년대에 이르러서는 하이패션 디자이너들과 스니커즈 제조업체들의 협업이 점점 더 흔한 일이 되었다. 푸마는 후세인 살라얀, 알렉산더 맥퀸, 미하라 야스히로와 협업해 디자인을 선보였다. 아디다스는 '본질적으로 다른 남성성의 이미지'[76]를 창조하는 데 관심이 있던 라프 시몬스를 선택했으며 나이키는 리카르도 티시에게, 반스는 마크 제이콥스에게 디자인을 의뢰했고 컨버스는 미소니와 협업했다.

남성 스니커즈 시장에 최고급 여성 신발 디자이너들이 진출한 일은 스니커즈 문화에서 가장 흥미로운 발전 중의 하나였다. 2011년 크리스티앙 루부탱은 첫 남성 매장을 열고 스니커즈를 선보였다. 루부탱은《우먼스 웨어 데일리》와의 인터뷰에서 "남성들 중에는 여성과 좀더 비슷한 사고방식을 가진 그룹이 있다. … 그들은 신발을 거의 애정의 대상, 수집가들의 수집품처럼 다룬다"고 말했다.[77]

실제로 스니커즈는 패션을 통해 개성을 표현하기 위한 지속적인 소비, 트렌드에 대한 극도의 민감함, 다른 사람이 신지 않은 신발을 신어 돋보이고자 하는 열의가 요구되는 시스템으로 남성들을 끌어들이고 있다. 패션과 복장을 대수롭지 않게 생각하는 태도를 버림으로써 남성은 어쩌면 개성의 선택과 표현 면에서는 자유로워졌지만, 여러 면에서 부담이 될 수 있는 의무를 동시에 지게 되었는지도 모른다.

여성에게도 멋진 스니커즈를!

패션에서 스니커즈는 주로 남성을 대상으로 그리고 남성들에 의해 이렇게 착용되었다. 가장 선망하는 운동화의 대부분이 여성 사이즈로 만들어지지 않았다는 사실로 보면 여성은 제한적으로 관여할 수밖에 없었다. 1986년 개봉한 공상 과학 영화 〈에일리언〉에서 시고니 위버가 신었던 에일리언 스톰퍼Alien Stomper가 리복Reebok에서 남성 사이즈로만 재발매된 일은 특히나 모순적이었다. 약간의 변화를 일으킨 것은 2013년 웹 사이트 퍼플 유니콘 플래닛Purple Unicorn Planet을 개설해 나이키에 더 작은 사이즈의 스니커즈도 만들어달라고 청원한 런던의 광고 기획자 에밀리 리스와 에밀리 호지슨같이 이를 답답해하던 스니커즈 수집광들이었다.

조랑말 가죽 소재 갑피에 공격적인 스터드를 장식한 이 골드 톤 스니커즈는 크리스티앙 루부탱의 디자인이다. 루부탱의 여성
용 신발과 마찬가지로 남성용 신발에도 빨간색 밑창이 적용되었다. 롤러 보트 슈즈Roller-Boats, 2012년, 프랑스

신발, 스타일의 문화사

에어 조던은 다양한 사이즈를 선보이는 몇 안 되는 브랜드 중 하나다. 아디다스 스탠 스미스, 슈퍼스타와 같은 많은 클래식 모델들은 남성 및 여성 사이즈로 발매된다. 하지만 리스와 호지슨이 지적했듯이 여성용 스니커즈는 스니커즈 팬들에게 그다지 매력적이지 않은 스타일과 색상으로 제공되는 경우가 많다. "전 세계 곳곳에 분홍색, 보라색, 유치한 노란색이 아닌 완벽한 스니커즈를 찾고 있는"[78] 여성들이 있지만, 여성들의 스니커즈 문화에 대한 관심은 종종 스니커즈에서 영향을 받았지만 스니커즈는 아닌 신발로 옮겨졌다. 1980년대 노르마 카말리와 1990년대 도나 캐런이 선보인 하이힐 스니커즈를 비롯하여 2013년 이자벨 마랑이 디자인한 웨지 스니

최근까지 가장 선망 받은 스니커즈는 남성들이 남성들만을 위해 디자인했다. 그러나 슈퍼스타 뮤지션 리아나가 디자인한 푸마 크리퍼는 남성 중심 스니커즈 문화의 변화 가능성을 제시했다. 여성용 신발로 처음 출시되었지만, 이후 남성용 사이즈로도 만들어질 만큼 인기가 있었다. 정통 '브로델 크리퍼brothel creeper'의 두꺼운 플랫폼 밑창과 클래식 푸마 갑피를 적용한 디자인이다. 2015년, 독일

커즈는 여성들이 스니커즈 게임을 재미 삼아 해볼 수는 있었지만 결국 입
장은 거부당했던 과거 19세기부터 이어져온 큰 흐름의 연장선에 있었다.
칼 라거펠트가 자신이 디자인한 밑창이 평평한 스니커즈를 선보인 샤넬의
2015년 봄여름 컬렉션 패션쇼는 어쩌면 여성성의 가장 보편적인 상징 중
하나인 하이힐의 명성에 대한 도전이었을 것이며 스니커즈가 여성 패션의
기본 아이템이 되고 있음을 암시한 것인지도 모른다.

　최근에 나타난 흥미로운 반전은 여성을 위해 특별히 만들어진 스니커즈
에 대한 남성들의 욕구를 새로이 발견한 것이다. 프랑스 명품 브랜드 셀린
느Céline가 2014년 컬렉션에서 선보인 스니커즈는 여성용 사이즈로만 출
시되었음에도 많은 남성이 신고 싶어했다. 그리고 푸마가 리아나 컬렉션
을 통해 선보인 뮤지션 리아나가 직접 디자인에 참여한 푸마 크리퍼Puma
Creeper는 원래 여성 전용으로 발매되었지만, 남성용 사이즈로 재발매될 정
도로 남성들로부터 많은 관심을 받았다. 1996년 경이적인 농구 선수 셰릴
스웁스가 자신의 시그니처 슈즈를 가지게 된 최초의 여성 선수가 되었을
때도 여성 신발이 남성들의 관심을 끌었다.

6장

스니커즈를 둘러싼
다양한 논쟁

남녀 모두의 패션에서 스니커즈가 선망의 대
상이 되는 현상을 비난하는 사람이 없지는 않았다. 유행하는 옷만 선호하
는 사람이라는 의미로 경멸의 의미가 담긴 '하입비스트hypebeast'라는 단어
는 극단적으로 브랜드를 중시하는 사람들을 비하하는 데 사용되며, 하입비
스트로 판명된 많은 사람이 아시아인이어서 여기에는 인종차별주의적인
의미도 담겨있다. 홍콩에 사는 케빈 마는 2005년 이 말을 받아들여 '하입
비스트'라는 블로그를 시작했고 오늘날 '최신 유행' 스니커즈와 브랜드를
다루는 가장 권위 있는 매체 중 하나가 되었다. 2014년 브랜드 집착의 대
항마로 잠깐 떠올랐던 '놈코어'(노멀과 하드코어의 합성어로 꾸미지 않은 듯 평범하고 자
연스러운 멋을 추구하는 패션을 이른다. — 옮긴이) 트렌드는 진부함과 절제에서 영감
을 얻어 '이름을 내세우지 않는', 즉 패션을 거부하는 패션을 향한 움직임
이었다. 비즈빔Visvim과 커먼 프로젝트Common Projects 같은 럭셔리 브랜드

이 비즈빔 스니커즈는 나카무라 히로키의 디자인으로, 전 세계 전통 신발에 대한 그의 관심을 와비사비|wabi-sabi라는 일본의 미의식과 결합했다. 와비사비는 불완전함의 미의식을 나타낸다. FBT 엘스톤FBT Elston, 2010년, 일본

들은 이 트렌드를 타고 튀지 않는 디자인의 스니커즈를 만들어 명성을 얻고 열광적인 지지를 받았다.

클래식 스니커즈의 부활

컨버스의 잭 퍼셀Jack purcell과 아디다스의 스탠 스미스Stan Smith같이 최신 유행에 반하는 많은 클래식 스니커즈들이 놈코어의 흐름을 타고 부활했다. 스탠 스미스는 1970년대 후반과 1980년대에 인기를 끈 테니스화였다. 스탠 스미스의 첫 번째 버전은 1964년 프랑스의 위대한 테니스 선수 로버트 헤일렛Robert Haillet을 위해 만들어졌다. 테니스 의상은 전부 흰색이

어야 한다는 규칙에 따라 이 스니커즈에는 헤일럿의 서명과 뒤꿈치의 녹색 펠트 탭 외에는 장식을 할 수 없었다. 유명한 아디다스의 삼선은 공기 순환을 증가시키기 위해 뚫은 구멍으로 나타냈다. 1971년 아디다스는 전설적인 테니스 선수 스탠 스미스에게 헤일럿의 테니스화 중 하나의 모델 홍보를 요청했고, 모델이 진화하는 과정에서 아주 잠깐 이 스니커즈는 갑피에 헤일럿의 서명 그리고 혀가죽에 스미스의 초상화, 이렇게 두 명의 모델 홍보를 표시하게 되었다. 그 후 1978년 헤일럿이 선수에서 은퇴하자 그의 이름은 신발에서 지워졌으며, 1980년대까지 스미스의 이미지와 이름만이 표시되었고 이 신발은 고전이 되었다.

2014년 재출시를 몇 년 앞두고 아디다스는 이 신발을 누구나 갖고 싶어 하는 신발로 만들기 위해 스탠 스미스의 서명과 이미지를 없앴고 실제로 화려하게 컴백했다. 2014년 《풋웨어 뉴스》는 아디다스 스탠 스미스를 '올해의 신발'로 선정했고, 《가디언》은 "십대들에게 스탠 스미스는 2000년대의 스키니 진 같은 의미일 것이다"라고 전했다.[79] 《비즈니스 인사이더》는 2015년 세계에서 가장 영향력이 큰 스니커즈로 일컬어지고 있다고까지 했다.[80] 실제로 전 세계에서 스탠 스미스를 신었다.

노동 착취의 대가로 만든 스니커즈?

스니커즈의 세계적 중요성, 그리고 그와 함께 힙합의 영향을 받은 패션은 착취와 소외의 문제에 대한 논쟁을 다시 불러왔다. 반면 전반적인 도덕적 분열에 화합을 가져올 수 있는 가능성을 발견한 사람도 있었다. 초창기 힙합 프로모터이자 음반제작업체 러시 커뮤니케이션스의 회장 겸 CEO 러셀 시몬스는 1998년 잡지 《제트》와의 인터뷰에서 "힙합은 단순한 음악을 초월해 전 세계 사람들의 생활방식이자 문화가 되었다. 힙합은 태도이며 홍콩에서 온 꼬마가 디트로이트에서 온 꼬마와 유대를 느낄 수 있는 언어가 힙합"이라고 말했다.[81]

한편 인도네시아, 베트남, 중국의 업계 임금과 노동 조건에 대한 문제는 스니커즈 회사들을 끈질기게 괴롭혔다. 해외 공장 근로자들의 부당한 급여와 브랜드의 후원을 받는 유명 인사, 기업 임원들의 보수 그리고 주주들의 수익에 이르기까지 그 엄청난 차이를 사람들은 이해할 수 없었다. 이러한 해외 공장 근로자들의 노동 조건은 20세기 초 고무 재배지의 잔혹한 노동 조건에서 이어져온 생산을 둘러싼 문제들이 계속되고 있음을 보여주며 많은 소비자에게 충격을 안겼다.[82] 2000년 국가 노동 위원회는 중국에서 '노예 계약과 형편없는 노동 조건'으로 노동자들을 고용하고 있는 수많은 스니커즈 제조사와 다른 제조업체들을 고발했다. 그들은 "나이키 하청 공장에서 일하는 여성 노동자들은 쪽방에서 잠을 자며 시간당 약 25센트를 받고 있다. 야근이나 낮은 임금에 대한 불만을 토로하며 파업에 들어간 사람들은 모두 해고되었다"고 보고했다.[83] 2000년대에는 '노동 착취 없는 스니커즈' 구매처를 알려주는 웹사이트와 기사가 온라인에 공개되어 소비자들에게 브랜드와 그들의 노동 관행에 관한 정보를 제공하고 더욱 사려 깊은 소비를 장려했다.

아시아의 스니커즈 제조 과정과 노동 문제에 대한 인식을 높이는 것 외에도 많은 미국인들은 20세기 말까지 (대부분 매사추세츠주에서 스니커즈 생산을 고수한 뉴발란스만 제외하고) 스니커즈 생산처가 국외로 이전됨에 따라 미국의 제조업 일자리가 없어지는 것에 불만을 가졌다. 전 세계적으로 스니커즈 생산에 로봇 사용이 꾸준히 증가하고 있는 현상은 우리가 포스트 노동 경제로 향하고 있음을 시사한다.

미국의 유머 작가인 아트 버크왈드는 1983년 한 스니커즈 제조업자에 대한 글을 통해 미래를 예견했다. 그의 글에서 이 제조업자는 인간과 일하며 복잡한 문제를 다루는 데 지쳐 신나게 노동자들을 모두 해고하고 로봇으로 바꾸었다. "로봇이 쉬는 시간을 가지는지 걱정할 필요도 없다. 사회보장제도, 건강보험료, 연금도 필요 없다." 그런데 얼마 후 제조업자는 스니커즈를 너무 많이 만들어 남아돌 정도다. 이렇게 스니커즈가 가득 넘치는 이유를 잘 모르겠다고 말한다. 이에 버크왈드는 이렇게 답한다. "아마 로봇은 스니커즈를 신지 않기 때문일 것이다. … 이 나라의 성공은 제품을 만든 사람이 자신이 만든 그 제품을 살 형편이 되었다는 사실로 판단할 수 있다. 당신은 노동자를 로봇으로 대체하여 급료 대신 돈을 아꼈지만 이제 넘쳐나는 스니커즈를 감당할 수 없게 되었다."[84] 버크왈드가 이 글을 쓴 지 33년 만인 2016년, 아디다스는 독일에서 다시 스니커즈를 생산하겠다고 발표했는데 인간 노동자가 아닌 로봇을 고용했다. 중국에서 백만 명 가까운 노동자가 대체될 것이라는 우려가 바로 나왔다.[85] 아디다스는 중국의 인건비 증가를 이 같은 변화의 이유로 들었으며 나이키도 로봇 제조 모델로 옮겨가고 있다고 알려졌다.

스니커즈의 변신은 현재진행형

현대의 스니커즈 제조에서는 환경 문제 역시 골칫거리가 되었다. 한 의류 재활용 회사는 매년 약 200억 켤레의 러닝화가 생산되며 매년 3억 켤레가 버려진다고 전했다.[86] 2013년 MIT 연구원들의 연구에 따르면 신발 한 켤레의 라이프 사이클에서 13.5킬로그램(30파운드)의 탄소가 배출된다고 한다. 신발 한 켤레는 '26개의 다른 재료로 만들어지며 제조와 조립에는 각기 다른 360단계가 필요하다. 신발은 소형 기계에서 생산되었는데 이 설비의 대부분이 석탄으로 작동된다. 이 연구의 공동 저자 중의 한 명인 엘사 올리베티는 "수많은 작은 부분들, 즉 조각을 자르고 고무를 사출해서 성형하고 이를 조합해 봉제하는 제조, 생산"이 문제를 일으킨다고 지적했다.[87]

환경운동가들은 스니커즈 생산 및 소비와 관련하여 독성 물질의 사용과 생산 폐기물에 대해서도 우려하고 있다. 1990년대 중반 아동용 스니커즈 시장을 휩쓸며 발광 스니커즈가 큰 인기를 누렸지만 이후 버려진 스니커즈에서 수은이 유출되었다. 엘에이 기어LAgear는 미네소타주에 7만 달러(약 8천만 원)를 지불해 신발 재활용을 지원하기로 합의했는데, 이 신발 한 켤레에는 심각하게 오염된 대형 민물고기 2,200마리에 함유된 양에 해당하는 수은이 들어있었다고 한다.[88] 많은 스니커즈 회사들이 이 문제의 해결책을 찾고자 했다. 나이키의 플라이니트Flyknit 구조는 버려지는 소재를 줄이기 위한 노력의 일환으로 개발되었으며 갑피 전체가 한 조각으로 이루어져 전통적인 운동화 제조에서처럼 여러 소재와 소재 조각들이 사용되지 않는다.[89]

아디다스는 불법 자망을 비롯한 해양을 오염시키는 플라스틱을 재활용해 만든 섬유로 러닝화 시제품을 만들기 위해 해양 환경 보호 단체 '팔리포디오션스Parley for the Oceans'와 제휴를 맺었다.

오늘날 스니커즈는 맞춤화 역량 향상을 위해 노력 중이다. 이는 산업화 이전 신발 제조의 특징인 맞춤 개념을 부활시켜 신발을 다시 한번 고객의 특성에 맞춰 요청대로 만드는 탈산업 시대의 미래를 제시하는

1990년대 들어 스니커즈와 지속가능성이 환경운동가, 소비자, 스니커즈 회사의 관심사가 되기 시작했다. 나이키는 재활용 스니커즈를 바닥재와 매트로 바꾸는 '신발 재사용Reuse-a-Shoe' 캠페인을 펼쳤다. 1996년, 미국

흐름이다. 3D 프린팅, 플라이니트 기술, 색상 주문 제작은 고객에게 가장 특별한 형태의 신발, 즉 주문 제작과 맞춤 제작 신발을 제공하는 단계의 코앞에 있다.

새로움과 참신함에 대한 욕구는 서양에서 처음으로 고무에 진지한 관심을 보이기 시작한 때부터 스니커즈 혁신을 불러일으켰으며 여전히 스니커즈 소비의 원동력이기도 하다. 19세기에 그랬던 것처럼 자신의 특권을 보여주는 것에 대한 관심도 마찬가지로 계속해서 스니커즈 문화를 특징짓고 있다. 패션 아이템으로서 스니커즈의 소비가 끊임없이 증가하고 있지만 운동과 스니커즈의 밀접한 관계 역시 여전히 중요하며, 특히 남성 복식에서는 엄청난 사회적 변화를 반영하고 있다. 이렇게 스니커즈가 주도하는 스

2015년 아디다스는 전 세계 해양 상태에 대한 인식을 높이기 위해 노력하고 있는 환경단체인 팔리 포디 오션스와의 협업을 통해 디자이너 알렉산더 타일러와 함께 해양 플라스틱 폐기물을 사용한 스니커즈를 만들었다. 그 결과로 나온 이 프로토타입은 서아프리카 해안에서 수거한 불법 심해 그물에서 나온 필라멘트를 사용하여 제작되었다.

타일 표현에 대한 관심은 남성들이 새로운 방식으로 패션 시스템에 합류하도록 부추겼다. 도시 남성 패션에 대한 보편적인 관심은 개성을 더 많이 표현하게 하고 전통적인 남성성의 개념에 도전하거나 특히 현재 남성의 성공을 상징하는 모습을 재해석할 수 있게 한다. 개인과 스니커즈 브랜드 사이의 점점 더 복잡해지는 이러한 관계는 스타일 표현 방법을 점점 더 다양하게 만들어줌으로써 이로 인해 스니커즈는 현재, 문화적으로 가장 중요한 형태의 신발이 되고 있다.

V 신발: 집착

사람들은 왜
신발에 중독되었나?

Obsession

신발은 역사 속에서 각자의 역할을 수행하며 발전해왔다. 우리는 별 생각없이 신발을 신는다고 생각하지만, 신발장 앞에 서서 오늘 신을 신발을 고민하는 그 짧은 순간에도 때와 장소 등 수많은 요소들을 고려했을 것이다. 신발은 우리 몸 중 가장 아래에 있어 잘 보이지 않는 것 같아도 그것을 신은 사람에 대한 모든 것을 가장 확실하고 정확하게 말해준다.

이 다양한 여성용과 아동용 신발 컬렉션에서 알 수 있듯이 산업화로 인해 19세기 말까지 많은 사람들이 무수히 많은 스타일의 신발을 접할 수 있었다. 루브르 백화점, 1875~1890년

1장

18~19세기 :
맞춤 제작에서 대량 생산으로

20세기 후반, 신발에 대한 관심은 많은 사람들에게 생물학적 욕구에 가까운 여성성의 표현으로 비치기에 이르렀다. 어느 기자가 말했듯이 "여성들에게는 설명이 필요하지 않다. 여성들은 신발이라는 물건을 여성적 본성의 힘, 끈이 달리고 가죽으로 만들어진 요물의 거부할 수 없는 유혹, 선원들에게 있어 바다의 공기처럼 끊을 수 없고 거부할 수 없는 매력으로 받아들일 뿐이다."[1] 하지만 여성들에게만 국한된 현상은 아니었다. 많은 남성들 역시 신발, 특히 스니커즈에 점점 더 집착하게 되었다.

실제로 21세기 초 신발은 사회적으로 중요한 의미를 전달하는 힘을 지닌 문화의 중심이 되었다. 플립플롭 샌들은 여름휴가와 레저를 의미했으며, 부츠는 건실한 정통성 또는 불온한 지배를 암시했다. 하이힐은 여성성을 연상시키는 상징으로서 그 이미지는 공공 화장실 문에 '여자 화장실'이라는 경계를 명확하게 표시하고 온라인 신문의 '여성 섹션'과 독자를 연결하는 데 이용됐다. 또한 스니커즈는 스포츠와 도시 문화를 상징했다. 게다가 마놀로 블라닉부터 버켄스탁에 이르기까지 특정 브랜드들은 패션을 통한 표현의 도구로 활용되었고, 결과적으로 소비자 자신의 '개인 브랜드'를 구성하는 요소가 되었다.

비록 오래전부터 판매가 보장되지 않은 상태로 일반 대중의 사양에 맞춰 신발을 만든 제조업자들이 있기는 했지만 ─ 기성품 신발 판매는 18세기를 거치며 급격히 증가했다. ─ 19세기 초까지만 해도 여전히 대부분의 신발은 개별 소비자의 사양에 맞춰 제작됐다.[2] 맞춤 신발을 만들기 위해서는 어떤 스타일로 만들지, 어떤 소재를 사용할지에 대한 논의 등 고객의 입력 정보가 필요했고 종종 고객이 직접 소재를 조달하기도 했다. 제조업자와 소비자 사이의 이러한 관계는 사실상 협업이었고 생산자와 소비자 양쪽의 고유한 생각을 반영한 결과물이 그 최종 제품이었다.

제작 분업화로 생산성을 높이다

여러 가지 면에서 전통적인 구두장이의 가게는 소규모 제조업을 하는 기업이었다. 신발 한 켤레를 만드는 데 필요한 업무는 가게 사람들이 나눠서 했다. 직물 갑피의 바느질은 구두장이의 아내가 하고 구두 골에 맞추는 라스팅lasting 작업은 직공에게 주어졌으며 밑창과 안창을 박는 작업은 대개 주인이 맡았다. 유럽에서는 구두장이가 전통적인 길드 체제에 속해 있

이 18세기 신발은 한 장의 커다란 실크 양단과 함께 보존되어 있어 이 신발이 옷을 만들고 남은 자투리로 만들어졌음을 알 수 있다. 이 신발을 만든 사람은 비대칭적인 조화가 표현된 디자인을 구현하기 위해 양단의 문양을 세심하게 배치했다. 1730~1750년, 영국

없는데, 길드는 수세기 동안 구두장이들을 지원하고 통제하면서 신발 산업에서 최고의 이익을 추구했다. 생산 수준은 지금의 패스트 패션 개념과 비교하면 소박했다. 숙련된 구두장이는 하루에 구두 두 켤레나 부츠 한 켤레 정도를 생산할 수 있었다. 대체로 신발에 대한 수요는 끊이지 않아 구두장이들에게는 계속 일감이 주어졌으며 부자가 될 만큼은 아니었지만 꾸준한 수입과 그럭저럭 괜찮은 사회적 지위를 얻을 수 있었다.

  18세기 중반에 이르러 일부 구두장이들은 작업장에서 일하는 개인이 제작 과정의 한 영역만을 전문으로 하는 초기 단계의 조립 라인 공정을 도입하기 시작했다. 이에 따라 생산력이 증대되었고, 맞춤 제작하는 수량은 많이 줄어들었다. 생산량 대부분이 지역 시장에 맞춰 제작되는 것도 아니

바쁘게 일하는 구두장이의 점포 모습이다. 고객을 유치하기 위해 완성된 신발과 부츠는 창문에 놓아두었다. 1845년, 독일

19세기에 일부 구두장이들이 생산을 확대하면서 일감을 받아 집에서 독립적으로 일하는 재봉사에게 갑피 재봉과 장식 작업을 맡겼다. 사를 필리폰, 〈일하는 구두장이〉, 1830년대

La laborieuse Cordonnière
(Paris)

었다. 그보다는 많은 구두장이들이 중매인이라 불린 중간 상인을 위해 따로 신발을 만들기 시작했고 중간 상인은 대체로 도심에 위치한 소매상에게 판매할 신발을 만들기 위해 재료를 조달했다. 이런 중간 상인 중 일부는 품질 관리에 관여하고 버려지는 소재를 줄이기 위해 노력했고 그중 다수가 다음 세기에 신발 제조업자가 되면서 전반적인 생산 방식의 관리를 강화할 수 있는 발판을 마련했다. 유럽과 머지않아 미국이 되는 식민지에서의 전쟁은 분업의 강화를 비롯하여 비용 절감과 시간 절약의 혁신을 이끌었다.

19세기가 시작될 무렵 가죽을 잘라내는 작업인 클리킹clicking의 손실을 최소화하기 위한 관리가 철저해졌으며 갑피를 구성하는 조각들을 전부 꿰매는 작업인 바인딩binding은 집에서 일하는 여성들에게 도급 작업으로 맡겨져 완성되었다. 그런 다음 완성된 갑피는 초벌 재단한 밑창과 함께 구두골에 맞추고 바닥을 대는, 즉 밑창을 붙이는 작업을 하기 위해 구두장이들에게 보내졌다.

기계가 사람 손을 대체하다

제조 기술의 혁신은 그 과정을 더 가속화했다. 신발 밑창에 나무못을 사용하여 '못질'을 할 수 있도록 고안된 페깅Pegging 기계가 발명되어 구두장이가 신발에 밑창을 꿰매야 하는 수고를 덜어주었다. 1844년에는 밑창 재단기가 개발되어 밑창의 크기와 형태가 표준화되었고 그 다음 해에는 강력한 롤러가 밑창 가죽의 섬유질을 압착해주는 압연 기계가 등장해 구두장이들은

산업화에 의해 구두 제조 방식이 바뀌고 있던 그때 고상한 여성들은 남편의 슬리퍼에 쓰이게 될 정교한 자수가 들어간 갑피를 만들기 시작했다. 이 베를린 워크 슬리퍼는 전문 구두장이의 손을 거쳤을 밑창의 아주 정교한 페깅(못질)이 특징이다. 1860년대, 영국

가죽을 두드리는 작업에서 벗어났다. "하지만 부츠와 신발 제조에서 다른 모든 종류의 기계를 보완하고 이에 실질적인 효용성을 가져다준 가장 큰 발명품은 재봉 기계다."[3] 1865년 정부에 제출한 미국의 제조 현황에 관한 글에서 제임스 메디슨 에드먼즈는 이렇게 단언하며 다음과 같이 덧붙였다.

재봉 기계를 활용함으로써 시장은 새로운 시대를 맞이했다. 재봉 기계 없이 부츠와 신발의 바닥에 부분적으로 기계를 사용하면 더 큰 비용항목인 갑피를 꿰매어 결합하는 비용이 줄지 않기 때문에 상대적으로 경제성이 거의 없었다. 최근에야 이 산업 분야에 도입되었지만 재봉 기계의 활용은 밑창 재단 기계 및 다른 기계들과 더불어 나날이 공장 체제의 특성을 취한다. 그럼으로써 여러 층으로 구성되어 각 층에 작업의 각기 다른 부분이 할당된 대규모 시설에서 이루어지는 부츠와 신발 제조, 증기 동력의 보조, 이 업계에 알려진 모든 노동력 절감책에 서서히 조용한 혁명을 일으키고 있다. 이러한 변화는 의류 제조라는 타 분야에서 수동 소면기와 크고 작은 물레가 사라진 것처럼 작업대와 공구 상자가 놓인 구두장이의 작은 공방이 과거의 유산이 될 때까지 계속될 것이라고 보아도 무방하다.[4]

에드먼즈가 옹호한 산업화는 기계화와 이에 수반한 임금 하락을 두려워한 신발 산업 종사자들의 불만의 촉발했다. 여기에 경제 침체까지 겹치자 매사추세츠주 린의 직공 조합에 소속된 3,000명의 제화공 사이에 이러한

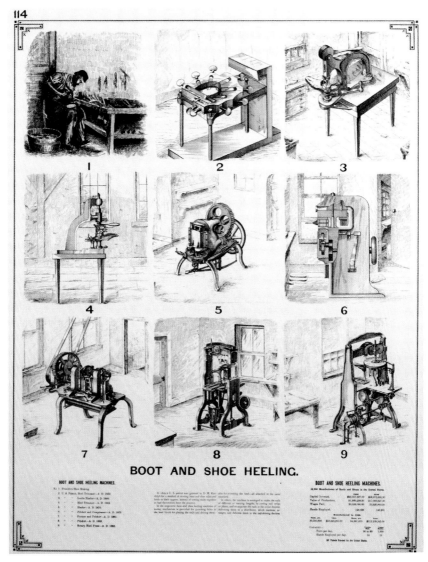

BOOT AND SHOE HEELING.

산업화를 통해 숙련된 노동력을 대체하는 기계가 발명된 이후 신발 생산은 기계화되었다. 〈부츠와 신발에 굽 달기〉, 1885년

위기감은 최고조에 이르러 1860년 남북전쟁 이전 미국에서 발생한 파업 중 가장 큰 파업이 일어났다. 하워드 진은 다음과 같이 전했다.

> 1857년의 경제 위기는 신발 산업을 멈춰 세웠고 린의 노동자들은 일자리를 잃었다. … 제조업체들이 조합 위원회와의 만남을 거부하자 노동자들은 워싱턴 탄생일에 맞춰 파업을 선언했다. 그날 아침 3,000명의 제화공이 린의 문화회관 강당에 집결했다. … 일주일 만에 25개 도시의 직공 조합을 비롯해 2만 명의 신발업계 노동자들이 파업에 가담하면서 신발을 생산하는 뉴잉글랜드의 모든 도시에서 파업이 시작되었다.[5]

이렇게 노동력이 불안정한 상태에서도 신발 생산의 산업화는 멈추지 않고 계속되었다. 1861년 발발한 미국의 남북전쟁으로 기계화는 가속화되었고 신발 제작의 모든 부분이 점차 기계화되었다. 1869년 굿이어가 개발한 웰팅기welting machine는 웰트 구조(갑피, 안창과 밑창을 가죽 띠인 웰트를 덧대어 실로 꿰매 연결하고 안창과 밑창 사이에 코르크를 채워 넣는 제작 공법 — 옮긴이)의 고급 신발을 만들 때 사용되는 가장 복잡한 제조 기술 중 하나를 대량 생산에 적용할 수 있게 했다.[6] 그래도 기계화로부터 안전하다고 생각했던 구두 제작 공정은 갑피를 구두 골에 씌워 늘리고 밑창을 붙이는 작업인 라스팅lasting이었다. 하지만 라스팅도 1883년 네덜란드령 기아나 출신 미국 이민자인 얀 에른스트 마첼리거가 손으로 라스팅을 하는 기술자들이 하루에 50켤레를 완성할 수 있었던 것에 비해 300~700켤레의 신발을 작업할 수 있는 기계를 개

이 홍보 카드에 묘사된 것처럼, 일부에서는 신발의 산업화로 생산량이 증가함에 따라 상상할 수 없을 만큼 신발의 가용성이 커질 것이라 예견했다. 1870년대, 미국

발해 특허를 받은 후 기계화되었다. 수작업 라스팅 기술자들과 맞서게 된 마첼리거의 발명품이 돌아가는 소리는 마치 '내가 대신할게, 내가 대신할게'라고 조롱하는 노래 소리처럼 들렸다.[7]

19세기 말이 되자 에드먼즈의 예측은 현실이 되었다. 북미 전역에서 맞춤 구두를 만드는 구두장이들은 거의 사라지고 미국과 유럽의 많은 지역에서 봉급을 받고 신발 공장에서 일하는 노동자로 대체되었으며 생산은 급증했다.

대량 생산으로 브랜딩이 중요해지다

산업화와 함께 매스미디어 광고와 브랜딩도 등장했다. 고객이 신발을 만드는 사람과 개인적으로 접촉할 일이 없어지면서 소비자의 관심을 끌기 위한 경쟁은 더욱 치열해졌고 광고와 브랜드 정체성이 한층 더 중요해졌다. 구두장이들은 18세기부터 신발에 라벨을 붙여 만든 사람을 알 수 있게 했는데 이제는 신발 제조업체들이 광범위한 마케팅을 통해 자신들을 홍보하고자 했다. 박람회나 산업 전시회는 이목을 끌기 위한 하나의 수단이 되었다. 1851년 런던에서 열린 만국 박람회는 단연 그 당시 가장 크고 세계

상표를 통해 이 신발을 만든 사람이 요나스 S. 바스라는 것을 알 수 있다. 이 신발은 맞춤으로 제작되었을 수도 있지만, 의뢰 없이 만들어 판 신발일 가능성이 더 높다. 1790년대, 미국

적인 산업 박람회로 산업의 세계적인 잠재력을 보여주었다. T. S.테일러는 "이 만국 박람회가 전 세계에 상업과 기술에 가장 강한 충격을 주었다는 사실은 의심할 여지가 없다"고 그 영향력을 설명하며 극찬했다.[8]

산업 박람회에서 얻은 훈장은 생산자에게 지속적인 영향을 미쳤다. 예를 들어 수작업으로 만든 프랑수아 피네의 신발은 1867년 파리에서 열린 만국 박람회의 공인이 들어가 있었으며, 이 공인은 20세기 초 고객이 피네의 고급 상품과 기계로 만든 좀더 저렴한 신발을 구분하는 데 유용하게 활용되었다. 또한 박람회는 산업화가 급격히 진행되고 생산량이 국내 시장의 수용력을 앞지르기 시작함에 따라 제조업체들이 세계 시장에 진출할 수 있는 가능성에도 주목하게 만들었다. 유럽과 미국의 신발 제조업체들은 세계화가 결국 자신들의 종말을 불러올 것을 인식하지 못한 채 해외 시장의 가능성만을 보았다. 1893년《슈 앤드 레더 리포터》는 이에 대해 다음과 같이 논평했다.

만약 전 세계 사람들이 우리가 신는 신발 양의 절반 정도를 신는다면 … 소비는 지금보다 엄청나게 늘어날 것이다. 수출업자들은 타고난 성향대로 그들이 고안해 낼 수 있는 온갖 수단을 써서 해외의 소비자를 유혹해서 상품 판매를 증대할 것이다. … 모든 상품은 이런 식으로 시장을 확대한다. 게다가 신발은 한 번 신어봤다면 그 후에는 없으면 안 되는 물건이다.[9]

해외 시장 진출에 대한 꿈은 생산자들에게 희망을 주었지만, 생산 수준

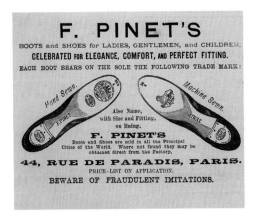

두 신발 라인의 제품 특징을 홍보하는 피네의 신발 광고, 19세기 후반, 프랑스

도 새로운 고지에 도달하면서 국내 고객을 대상으로 한 경쟁은 한층 더 치열해졌다. 국내 시장에 신발 공급이 계속 늘어나면서 경쟁업체 제품 간의 차별화가 필요해졌으며, 더 정확히 말하면 그래야만 했다. 그 결과 브랜딩은 필수가 되었고 판매는 기술이 되었다.

소매업자에게는 이전 시대의 중매인과 마찬가지로 상품을 조달하는 도매업자가 매우 중요했지만, 소매상점에서 일하는 판매직원 역시 매우 중요해졌다. 이 노동자들, 특히 여러 제조업체의 수많은 제품을 한 지붕 아래서 판매하는 새로이 등장한 백화점에서 일하는 이들은 판매에서 핵심적인 역할을 했다. 이들 판매직원은 판매 중인 여러 브랜드와 스타일에 대해 안내하고 맞음새에 대한 조언을 제공하여 고객을 지원함과 동시에 무엇보다 중요한 그들이 일하는 점포의 브랜드를 홍보하는 일을 맡았다. 많은 소비자들은 도움이 필요했다. 대량 생산 제품은 개개인에게 세밀하게 맞출 수 없었으므로 판매직원은 모든 고객의 발과 관련된 불편 사항을 듣고 거의 진찰에 가까운 조언을 제공해야 했다.

대량 생산으로 인해 이전에는 빈부에 따라 극명하게 나뉘었던 유행하는

19세기 후반 갑자기 등장한 새로운 소비의 전당인 백화점에서 멋진 신발은 욕망의 대상이 되었다. 대량 생산 덕분에 이 L. P. 페흐쉐레L. P. Perchellet의 부츠 같은 패셔너블한 부츠들이 다양하게 선보였으며 여성들은 다채로운 가격대의 신발을 구매할 수 있었다. 1875년, 프랑스

19세기 후반 이 크리스마스카드의 물망초 꽃으로 전해지는 감성은 명확하지만 여성의 신발 한 짝이 들어가 있는 연유는 알 수가 없다. 1895~1905년, 미국

식스 네이션스 이로쿼이족 여성들이 나이아가라 폭포 등의 관광지에서 팔기 위해 만든 '윔지'. 패셔너블한 여성 부츠 모양이 가장 인기 있는 종류 중 하나였다. 19세기 말, 하우데노사우니

신발 스타일의 구분도 모호해졌다. 상품의 일관성 그리고 기계 자수를 비롯한 술, 리본, 반짝이는 단추 같은 장식을 활용함으로써 저가 신발에도 적당한 매력이 더해졌다. 패셔너블한 기성품 신발을 소비하려는 소비자가 늘면서 사회경제적 차이는 브랜드 선택을 통해 표출되었고 다양한 수단을 통해 브랜드 인지도가 높아졌다. 신문이나 잡지에는 그림이 있는 광고가 실리기 시작했고 단추걸이(단추로 여미는 신발에 단추를 쉽게 잠그기 위해 사용하는 도구 — 옮긴이)나 구두주걱 같은 기능적인 소품들과 더불어 신발 그림이 그려진 카드 같은 홍보용 증정품이 인기를 끌었다.

신발을 수집하다

19세기를 거치며 갈수록 신발의 문화적 중요성은 커졌고, 이에 따라 신발에서 영감을 얻은 수집품도 점점 더 흔해졌다. 여성 신발이 삽화로 그려진 연하장 역시 인기가 있었다. 하우데노사우니Haudenosaunee(북미 원주민 6개 부족 연맹 식스 네이션스 이로쿼이족) 재봉사들이 나이아가라 폭포 등의 관광지에서 팔기 위해 만든 여성 부츠 모양의 장식품 '윔지Whimsies'도 불티나게 팔렸다. 19세기 중반 가압 성형 유리의 발명으로 크게 저렴해진 여성 하이힐 구두 모양의 작은 도자기 또는 유리 조각품도 마찬가지였다. 은이나 백랍으로 된 하이힐 모양 핀 쿠션도 흔한 선물이었다.

진짜 신발 수집도 늘어났다. 시인 요한 볼프강 폰 괴테가 그의 정부에게 꼭 껴안을 수 있도록 슬리퍼 한 켤레를 보내달라고 한 일화는 유명하다. 1850년대에 오스트리아의 엘리자베스 황후도 신었던 부츠를 그녀의 매력에 사로잡힌 수많은 남자 중 하나인 루이 드 슈바이거 대령에게 '사랑의 기념품'으로 보냈다.[10] 유명 인사들의 신발은 그다지 개인적인 사연 없이도 보존되었다. 1904년 한 기사는 다양한 컬렉션을 다루며 빅토리아 여왕이 신은 신발이나 루이 15세의 정부 퐁파두르 부인의 것으로 알려진 슬리퍼 같이 유명인의 신발이 포함된 컬렉션을 조명했다.[11]

사람들은 세계를 여행하며 신발을 수집하기도 했다. 신발은 오래전부터 문화적 차이를 보여주는 증거였다. 덴마크의 의사인 올레 보름이 진기한 물건들을 수집해 전시해 놓았던 호기심의 방에 대한 책 『보름 박물관』(1654)의 권두 삽화에는 벽에 걸린 중앙아시아의 굽 있는 부츠 한 켤레가

이 전족한 발을 위한 금련金蓮, gin lian은 길이가 고작 11.5센티미터밖에 되지 않는다. 아마도 어느 어린 신부가 만들었을 이 신발에 수놓인 상징들은 사랑과 행복에 대한 꿈을 나타낸다. 1875~1895년, 한족

신발, 스타일의 문화사

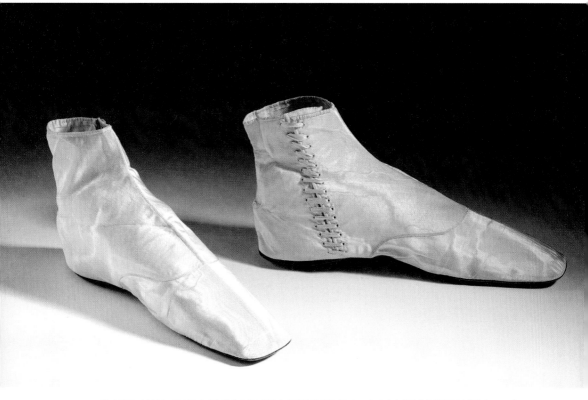

폭이 좁은 이 부츠는 오스트리아의 엘리자베스 황후가 신었던 것으로, 루이 드 슈바이거 대령에게 선물로 보내졌다. 1850년대, 오스트리아

그려져 있으며 영국의 내과 의사이자 과학자인 한스 슬론 경은 18세기 중반 세계 각국의 신발을 수집해 현재 대영 박물관이 이를 소장하고 있다.

신발의 수집과 연구는 20세기에 영국 노샘프턴 신발 박물관에 이어 프랑스의 국제 신발 박물관, 네덜란드의 가죽과 신발 박물관, 독일의 가죽 박물관, 이탈리아의 살바토레 페라가모 박물관, 캐나다의 바타 신발 박물관이 설립되면서 계속되었다. 19세기에는 여행이 가능해지면서 점점 더 많은 사람들이 외국에서 현지의 대표적인 신발을 가지고 돌아왔다. 가장 이국적 정서가 강했던 기념품 중에는 한족이 신던 아주 작은 전족용 신발이 있었는데, 상당수가 특별히 관광객들의 구미에 맞춰 만들어진 상품이었다.

2장

20세기 :
생활필수품에서 패션 아이템으로

20세기에 들어설 무렵, 신발 그리고 신발같이 잠깐 쓰이다 버려지는 상품은 확실히 전반적인 문화와 사회뿐 아니라 개인의 광범위한 사회적 정보를 전달하는 역할을 했다. 이로 인해 신발에 대한 관심은 높아졌고 공예로서 수제 신발 제조의 명맥이 끊기면서 정교하게 만든 신발은 수집할 만한 물건이 되었으며 예술가로 대접받는 신발 장인도 탄생했다. 1920년《보그》는 이렇게 전했다.

영혼 없는 기계가 장인의 자리를 대신하고, 공장 제품이 또 다른 멋없는 생필품으로 선전되기 시작하는 시대다. 구두를 만드는 일은 그저 장사에 지나지 않게 되었으며 구두 장인들은 철학을 지닌 명장에서 시간기록계에 출퇴근 시간을 찍는 노동자로 전락했다.[12]

프랑수아 피네와 헬스턴 앤드 선즈Hellstern & Sons 같은 구두 제조업자가 만든 고가의 신발은 19세기 말 최상류층 고객들의 욕구를 충족했고, 천재이자 예술가로 여겨지는 구두 장인이 만든 명품 신발을 소유하려는 꿈은 이탈리아의 구두 장인 피에트로 얀토르니의 작품을 통해 현실화되었다.

돈 주고도 사기 어려운 얀토르니 신발

1908년 파리 방돔 광장에 매장을 연 얀토르니는 매장 창문에 '세계에서 가장 비싼 제화점'이라는 간판을 건 것으로 유명하다. 고급 맞춤 여성복 디자이너 찰스 워스의 옷을 입을 때와 마찬가지로 얀토르니가 만든 신발을 신기 원했던 사람들은 그가 하고자 하는 대로 잠자코 따라야 했다. 얀토르니는 신경질적이고 괴팍했으며 엄격한 채식주의자였다. 한 고객의 딸은 수년 전 그 어머니와 함께 제화점을 방문했을 때 그가 달밤에 씨를 심어 직접 만든 뻑뻑한 건강빵을 먹어야 했다고 기억했다.[13] 그는 깐깐하기까지 해서 고객의 첫 주문에 대해 1,000달러라는 상당한 계약금을 요구했고 나중에는 5,000달러까지 청구했다.[14] 얀토르니가 주문품을 완성하는 데는 수년이 걸렸지만 고객들은 아무 말도 할 수 없었다. 가장 부유하고 가장 인내심이 많은 여성들만이 그의 신발을 가질 수 있었다. 1915년 《보그》는 이렇게 전했다. "방돔 광장이 내려다보이는 '다락 작업실'에서 얀토르니는 가격으로 보면 진주와 다이아몬드가 박혀있어야 할 것 같은 신발을 만드는 데 열중하고 있다. 그가 만든 신발은 제각각 너무나 특화되어 그가 특별히 이런 저

이 안토르니 구두는 1910년대 후반 또는 1920년대 초 부유한 프랑스 고객을 위해 맞춤 제작되었다. 안토르니가 만든 모든 신발과 마찬가지로 이 신발도 정교하게 만든 아름다운 구두 골이 함께 제공되었다. 약 1910년대 말, 프랑스

런 특정한 모양이나 굽을 선호한다고 말할 수 없다."[15] 그의 신발을 손에 넣은 사람들은 이런 점을 높이 샀다.

미국 사교계의 유명 인사였던 리타 드 아코스타 리딕은 얀토르니가 제작한 '신발 치수에 정확히 맞춰' 특별히 만든 신발 트렁크에 자신이 의뢰한 수많은 신발들을 보관했다.[16] 리딕의 얀토르니 신발 트렁크는 현재 메트로폴리탄 미술관에 소장되어 있다.

루실이라는 이름으로 활동한 유명 패션 디자이너 레이디 더프 고든 루시는 여동생에게 보낸 편지에 타이타닉호가 침몰했을 때 아끼던 모피 코트는 놓고 왔지만 얀토르니의 뮬을 신고 구명보트에 탈 수 있어서 기뻤다고 썼다.[17] 1920년 얀토르니에 대해 다룬 《보그》의 한 기사에도 비슷한 이야기가 실렸는데, 매력적인 여인 엘시 드 울프는 1918년 진군해 오는 독일군을 피해 프랑스 콩피에뉴를 탈출하는 와중에도 얀토르니의 구두를 가장 귀한 보물처럼 챙겼다고 한다.[18] 《보그》는 '가장 예술적인 멋쟁이'를 찾아가 옷장을 구경한 일화도 전했다. "벽장은 매우 넓었고 모든 선반과 벽은 흰색 새틴으로 덮여있었다. 선반에는 칸마다 아름답기 그지없는 얀토르니 구두 수백 켤레가 가지런히 놓여있었다. … 어느 것 하나 아름답지 않은 것이 없었고 모든 것이 작품이었다."[19] 실제로 얀토르니는 현재 프랑스 국제 신발 박물관에 소장되어 있는 벌새의 목 깃털로 만든 구두처럼, 자신의 구두가 언젠가 박물관 소장품으로 보존되기를 바랐다.

때와 장소에 어울리는 신발을 신으세요

    이런 특별한 신발을 살 여유가 있는 사람은 소수에 불과했지만, 그렇지 않더라도 많은 사람이 자신의 계급이나 사회적 열망에 부합하는 알려진 브랜드를 찾아내고자 했다. 이런 브랜드 중 일부는 대중문화의 뼈대를 형성했다. 유명한 연재만화 캐릭터 버스터 브라운, 애견 타이그 그리고 그의 여동생 메리 제인은 1904년 만화가 리처드 F. 아웃콜트로부터 판권을 사들여 브라운 아동용 신발 홍보에 사용되었다. 이 마케팅은 대단한 성공을 거두어 등장 캐릭터들은 미국의 아이콘이 되었으며 발등에 스트랩이 달린 구두는 오늘날에도 여전히 사용되는 용어인 '메리 제인'으로 알려지게 되었다. 1차 세계대전 중인 1916년과 1917년에 각

각 등장한 케즈keds와 컨버스converse 같은 다른 회사들은 이후 불변의 미국 브랜드가 되었다.

    전후에는 특히 미국에서 신발 생산량이 증가했고 제조업체들은 여성의 옷장에 여러 종류의 신발이 있어야 한다는 생각을 사람들의 머릿속에 주입했다. "제조업체들은 다시 한번 도매업자들에게 신발은 상황에 맞게 신어야 한다는 개념을 홍보하도록 부추겼다. 현재 제조업체들은 스타일을 매우 뚜렷이

1916년 탄생한 케즈가 브랜드 설립 초기에 선보인 광고, 1919년, 미국

구분되게 만들고 있으며 워킹화는 매우 명확하게 워킹화여서 다른 상황에 착용했을 때는 어울리지 않는다."[20] 더 이상 풍성한 스커트 아래에 숨겨지지 않게 된 신발은 중요한 패션 액세서리가 될 가능성이 분명했다. 제조업체들과 신발 판매업자들은 신발을 신은 가장 아름다운 발에 잠깐의 유명세와 새 신발을 선사하는 '예쁜 발 대회' 같은 행사를 열어 신발의 중요성을 널리 알렸다. 신문들은 마치 업계와 공모라도 한 듯 여성들에게 맞지 않은 때에 맞지 않은 신발을 신고 있는 모습은 실례가 될 수도 있다고 주의를 주었다. 한 패션 기자는 이렇게 충고했다.

> 반짝이는 광택감의 페이턴트 가죽 신발을 아침에 신는다면, 단정한 스타일이어야 하고 굽은 낮은 루이 힐이나 밀리터리 힐(쿠반 힐과 비슷한 중간 정도 높이의 낮고 두꺼운 굽 ― 옮긴이)이어야 한다. 유명 판매업자, 패션 기자 그리고 영리한 판매 직원들은 오후 4시 전에 새틴 펌프스를 신는 것은 형편없는 취향이라고 누누이 말했다. 하지만 왠지 모르게 여성들은 계속해서 아침에 새틴 펌프스 슬리퍼를, 안타깝게도 종종 딱딱한 실루엣의 슈트와 함께 신는다.[21]

1920년대에는 잘 차려입은 여성은 하루를 구성하는 여러 활동에 제각각 어울리는 다양한 신발을 갖고 있어야 했다. 사람들은 모든 것이 잘 갖춰진 옷장이라면 침실 슬리퍼, 댄스화, 테니스화, 이브닝슈즈, 워킹화 등도 반드시 있어야 한다고 여기게 되었고, 이러한 소비 증가와 함께 그만큼 지나친 과시도 나타났다. 루이 비통Louis Vuitton의 신발 트렁크는 서른 켤레의

1920년대 부유한 여성들에게는 운동화부터 이브닝 하이힐까지 수많은 종류의 신발이 필요했다. 호화로운 휴양 여행을 떠날 여유가 되는 여성들에게 별도의 칸에 신발 서른 켤레를 넣을 수 있는 구조를 갖춘 루이 비통의 신발 트렁크는 패셔너블하게 여행할 수 있게 해주는 패션 도구 중 하나였다. 1920년대, 프랑스

신발을 보관할 수 있도록 디자인된 여행자용 대형 신발장을 표방했고, 떠오르는 젊은 여배우들이 신발장에 넣을 수십 켤레의 신발에 늘어놓고 사진을 찍는 일이 많아졌다.

전쟁이 끝난 후에는 구두장이가 아닌 신발 디자이너들이 등장해 창조적인 천재들로 추앙받았다. 이 고상한 창조자들이 만든 신발은 화려한 신발 상점에서 판매되었다. 1926년 뉴욕 46번가와 브로드웨이가 만나는 모퉁이에 최고급 제화점 중 하나를 운영하던 납품업자 이즈리얼 밀러는 그곳에서 《보그》와 다른 하이패션 잡지들을 통해 그 예술성이 알려진 앙드레 페루자 등의 유명 제작자들이 디자인한 신발을 판매했다. 1920년대에 페루자는 최초로 스스로를 예술가라고 여겼던 꾸뛰르 디자이너 폴 푸아레와 협업해 마치 조각가처럼 신발을 디자인했다. 페루자는 이후 엘사 스키아파렐리와도 협업했는데, 스키아파렐리는 패션과 예술 사이의 경계를 허무는 초현실주의적인 작품을 통해 거의 예술의 세계와 어깨를 나란히 하는 패션 디자이너였다. 스키아파렐리가 디자인한 가장 유명한 작품인 빨간 밑창이 달린 신발 모자는 크리스티앙 루부탱의 디자인보다 앞선 선지적인 디자인이었다.

해외에서 값싼 신발을 수입하다

1920년대에는 대부분의 여성이 보유하는 신발 수가 많아졌지만 신발 제조업체들은 매출에 만족하지 않았고 남성의 관심도 끌기 위해 노력했다.

이에 1927년 전미 신발 소매업 협회는 '남성들의 신발 구매 촉구'를 위해 400만 달러를 투입하기로 결정했지만, 결과는 기대에 어긋났다.[22]

대공황 시기에 신발 산업은 다른 많은 산업들보다 좋은 실적을 냈다. 시각적으로 눈에 띄는 신발을 신는 것이 그 당시 어떤 액세서리보다 차림새를 달라보이게 하는 데 효과적이었으므로, 경제적인 어려움이 더해질수록 실제 여성복에서 신발의 중요성은 높아졌다. 1934년 클린턴 W. 버넷은 전미 원가계산협회의 신발 산업에 관한 기사에 이렇게 썼다. "요란하게 선전되고 있는 현재의 불경기 동안, 신발 산업은 적어도 어떤 면에서는 거래량 특수를 누렸다는 점에서 매우 운이 좋았다."[23]

여성용 신발에서는 높은 매출액을 기록했지만, 남성 신발 매출은 여성용 플랫폼 슈즈가 남성 신발 디자인에 약간의 영향을 미치기 시작한 뒤에도 계속 정체되었다. 1930년대 말《뉴욕타임스》는 "여성 플랫폼 슈즈에 대한 관심이 가죽, 표면이 오돌토돌한 크레이프 고무, 스포츠용 갑피를 사용한 두꺼운 밑창이 달린 남성용 신발에 대한 관심으로 발전했다"고 전했다.[24] 사실 남성용 신발은 전통적인 비즈니스용 브로그와 캐주얼 스니커즈를 보완하는 스펙테이터 슈즈와 더불어 1920년대보다 더 다양한 형태로 선보였지만, 소비를 장려하려는 노력은 판매를 촉진하는 데 거의 도움이 되지 않았다. 어쩌면 가격에 민감한 소비자들에게 가장 큰 혜택이 된 것은 증가하고 있는 해외 신발 수입이었을지 모른다. 미국의 신발 제조업체들이 어려움을 겪고 있을 때 인건비 걱정이 없는 다른 나라로 미국의 기계와 생산 방식이 수출되었고, 그 나라에서 미국으로 수입한 신발에는 미국 제조업체들이 맞출 수 없는 가격표가 붙어 있었다. 이 저렴한 수입 신발, 특히

1920년대의 이 신발은 폴 푸아레 미학이 앙드레 페루자에게 영향을 미쳤음을 보여준다. 갑피를 장식한 금박의 염소가죽 장미 꽃 아플리케와 티 스트랩을 고정하는 데 사용된 작은 장미꽃 모양의 금색 단추는 분명 폴 푸아레의 디자인에서 가져온 요소이다. 1923~1926년, 프랑스

스니커즈는 경제적으로 어려운 구매자들에게 엄청나게 매력적이었으므로 일본과 체코슬로바키아에서 쏟아져 들어왔다. 이로 인해 미국의 신발 제조 산업의 건전성은 실질적인 위협을 받았고 세기가 끝날 때쯤에는 국내 산업이 붕괴되는 결과로 이어졌다.

제2차 세계대전이 벌어지는 동안 여성의 신발 소비는 국내 신발 산업을 지탱하는 데 가장 중요한 역할을 했다. 비록 신발 배급제와 소비 제한으로 내구성 있고 실용적인 신발을 주로 구매했지만, 소매업자들은 여성 고객에게 계속해서 다양한 스타일의 신발을 홍보하고자 했다. 1942년 1월 17일 《부트 앤드 슈 리코더》는 다음과 같이 전했다.

> 근무용이 아니라면 다채롭고 이국적인 스타일이 많다. 어떤 것들은 두꺼운 클로그 밑창에 매우 높은 굽이 달려 있으며 외관은 이국적이고 사치스럽다. 적어도 이러한 신발 몇 켤레는 빠트리지 말고 넣는 것이 좋다. 어처구니없어 보일 수 있지만, 그런 여성들이 얼마나 많은지에, 심지어 매우 현명하다고 하는 여성들도 때로는 완벽하게 천박한 구두를 좋아한다는 사실에 놀랄 것이다.[25]

전쟁과 주인을 잃은 신발들

전쟁이 격렬해지면서 그런대로 괜찮은 신발을 갖기도 점점 어려워진 가운데, 유럽에서 벌어진 상상조차 할 수 없는 참사의 희생자들이 남긴 신발

더미는 이 잔학하게 자행된 행위의 규모를 객관적인 관점에서 볼 수 있게 해주었다. 1944년 빌 로렌스는 《뉴욕타임스》에 기고한 글에서 독일의 한 강제 수용소에 남겨진 신발들을 이렇게 묘사했다.

> 나는 수용소에 있는 나무 창고에 있었고 길이가 45미터쯤 되는 그곳에 반쯤 찬 곡물 창고 안의 낟알처럼 바닥에 널려있는, 말 그대로 수만 켤레의 신발을 가로질러야 했다. 거기서 한 살짜리 어린 아이의 신발을 보았다. 남녀노소의 신발이 다 있었다. 독일군에게 이 수용소는 희생자들을 몰살하기 위한 장소일 뿐 아니라 독일인의 의복을 확보하기 위한 수단이었다. 내가 본 신발들은 거의 대부분 상태가 좋지 않았지만 몇몇은 분명 꽤 비싼 신발이었다. 적어도 한 켤레는 '굿이어 웰트'라는 각인이 있었던 것으로 보아 미국에서 건너온 물건이었다.[26]

등자에 죽은 사람의 부츠를 거꾸로 실은 채 화려하게 장식한 말부터, 누군가를 대신할 수 없다는 뜻의 '채우기 어려운 신발someone's shoes being hard to fill'이라는 표현이 전하는 감정에 이르기까지 주인을 잃은 신발로 상실감을 표현했던 오랜 전통은 이전에도 있었다. 하지만 유대인 대학살의 희생자들이 한때 신었던 것으로 보이는 무수히 많은 신발을 통해 전해진 충격은 전쟁이 끝난 후 기념물을 만드는 데도 영감을 주었다. 여기에는 부다페스트에서 희생된 3,500명을 기리기 위해 다뉴브 강변 제방을 따라 설치된 주인을 잃은 신발의 청동 조각과 미국 홀로코스트 박물관의 신발의

신발, 스타일의 문화사

방도 포함된다.

주인을 잃은 신발은 21세기 총기 사고로 목숨을 잃은 사람들을 기억하기 위한 최근의 임시 신발 설치물을 비롯하여 다른 죽음을 기리는 데에도 쓰인다. 2011년 조너선 프레이터는 이렇게 썼다.

신발은 우리 자신이 인간임을 특징짓는 매우 개인적인 물건이다. … 신발보다 문명과 그 안에서 인간의 위치를 더 잘 나타내는 인류의 산물이 있는가? 인간이 신발을 버릴 때는 오로지 신발을 상하게 했을 때뿐이다. 혹은 이 경우처럼 그 신발을 신은 사람들을 상하게 했거나.[27]

신발이 아닌 스타일을 팔다

전후 시대에는 신발 소비가 증가했다. 여러 켤레의 신발을 소유하는 것이 성별 그리고 심지어 사회경제적 계급에 상관없이 서서히 기본으로 자리 잡았다. 허시 퍼피Hush Puppies(상표명이자 가볍고 부드러운 구두를 일컫는다. — 옮긴이), 데저트 부츠, 모터사이클 부츠와 스니커즈는 남성 복식의 일부가 되었으며 스틸레토, 샌들, 발레 플랫 슈즈는 여성복에서 중요한 아이템이 되었다. 1960년대에는 신발 소비가 증가했음에도 미국과 영국의 자국 내 신발 제조 산업의 성장은 훨씬 더 둔화되었다. 많은 국제 무역 협상을 통해 수입을 줄이려고 노력했지만 흐름은 막을 수 없었다. 급증한 청년 인구와 이들의 소비가 그나마 희망적인 부분이었지만, 이 젊은 소비자들은 국내에서 만든 신발을 그다지 선호하지 않았다. 신발 판매의 관건은 스타일이었다. 1960년대 말 미국 시장에 처음 선보인 독일 브랜드 아디다스와 푸마의 인기가 그 증거로, 확실히 브랜드의 중요성이 증대되고 있었다.

일본 스니커즈 제조업체 오니츠카 타이거 역시 필 나이트의 노력으로 미국 시장에 처음으로 진출했다. 그 후 1972년에는 나이트와 파트너 빌 바우어만이 나이키를 설립하면서 미국에 디자인 개발과 브랜딩을 수행하는 본사를 두고 제품은 해외, 주로 아시아에서 생산하는 스니커즈 기업의 선례가 되었다. 최고급 여성 신발 판매에서는 개별 디자이너의 역량이 중요해졌지만, 나이키를 비롯한 다른 스니커즈 제조업체들은 개별 신발 디자이너의 역량을 강조하지 않으려 했고 그보다는 유명 운동선수의 선수 보증 광고에 전념했다. 브랜드 정체성과 남성 운동선수의 뛰어난 능력을 연관시킴으로써 신발에 대한 관심과 소비를 남성적인 것으로 보이게 만드는 데 어느 정도 역할을 했다.

1980년대 중반에는 남성 패션에서 스니커즈의 중요성이 높아짐에 따라 희귀한 사장 재고deadstock와 구하기 힘든 스니커즈에 수집가들이 눈독을 들였다. 이에 점점 더 많은 회사들은 시장 점유율을 놓고 다투기 시작했다. 가장 성공을 거둔 브랜드는 나이키 에어 조던으로 각 시즌의 스니커즈에 에어 조던 2, 에어 조던 3, 에어 조던 4와 같이 번호를 붙이는 방식으로 기대를 불러일으켰을 뿐 아니라 수집 태도에도 영향을 미쳤다. 특히 도시 남성의 취미로 운동화 수집이 주목을 받기 시작하면서 이 수집가들은 인종차별적인 저의와 더불어 다소 분별없는 사람들로 간주되었다. 1979년《뉴

벨트래미Beltrami의 이 슬링백은 이멜다 마르코스가 갖고 있던 구두로, 망명 중에 구입한 것으로 보인다. 1980년대, 이탈리아

욕타임스》에 그렉 도널슨이 쓴 〈조깅족과 강도들을 위한 유행 스니커즈〉라는 기사에는 브루클린 출신의 18세 고등학생 리키와의 인터뷰가 실렸는데, 자신이 가진 여섯 켤레의 스니커즈에 관해 그가 한 말은 다소 놀라웠다. "리키에게 스니커즈를 그렇게 많이 갖고 있는 것이 좀 이상하지 않느냐고 묻자 '절대 아니죠.'라며 웃었다. … 리키는 잠시 생각하더니 '제 동생 레이는 푸마를 다섯 켤레나 가지고 있는 걸요. 푸마만 다섯 켤레요. 그건 이상한 게 맞아요.'라고 덧붙였다."[28]

여성의 신발 수집도 마찬가지로 관심을 끌었다. 1986년 페르디난드 마르코스 필리핀 대통령의 부인 이멜다 마르코스가 버리고 간 수천 켤레에 이르는 신발 컬렉션은 남편의 독재 정권 말기에 세계적인 관심을 끌었다. 《뉴스데이》의 기자인 미셸 잉그라시아는 이렇게 전했다. "이멜다의 255사이즈 구두 3천 켤레만큼 마르코스 정권의 무절제에 대해 세계를 분노에 사로잡히게 하는 것은 없다."[29] 이 기사는 이어서 왜 어떤 여성은 그렇게 많은 신발을 소유하게 되는지 그 이유를 알아내고자 했다. 인터뷰에 응한 사람들은 마르코스에게 분명 생리학적인 장애가 있었을 것이라는 의견부터, 정치적 부담은 고려하지 않은 채 그들은 그렇게 방대한 컬렉션을 소유하는 꿈을 꿨었다는 대답까지 다양한 반응을 보였다. 하지만 이러한 규모의 신발 컬렉션은 소유자의 비뚤어진 성향을 나타낸다는 것이 전반적인 논조였다.

한편 일부 신발이 돈이 된다는 사실은 영화 〈오즈의 마법사〉에서 주디 갈런드가 착용한 루비색 구두가 1988년 경매가 150,000달러에 팔리면서 분명해졌다. 이 신발은 2000년 666,000달러에 다시 팔리면서 최고가를 기록했다.

3장

21세기 :
특별한 신발을 찾아서

1990년대 후반 텔레비전 프로그램 〈섹스 앤 드 더 시티〉는 점점 확산되고 있던 '여성은 신발에 대한 끝없는 욕망을 품고 있다'는 생각을 반영했다. 실제로 많은 여성들에게 구두를 사고 모으는 행위는 기이한 행동이 아니라 대세이자 심지어 선망의 취미가 되었다. 많은 여성이 신발 중독이라 선언하거나 자신의 욕망을 중독과 유사하다고 여겼다. 여성들은 신발만 사지 않았다. 신발과 관련된 상품 판매도 급증했다. 1997년 메트로폴리탄 미술관은 소장하고 있는 신발 컬렉션에서 영감을 얻어 만든 크리스마스트리 장식을 판매하기 시작했다. 미술관의 3차원 복제품 담당자 리처드 스티븐스는 "신발에 대한 관심이 분명히 일어나고 있음을 감지하고"[30] 몇 개의 트리 장식을 발주했고, 3년 동안 30만 개, 무려 430만 달러(약 50억 원)어치가 팔려 미술관 기념품점 역사상 가장 잘 팔린 상품이 되었다.[31] 1999년 브랜드 '저스트 더 라이트 슈즈Just the Right Shoes'

는 이 트렌드에 편승하여 수집하기 좋은 여성 신발 미니어처 장식품을 선보이기 시작했다. 연하장, 냅킨, 목걸이, 신발이 그려진 토트백 등의 인기는 점점 높아졌고 신발을 주제로 볼거리를 제공하는 책들도 인기를 끌었다.

신발 수집 방식에도 성별 차이가 있다고?

이러한 상품 대부분은 단순히 여성성의 상징을 넘어 이보다 더 중요하게 성적 매력이 강조된 여성성의 아이콘으로서 하이힐의 중요성이 높아졌음을 시사했다. 심지어 여러 나라에서 하이힐을 용인하지 않는다는 사실은 오히려 성적 매력을 부여하는 하이힐의 힘과 여성성의 서구적 이상을 구축하는 데 있어 하이힐의 중요성을 더욱 부각했다. 1999년 이슬람 지도자 압드 알아지즈 이븐 바즈는 사우디아라비아에서 하이힐 착용을 금지했는데, 하이힐이 여성들의 키를 높여 더욱 매혹적으로 보이게 한다는 이유에서였다.[32]

남성들의 신발 수집도 늘었다. 2000년대 초에는 스니커즈 수집이 기하급수적으로 증가했다. 언론에서는 이러한 수집 유행을 거론하며 어리석은 짓이라고도 하고 최신 유행이라고도 했다. 하지만 남성의 수집은 단순히 욕망에 의한 행위가 아니라 이윤을 창출하기 위해 계산된 행위임을 암시함으로써 여성의 신발 구매를 다루는 태도와 현저한 차이를 보였다.

메릴랜드주 아나폴리스에 거주하는 스니커즈 수집가인 숀 콘웨이는 신발에 일생을 바쳤다고 할 수 있다. 사실 그는 주로 신발을 사고 신발의 가격이 오르면 다시 되팔아 수입을 얻는다. 콘웨이는 갖고 있는 신발이 너무 많아 침실 하나를 창고로 개조했다. "나는 신발을 사랑한다. 소재, 다양한 배색, 협업이 좋다." 그는 말했다. "온라인에서 4천 달러에 팔리는 신발이 있다고 보여주기 전까지는 내가 미쳤다고 생각하는 사람들도 있다. 내게는 수집이자 투자다. 신발은 언제까지나 수집할 가치가 있는 물건일 것이다."[33]

같은 기사에서 뉴욕 패션 기술 대학교의 액세서리 디자인과 학과장인 바실리오스 크리스토필라코스 역시 남성과 여성은 신발을 수집하는 방식이 다르다는 생각에 힘을 보탰다. '여성들은 신발 수집을 할 때 다양성을 추구하는 반면, 남성들은 특정 종류를 수집하는 편이다.[34] 또 다른 수집가는 이 점을 강조했다.

그러한 여성들의 신발에는 그 뒤에 얽힌 이야기가 없다. … 신발을 구매하는 여성과 신발 수집가는 많이 다르다. 만약 프라다나 구찌, 루부탱 같은 명품을 샀다면 얘기가 다를 수 있겠지만, 나는 나이키나 조던을 매입한다. 그 외에 다른 신발은 소매 가치가 없다고 생각한다.[35]

실제로 소매 가치는 신발의 가치 평가 방식의 중심이 되었다. 전례 없는 생산 능력을 보유한 시대에 희귀하고 특별한 물건은 격한 욕망을 불러일으켰다. 희소성은 탈희소성 시장의 결정적인 특징이었다. 최고급 여성 신발 디자이너 구두에는 수천 달러에 이르는 가격표가 붙었는데 최고급 남성 신발도, 특히 스니커즈라면 이에 못지 않다. 특히 희귀한 스니커즈는 투자 수준의 수집품으로서의 가치를 반영하여 재판매 가격이 수만 달러에 이른다.

개인 맞춤 신발로 돌아가다

주요 스니커즈 브랜드는 처음에는 최고급 패션 디자이너와 그 다음에는 다른 디자이너들, 연예인, 스포츠 스타, 유명 뮤지션과 아주 적은 수량만 한정 발매하는 협업을 통해 희소성을 만들어냈다. 톰 삭스, 데미안 허스트 같은 일류 예술가들도 주요 브랜드와 함께 매우 특별한 한정판 스니커즈 협업에 참여해 패션과 예술의 경계를 넘나들었다. 그 뒤를 이어 고급 여성 신발 브랜드들도 스니커즈 시장에 진출해 유명 디자이너들과 협업했다. 전통적인 최고급 여성 신발과 비슷한 방식으로 소량만 생산하는 작은 니치 브랜드나 수제 스니커즈 전문 제작자도 등장했다. 다른 브랜드들도 협업할 트렌드세터를 찾기 시작했다. 버켄스탁과 닥터마틴 모두 다른 패션 브랜드와 협업을 선보였고 심지어 마놀로 블라닉도 가수 리아나가 푸마와 협업을 선보인 다음 해인 2016년에 그녀와 협업했다.

브랜드 간의 협업이 꽃을 피우면서 개인화된 자아의 표현으로서 신발의 매력은 맞춤화 시장도 발전하게 만들었다. 모든 신발 종류 중에서 가장 산업화된 신발인 스니커즈가 매스 커스터마이제이션Mass Customization, 즉 대량 맞춤화를 선도하고 산업화 이전의 맞춤 신발 생산을 새롭게 해석하는

미국의 예술가 톰 삭스는 대량 생산 소비재의 완벽한 익명성에 대한 반박으로 그의 작품에 만든 사람의 흔적을 남겨두고자 애썼다. 작업에서 이러한 원칙을 우선시했던 삭스는 나이키크래프트NikeCraft라는 나이키와의 협업을 통해 독특한 시도들을 선보였다. 이 문 부츠는 이 컬렉션의 프로토타입이었다. 톰 삭스, '나이키크래프트 루나 언더부츠 에어로플라이 실험 연구 부트 프로토타입', 2008-12

길을 마련하고 있는 현상은 꽤나 역설적이다. 이러한 스니커즈는 여러 부분에서 맞춤화가 가능하지만, 모델의 형태와 브랜드 로고는 변함없이 유지되므로 개별화와 브랜드 정체성 모두 보존이 가능하다.

한편 신발의 소비는 오히려 맞춤화된 경험이 될 수 있지만, 신발의 제조는 완전히 자동화된 사업으로 바뀔 수 있다. 2016년 아디다스가 독일에 로봇으로 운영되는 '스피드팩토리Speedfactory'를 신설한다고 발표했을 당시, 1983년 아트 버크왈드가 상상한 로봇 기반의 생산 모델이 현실화된 듯했다. 《가디언》은 모든 의류 및 신발 생산 인력의 90퍼센트를 대체할 준비가 된 봉제 로봇 '쏘봇sewbots'을 다룬 기사에서 이렇게 전했다. "스피드팩토리에서 고용하는 인력은 160명에 불과할 전망이다. 자동 생산 라인 하나에서 밑창을 만들고 다른 생산 라인에서 신발의 갑피 부분을 만들고 … 현재 아디다스 신발을 만드는 데는 기획에서 매장 출고까지 18개월이 걸린다. 목표는 이 시간을 5시간으로 줄이고 소비자들이 매장에서 맞춤 주문을 할 수 있게 하는 것이다."[36] 가장 효과적인 생산 방식은 어쩌면 3D 프린팅일지 모른다. 이는 신발의 새로운 사회적 의미를 이끌어낼 수도 있는, 새롭고 상상할 수조차 없는 형태의 구현을 가능하게 하는 기술이다.

이러한 노동력의 분산화는 수십 년 동안 서구의 신발을 만들어온 많은 해외 노동자들이 오랜 세월 견뎌야 했던 혹사와 끔찍한 노동 조건 문제를 해결하는 한 가지 방법일 수 있다. 그렇지만 이 같은 자동화는 궁극적으로 대규모 실업을 일으킬 것이다. 생산과 소비 모두 점점 개인화를 향해가고 있는 이러한 흐름은 생산과 소비의 기반이 되는 사회와 경제의 근본적인 변화를 나타내고 패션의 의미와 기능 역시 변하고 있음을 암시하는지도 모

아디다스 퓨처크래프트Futurecraft 스니커즈는 3D 프린팅으로 만든 밑창을 적용했다. 맞춤화가 가능한 3D 프린트 신발을 선보이는 것이 궁극적인 목표다. '퓨처크래프트 프로토타입', 2015년, 독일

른다. 하지만 브랜드를 동일시함으로써 개성을 표현한다는 역설은 계속될 가능성이 높다. 몇 안 되는 복식의 구성 요소는 많은 의미를 부여한 새로운 생산 방식에 쉽게 적용할 수 있으므로, 실제로 미래에는 그 다양한 형태와 더불어 신발을 훨씬 더 중요하게 여기게 될지도 모른다.

| 샌들

1 포트록 샌들은 세계에서 가장 오래된 신발로 알려졌으며, 탄소연대측정법에 따르면 9,000년 이상된 것으로 추정된다. Thomas J. Connolly, 'Fort Rock Sandals', www.oregonencyclopedia.org, accessed 23 May 2016.

2 André J. Veldmeijer and Alan J. Clapham, *Tutankhamun's Footwear: Studies of Ancient Egyptian Footwear* (Leiden, 2010). Veldmeijer의 다른 연구도 참조하라.

3 Carol van Driel-Murray, 'Vindolanda and the Dating of Roman Footwear', *Britannia*, xxxii (2001), p. 185.

4 Charles Brockden Brown, ed., 'French Private Ball', *The Literary Magazine, and American Register*, ii/15 (1804), p. 708.

5 Thomas Thornton, *A Sporting Tour through Various Parts of France, in the Year 1802* (London, 1804).

6 'Domestic Occurrences, Fashions for January 1810', *The Hibernia Magazine*, January 1810, p. 62.

7 이 일화는 20세기 후반 로저 비비에 구두를 다루며 다시 등장한다. 'The London Shoemaker', *The Lady's Miscellany, or, Weekly Visitor, for the Use and Amusement of Both Sexes*, v/29 (1807), p. 227. 다음도 참조하라. J. Bell, ed., *La Belle Assemblee, or, Bell's Court and Fashionable Magazine*, ii (1807), p. 56.

8 'Little Punch: Street Thoughts by a Surgeon', *Littell's Living Age*, iv/35 (1845), p. 76.

9 E. Littell, 'Minor Matters in Dress', *Littell's Living Age*, vi/60 (1845), p. 142.

10 18세기 말, 발레는 우아한 궁정 예술에서 뛰어난 운동 역량이 필요한 분야로 변화했다. 구성과 줄거리를 갖춘 발레 닥숑ballet d'action의 새로운 기술에는 발끝으로 서는 앙 포엥트en pointe가 포함되었다. 발끝으로 서는 기술에 대한 가장 초기의 언급은 링컨즈 인 필즈Lincoln's Inn Fields에서 남성 무용수인 샌드햄이 발끝으로

서는 기술을 선보이며 관객들에게 흥분을 선사한 1721~1722년 발레 시즌으로 거슬러 올라간다. 1700년대 말, 또 다른 남성 무용수인 앙투안느 피트로 역시 뛰어난 운동 능력과 발끝으로 서는 기술로 관객에게 감동을 주었다. 하지만 이 두 무용수 모두 이에 특화된 신발의 도움 없이 이러한 기술을 선보였다.

11 'Fashions for the Seaside', *Warehousemen and Drapers' Trade Journal*, v (1876), p. 347.

12 Joseph F. Edwards, ed., 'Notes and Comments: Torture for Fashion', *Annals of Hygiene*, ii/3 (1887), p. 108.

13 Jeffery S. Cramer, *I to Myself: An Annotated Selection from the Journal of Henry D. Thoreau* (New Haven, ct, 2007) p. 48.

14 Vi-An Nguyen, '10 Things You Didn't Know About the Statue of Liberty (She Was Almost Gold!)', www.parade.com, 2 July 2014.

15 Garance Franke-Ruta, 'When America Was Female', *The Atlantic*, 5 March 2013.

16 George Orwell, *The Road to Wigan Pier* (London, 1937), p. 121, n. 13.

17 'The Dress and Undress of the Kibbo Kift Kindred', *Costume Society News*, www.costumesociety.org.uk, 30 November 2015.

18 Edward Carpenter, 'Simplification of Life', in *England's Ideal, and Other Papers on Social Subjects* (London, 1887), p. 94.

19 Tony Brown and Thomas N. Corns, *Edward Carpenter and Late Victorian Radicalism* (Abingdon-on-Thames, Oxon, 2013), p. 157.

20 'Garden City – Within the Gates of the City of the Simple Life', *New York Times*, 6 October 1907, p. 85.

21 'Bare Legged Boy Shocks a Policeman', *New York Times*, 9 January 1910, p. 3.

22 'The Sandal Craze: A Medical Opinion on the Latest Fad', *Daily Telegraph*, 5 August 1901, p. 2.

23 'The Parisian Idea of Fashionable Footwear: Well Shod Is Well Dressed', *Saint Paul Globe*, 1 June 1902, p. 12.

24 'Sandals for Children: Present Fad in England – Americas: Children Go Barefooted', *Indianapolis Journal*, 21 July 1901, p. 20.

25 'Women Discard Stockings. Seaside Sojourners Take to Sandals or Low-cut Shoes', *New York Times*, 11 August 1912, p. c2.

26 'Sandals New Paris Fad. They Display Wearer's Bare Feet and Toe Rings Go with Them', *New York Times*, 7 April 1914, p. 1.

27 위와 같음.

28 'Let's Wear Sandals', *San Jose Evening News*, 4 October 1917.

29 'Trouserless Home Greets Menalkas ··· Police Restore Isadora Duncan's Nephew to His Ancient Greek Milieu. Boy Sighs for Modernity ··· Wanted to Enjoy His New Clothes and Know at Least One Non-Vegetarian Christmas', *New York Times*, 26 December 1920, p. 7.

30 간디의 옷차림은 인도에서 가장 가난한 이들의 옷차림과 다를 바 없었다. 가죽을 사용하려는 그의 의지는 가장 하층 계급이 가죽 세공을 전담했기에 전통적인 카스트 제도에 대한 도전이었다.

31 리도는 1930년대에 영국에서 공공 수영장을 뜻하는 명칭이 되었다.

32 다른 나라의 전통 의상이 패션에 영향을 미치면서 민속 의상을 떠올리게 하는 샌들을 선호하는 이러한 경향과 비슷하게 동유럽 전통 자수가 들어간 블라우스도 관심을 끌었다.

33 'Fashion: Shoes for Resorts', *Vogue*, 15 November 1926, pp. 56~57, 174.

34 'Fashion: Pen and Snapshots from the Lido, Venice', *Vogue*, 1 October 1926, p. 74.

35 위와 같음.

36 'Mere Male Kicks at Homely Dress: London Reformers Seek to Make Garb Healthy and Picturesque', *The Globe*, 13 January 1929.

37 Frank Hillary, 'Hot Weather Togas for Men Suggested by Californian: The Matter of Pockets Again Bobs Up Along with Ties and Suspenders and Somebody Pokes Fun at Mr Warner', *New York Times*, 29 July 1928.

38 'Current History in Gloves and Shoes', *Vogue*, 15 August 1931, p. 52.

39 'Shirt to Slip on for Beach Wear', *Indianapolis Star*, 8 June 1930 p. 46.

40 *Boot and Shoe Recorder*, 2 May 1931.

41 'Cool Sandals to Wear in Summer ···', *Rochester Evening Journal and the Post Express*, 6 June 1931.

42 Carl Carmer, 'Features: American Holiday', *Vogue*, 1 July 1936, p. 48.

43 'Fashion: Autumn Shoes – A More Complicated Matter', *Vogue*, 15 September 1931, pp. 94~95.

44 'Fashion Forecast (from Our London Correspondent)', *Sydney Morning*

Herald, 18 January 1933.

45 Elsie Pierce, 'Pedicure Fad Will Reduce Foot Ills, Elsie Pierce Says', *Milwaukee Sentinel*, 18 May 1932, p. 8.

46 'Close-up of the Paris Collections', *Vogue*, 15 March 1935, p. 51.

47 'Schiaparelli among the Berber', *Vogue*, 15 August 1936, p. 44.

48 Salvatore Ferragamo, *Shoemaker of Dreams* (London, 1957), pp. 56~57.

49 위와 같음.

50 다음을 참조하라. Elizabeth Semmelhack, *On a Pedestal: From Renaissance Chopines to Baroque Heels* (Toronto, 2009).

51 Ruth Matilda Anderson, 'El chapin y otros zapatos afines', *Cuadernos de la Alhambra*, 5 (1969), p. 38.

52 Elizabeth R. Duval, 'New Things in City Shops: Shoes as a Storm Center', *New York Times*, 31 March 1940, p. 53.

53 Cosmo Agnelli, *Amorevole aviso circa gli abusi delle donne vane* (Bologna, 1592).

54 'We Fear the Worst', *Pittsburgh Press*, 25 September 1948, p. 4.

55 'Spring Styles Ready for Action', *Shoe and Boot Recorder*, 17 January 1942.

56 'Popularity of "Slack Suit" Brings Mr American Around, Finally, to Becoming Stylish', *Palm Beach Post*, 14 July 1939, pp. 1, 5.

57 George Orwell, *The Road to Wigan Pier* (London, 1937), p. 121, n. 13.

58 위와 같음.

59 'Barefoot Sandals', *Vogue*, 1 December 1944, pp. 86, 87.

60 'Fashion: Looking Back at Paris Fashions, 1940–1944', *Vogue*, 1 January 1945, p. 70.

61 Elizabeth Semmelhack, *Roger Vivier: Process to Perfection* (Toronto, 2012).

62 'Fashion: Thong Sandals', *Vogue*, 15 March 1945, pp. 114~115.

63 'Roman Sandals', *Vogue*, 1 June 1952, p. 114.

64 Rand Richards, 'North Beach: 225 Columbus Avenue–Vesuvio Café (since 1949)', *Historic Walks in San Francisco* (San Francisco, ca, 2008), p. 299.

65 'We Fear the Worst', *Pittsburgh Press*, 25 September 1948, p. 4.

66 John Cameron Swayze, 'The Historian of the Streets of Manhattan', *Toledo Blade*, 13 July 1951.

67 호주에서는 고무 샌들을 그냥 통thong이라고 불렀지만 뉴질랜드에서는 일본을

뜻하는 말 재퍼니즈Japanese와 샌들sandal을 합쳐 잰들jandal이라고 했는데 그 명칭의 기원은 거센 논쟁의 대상이 되었다. 1957년 모리스 요크Morris Yock가 잰들을 상표등록하면서 그 기원으로 인정받았지만, 요크의 친구인 존 코위John Cowie의 가족은 1940년대에 이 명칭을 처음 만든 사람은 코위라고 주장하며 이에 강하게 이의를 제기한다. 그 이름의 기원과 상관없이 고무 샌들은 샌들이 점점 더 정치화되고 있던 바로 그 순간에 광범위하게 인기를 얻고 있었다.

68 'The Jelly Shoe by Jean Dauphant aka La Méduse', www.thehistorialist. com, 30 October 1955.

69 Marc Lacey, 'For Eritrean Guerrillas, War Was Hell (and Calluses)', *New York Times*, 2 May 2002.

70 Hunter S. Thompson, 'The "Hashbury" Is the Capital of the Hippies', *New York Times Magazine*, 14 May 1967, pp. 14ff.

71 Rebecca Mead, 'On and Off the Avenue: Sole Cycle – The Homely Birkenstock Gets a Fashion Makeover', www.newyorker.com, 23 March 2015.

72 'Exercise Sandal at Work While You Play', *Quebec Chronicle-Telegraph*, 11 May 1970, p. 4.

73 Judith Siess, 'The Sock-O Look', *Time*, cv/5 (1975), p. 72.

74 Ted Morgan, 'Little Ladies of the Night: Today's Runaway Is No Norman Rockwell Tyke. Instead, She May Well Be a 14-Year-Old in Hot Pants on New York's Minnesota Strip', *New York Times*, 16 November 1975, p. 273.

75 'Goodbye Boots … Hello Sandals', *Vogue*, 1 March 1977, p. 190.

76 John Traynor, 'Open Toes for the Open Road', *Geographical*, lxvii/2 (1995), p. 47.

77 'Take a Journey through the History of Havaianas!', www.us.havaianas. com, 29 May 2015.

78 Frankie Cadwell, 'Opinion: Don't Thank the Boss for "Casual Friday"; Men's Wear Angst', *New York Times*, 26 July 1994.

79 Ginia Bellafante, 'The Nation: Footwear Politics; Just Who, Really, Is a Birkenstock Voter?', *New York Times*, 5 October 2003.

80 Rosie Swash, '"Ugly", 50 Years Old and Stepping Right Back into Fashion: Birkenstock Orthopaedic Footwear Is Flying out of the Stores after Being a New Hit on the Catwalks', *The Observer*, 15 June 2014, p. 12.

81 Mead, 'On and Off the Avenue'.

82 Jennifer Fermino, 'That's Quite a Feet! Bam First Flip-flop President', www.nypost.com, 5 January 2011.

83 위와 같음.

84 'Petty Controversy: Presidential Flip-flops!', www.nypost.com, 6 January 2011.

85 Russell Smith, 'How to Solve the Gnarly Issue of Men's Feet? Wear Shoes', *Globe and Mail*, 19 July 2008, p. 14.

86 'Minor Matters in Dress', *Littell's Living Age*, vi/62 (1845), p. 139.

87 Alana Hope Levinson, 'Why Does Society Hate Men in Flip-flops? It's Not Because Men Have Disgusting Feet', www.melmagazine.com, 6 July 2016.

88 Ian Lang, 'Pedicures for Guys: Why You Should Get a Pedicure', www.askmen.com, accessed 31 October 2016.

89 David Hayes, 'Socks and the City: The Rise of the Man-sandal', *Financial Times*, 17 August 2013, p. 4.

90 D. E. Lieberman, M. Venkadesan, W. A. Werbel et al., 'Foot Strike Patterns and Collision Forces in Habitually Barefoot versus Shod Runners', *Nature*, cdlxiii/7280 (2010), pp. 531~535.

91 Dennis Yang, 'gq Fitness: Five-toed Shoes Are Ugly and Bad for Your Feet', www.gq.com, 14 May 2014.

92 Sean Sweeney, '5 Ways to Look Fly in Your New Slide', www.blog.champssports.com, 16 April 2015.

93 Stu Woo and Ray A. Smith, 'I'll Be Darned, Wearing Socks with Sandals Is Fashionable', www.wsj.com, 15 September 2015.

‖ 부츠

1 Thomas Dekker, 'Apishnesse: Or The Fift Dayes Triumph', in *The Seven Deadly Sins of London, Drawn in Seven Several Coaches, through the Seven Several Gates of the City; Bringing the Plague with Them* (London, 1606/1879), p. 37.

2 Thomas Middleton, 'Father Hubburd's Tales 1604', quoted in John Dover

Wilson, 'Dress and Fashion: The Portrait of a Dandy', in *Life in Shakespeare's England* (Cambridge, 1920), p. 127.

3 Christopher Breward, 'Men in Heels: From Power to Perversity', in *Shoes: Pleasure and Pain*, ed. Helen Persson, exh. cat., Victoria & Albert Museum, London (2015), p. 132.

4 Margarette Lincoln, *British Pirates and Society, 1680–1730* (London and New York, 2014), p. 12.

5 나란히 묶인 4두 이상의 말 한 조에서 선두 말을 타는 기수가 신는 부츠는 말들이 서로 충돌할 경우 기수의 다리가 으스러질 위험이 있었기에 선두 말의 몸통 하중 에도 끄떡없어야 했다.

6 Georgiana Hill, *A History of English Dress from the Saxon Period to the Present Day* (New York, 1893), vol. ii, p. 29.

7 Charles Dickens, ed., *Household Words: A Weekly Journal*, xi/254 (1855), p. 348.

8 Edward Dubois (pseud.), *Fashionable Biography; or, Specimens of Public Characters by a Connoisseur* (London, 1808), p. 86.

9 George Cruikshank, 'My Last Pair of Hessian Boots', in *George Cruikshank's Omnibus, Parts 1–9*, ed. Samuel Laman Blanchard (London, 1842), p. 8.

10 Robert Forby, *The Vocabulary of East Anglia*, quoted in June Swann, *Shoes* (London, 1983), p. 35.

11 See Nancy E. Rexford, *Women's Shoes in America, 1795–1930* (Kent, oh, 2000). 다음도 참조하라. Blanche E. Hazard, *The Organization of the Boot and Shoe Industry in Massachusetts before 1875* [1921] (New York, 1969).

12 Wilma A. Dunaway, *The African-American Family in Slavery and Emancipation* (Cambridge, 2003), p. 87.

13 W. Chambers and R. Chambers, 'Things as They Are in America: Boston–Lowell', *Chamber's Journal of Popular Literature, Science and Arts*, 25 (Edinburgh, 1854), p. 394.

14 Helen Bradley Griebel, 'New Raiments of Self: African American Clothing in the Antebellum South', dissertation, University of Pennsylvania (1994), p. 239.

15 A Sufferer, 'Boot-Blackmail', *Life*, vii/165 (1886), p. 117.

16 John MacGregor, Esq., 'Ragamuffins', *Ragged School Union Magazine* (London, 1866), p. 182.

17 'Tilting Hoops', *Circular*, 2 July 1866.

18 Lola Montez, *The Arts of Beauty; or, Secrets of a Lady's Toilet* (New York, 1858), p. 70.

19 'The Footprints on the Sands', *Every Week: A Journal of Entertaining Literature*, 24 Oct 1888.

20 Anna C. M. Ritchie, 'Ladies' Legs', *Evening Telegraph*, 14 April 1870, p. 2.

21 Richard Krafft-Ebing, *Psychopathia Sexualis*, trans. Charles Gilbert Chaddock (Philadelphia, pa, and London, 1894), p. 126.

22 위와 같음, p. 130.

23 'The Cult of the Bloomer: Demonstration at Reading', *Times of India*, 19 October 1899, p. 6.

24 Annie de Montaigu, 'The *Tete a Tete* Wheel: Fashion, Fact, and Fancy: Conducted by the Countess Annie de Montaigu', *Godey's Magazine*, cxxx-ii/70(New York, 1896), p. 444.

25 James Naismith and Luther Halsey Gulick, eds, 'Cross-saddle Riding for Women', in *Physical Education* (Springfield, ma, 1892), p. 34.

26 Barbara Brackman, 'Legend Posing as History: Hyer, Justin, and the Origin of the Cowboy Boot', *Kansas History: A Journal of the Central Plains*, xviii/1 (1995), p. 35.

27 위와 같음, p. 34.

28 Winthrop, 'With the "Cowboys" in Wyoming', *Puck*, xvi/404 (New York, 1884), p. 219.

29 'William F. Cody "Buffalo Bill" (1846–1917)', www.pbs.org, accessed 28 October 2016.

30 Richard Harding Davis, 'The Germans Enter Brussels', www.gwpda.org, accessed 28 October 2016.

31 Alison Matthews David, 'War and Wellingtons: Military Footwear in the Age of Empire', in *Shoes: A History from Sandals to Sneakers*, ed. Giorgio Riello and Peter McNeil (London and New York, 2006), pp. 116~136.

32 부츠의 중요성은 소설 『서부 전선 이상 없다』에도 나타나 있다.

33 'Saw War in the Trenches: Dutchman Horrified When Belgians Took the Boots of Dead Germans', *New York Times*, 14 November 1914, p. 2.

34 '8 Precautions against Trench Feet and Frost Bite', *Orders Sent uut to Troops*

of the Warwickshire Regiment, September–November 1916, www.nationalarchives. gov.uk, accessed 28 October 2016.

35 참조 www.hunter-boot.com, accessed 21 June 2016.

36 'Flappers Flaunt Fads in Footwear/Unbuckled Galoshes Flop Around their Legs and Winter Sport Shoes Emphasize their Feet. Stockings Scare Dogs. Arctic Leg and Foot Equipment Has Been Adopted for Street Wear', *New York Times*, 29 January 1922.

37 'Concerning the Flapper-galosh Situation', *Life*, 16 March 1922.

38 'Go West, Young Dude, Go West: Where Ranch Life Provides New Delights in the Lines of Riding, Roping and Round-ups', *Vogue*, 15 June 1928, p. 45.

39 위와 같음, p. 47.

40 Peter Stanfield, *Horse Opera: The Strange History of the 1930s Singing Cowboy*(Urbana and Chicago, il, 2002).

41 '15,000 Nazis Defy Ban in Graz March for Seyss-Inquart', *New York Times*, 2 March 1938, p. 1.

42 'Dore Schary Finds Films Dominated by Men', *New York Times*, 31 December 1959, p. 11.

43 처커Chukka는 시합 시간을 의미하는 폴로 용어이다.

44 Bill Hayes, *Hell on Wheels: An Illustrated History of Outlaw Motorcycle Clubs* (Minneapolis, mn, 2014).

45 www.chippewaboots.com, accessed June 2016 참조.

46 긴 주말이 된 1964년 5월 18~19일 이틀에 걸쳐 두 패거리 사이에 수많은 난투가 벌어졌다. 그런 가운데 해안도시인 마게이트, 브로드스테어스, 브라이튼에서 다수의 모드와 로커가 충돌했다. 홀리스터 폭동과 마찬가지로 언론은 두 집단을 집중 조명하며 싸움을 선정적으로 보도했다.

47 'What Are They Wearing on the West Coast in '66?', *Madera Tribune*, 15 March 1966, p. 11.

48 'Fashion in the 1960s - Decade of the Peacock Revolution', *Eugene Register-Guard*, 25 December 1969, p. d1.

49 Doug Marshall, *Ottawa Citizen*, 19 February 1964, p. 25.

50 위와 같음.

51 'Fashion: Paris 1964: Vogue's First Report on the Spring Collections',

Vogue, 1 March 1964, p. 131.

52 'Vogue's Eye View: Boots for a Heroine', *Vogue*, 1 October 1966.

53 'Dr Martens at 50: These Boots Were Made for ⋯ Everyone', www.the-guardian.com, 31 October 2010.

54 Gloria Emerson, 'British Youth's Latest Turn: The Skinhead', *New York Times*, 16 December 1969, p. 12.

55 'Dr Martens at 50'.

56 위와 같음.

57 Marian Christy, 'Leg-hugging Boots "In" for Fall', *Beaver County Times*, 17 June 1970, p. a23.

58 위와 같음.

59 'Saint Laurent "Russian" Styles Have Rolled on to Victory', *Sarasota Herald-Tribune*, 6 February 1977, p. 4g.

60 William K. Stevens, 'Urban Cowboy, 1978 Style', *New York Times*, 20 June 1978, p. 1.

61 'Tailored for President?', *Washington Post and Times Herald*, 24 September 1967.

62 'Vogue's View: Well-bred Style: Designers Go Equestrian', *Vogue*, 1 November 1988.

63 'Fashion: On the Street; In Jodhpurs, Standing Out from the Herd', *New York Times*, 17 September 1989.

64 Jane L. Thompson, 'Getting the Boot and Loving It', *National Post*, 25 September 1999, p. 9.

65 Leslie Rabine, 'Fashion and the Racial Construction of Gender', in *'Culture' and the Problem of the Disciplines*, ed. John Carlos Rowe (New York, 1998), pp. 121~140.

66 George Hosker, 'Hiking Boots as High Fashion? These Days Yes', *The Telegraph*, 2 November 1993, p. 26.

67 www.ugg.com, accessed 28 October 2016 참조.

68 Stephanie Kang, 'Style and Substance; Uggs Again: What Last Year's "It" Gift Does for an Encore', *Wall Street Journal*, 9 December 2005.

69 나: 이 스카프와 요가 바지는 뭐야? 이해가 안 되네. 친구: 그래, 백인 아가씨들이네. 친구: 그랬을 것 같아. '무슨 색 어그 부츠 신어야 할까? 갈색? 아니면 약간 더

진한 갈색?

70 'Dressed in Sexy Fashions, Bratz Dolls Popular with Young Girls', *Pittsburgh Post-Gazette*, 23 November 2003.

Ⅲ 하이힐

1 자세한 내용은 다음을 참조하라. Elizabeth Semmelhack, *Standing Tall: The Curious History of Men in Heels* (Toronto, 2016).

2 Florin Curta, *The Earliest Avar-age Stirrups, Or the 'Stirrup Controversy' Revisited* (Leiden, Boston, ma, and Tokyo, 2007).

3 오늘날 카우보이 부츠에 여전히 높은 굽이 달려있다는 사실은 높은 굽이 발을 등자에 고정하는 데 유용하다는 증거이다.

4 Semmelhack, *Standing Tall*, pp. 14~25.

5 1959년 엘리자베스 1세 여왕의 왕실 기록에는 '하이힐과 아치가 있는 스페인산 가죽 신발 한 켤레'를 주문한 기록이 있다. Janet Arnold, *Queen Elizabeth's Wardrobe Unlock'd* (Leeds, 1988).

6 June Swann, *Shoes* (London, 1983), p. 12. 스완은 이를 통해 그 신발이 남녀공용이었음을 알 수 있다고 말하지만, 만약 그랬다면 남자의 신발이라고 쓰지는 않았을 것이다.

7 *Hic Mulier; or, The Man-woman: Being a Medicine to Cure the Coltish Disease of the Staggers in the Masculine-feminines of Our Times. Exprest in a briefe Declamation* (1620), www.books.google.ca, accessed 28 October 2016.

8 패션 아이템인 스택드 레더 힐은 1620년대부터 남성용 신발로 등장한다. 나무 굽에 가죽을 덧씌운 셀프 커버 힐과는 반대로 스택드 힐의 구조는 변함없이 완전히 노출되었다. 스택드 레더 힐은 몇몇 페르시아 신발의 예에서 찾아볼 수 있지만, 이러한 굽 형태는 아마 페르시아를 넘어 현재 아프가니스탄과 우즈베키스탄 같은 지역에도 영향을 미쳤을 것이다. 영국에서는 이런 종류의 힐을 폴로니polony 라고 불렀는데 그렇게 부른 이유에 대해 완전히 확립된 이론은 없다. 폴로니 부츠는 힐이 도입되기 전인 16세기 중반 무릎 기장의 부츠를 지칭하는 단어였다. 힐을 포함하여 폴란드인들의 옷차림은 페르시아 양식의 영향을 받았으며 셀프커버 힐이 중요한 역할을 했으므로 새로 등장한 이 힐을 설명하는 데 그 단어가 사용된 점은 흥미롭다. 기원이 어떻든 남성들이 신을 수 있었던 이 두 종류의 힐은

시간이 지남이 따라 세련되고 우아한 남성성과 활동적인 남성성이라는 두 개의 전혀 다른 형태의 남성성을 표현하게 되었다.

9 빨간색이 굽에 선호되는 색이 된 이유와 이 패션의 기원에 관해서는 연구가 더 필요요하다. 비잔틴 통치자들은 오랫동안 빨간색 신발을 신은 역사가 있으며 이는 1054년 교회 대분열을 통해 기독교가 동방정교회와 로마 가톨릭 종파로 나뉜 이후 역대 교황이 전유한 패션이었다. 빨간 신발과 권력의 연관성은 루이 14세의 궁정에서 있었던 빨간색 힐의 정치화에 영향을 미쳤을지 모르지만, 이는 추측일 뿐이다. 하지만 루이 14세가 신기 이전에 이미 빨간색 힐이 유행했으며 그의 통치 기간에 빨간색 힐이 궁정의 특권을 상징하는 중요한 기표가 되었다는 사실은 잘 알려져 있다.

10 Sir John Suckling, 'A Ballad upon a Wedding', www.bartleby.com, accessed 28 October 2016.

11 17세기 후반 샤를 페로가 교훈적인 동화 작품의 일부로 프랑스 궁정에서 처음으로 선보인 동화 『신데렐라』는 이 새로운 이상을 명확하게 나타냈다. 신데렐라의 유난히 작은 발은 그녀의 타고난 고결함을 신체적으로 형상화했으며 아무한테나 맞지 않는 유리 구두는 이 타고난 품위를 투명하게 확인시키고 사회적 신분 상승을 이끈다. 신데렐라와 극명한 대조를 이루는 이복자매들의 큰 발은 그들이 본질적으로 아름다움이 부족하다는 것을 의미한다. 하지만 아마 패션이 어떻게 속임수에 이용될 수 있는지를 설명하는 역할이 그들이 맡은 더 중요한 역할이었을 것이다. 그 동화 덕분에 18세기 독자들뿐 아니라 그 이후의 세대들 역시 작은 발이 이를 지닌 사람의 타고난 미덕과 아름다움을 보여주는 척도라고 여기게 되었다. 하지만 실제로 작은 발은 허구, 즉 패셔너블한 하이힐에 의해 만들어진 환상일 수 있다. 하이힐은 속이기 위한 치장의 모든 측면과 마찬가지로 착용자의 본성을 숨기고 (남성) 숭배자들을 속일 수 있는 기만적인 수단으로 사용될 가능성이 있었다.

12 John Evelyn, *The Diary of John Evelyn, 1665–1706* (New York and London, 1901).

13 Judith Drake, *An Essay in Defence of the Female Sex: In Which Are Inserted the Characters of a Pedant, a Squire, a Beau, a Vertuoso, a Poetaster, a City-critick, &c.: In a Letter to a Lady* (London, 1696), p. 68.

14 'Obituary of Remarkable Persons; with Biographical Anecdotes [January 1797]', *The Gentleman's Magazine* (London, 1797), p. 85.

15 토마스 파킨스Thomas Parkins, 1714년 「레슬링에 관한 논문Treatise on Wrestling」에서

남성의 옷차림에 대해 언급. 다음에서도 언급되었다. Frederick William Fair-holt, *Costume in England: A History of Dress from the Earliest Period until the Close of the Eighteenth Century* (London, 1860), p. 393.

16 점점 더 많은 여성이 지적 생활에 동참하기 시작했고 예카테리나 2세처럼 일부 여성들은 계몽주의 미덕의 귀감으로 칭송받았지만, 이 여성들은 그저 일반적인 사실을 입증하는 예외를 나타냈다.

17 Bernard Mandeville, *The Virgin Unmasked; or, Female Dialogues, betwixt an Elderly Maiden Lady and Her Niece on Several Diverting Discourses* (London, 1724), p.10.

18 'The Delineator', *The Hibernian Magazine; or, Compendium of Entertaining Knowledge* (Dublin, 1781), p.342.

19 남성의 키는 남성성의 이상과 밀접하게 연관되어 있었으며 남성 패션에 관한 1830년대의 한 안내서는 다음과 같이 키가 작은 남성들이 직면하는 문제와 눈에 띄지 않게 힐을 신는 방법에 대한 조언에 한 단락 전체를 할애할 정도로 이를 명확히 나타내고 있다.

"이제 계산해보자. 1인치 반(3.81cm)짜리 힐을 신은 5피트 4인치(약 164cm)인 남성을 3~4야드(2.7~3.6m) 거리에서 본다면 5피트 8인치(약 176cm)처럼 보이고 20야드(약 18m) 거리에서는 키가 큰 남성으로 보일 것이다. 조금만 신경을 쓰면 할 수 있는 일이 많다. … 여유 없이 다리가 꼭 끼면 당연히 늘씬해 보인다. 헤시안 부츠를 적극적으로 추천하는 이유이다. … [정장 부츠]는 특히 키가 커 보이고 싶은 사람들에게 적절한데, 높은 굽을 달면 일상복 부츠에서 가능한 정도의 효과를 얻을 수 있을 것이다. 필요하다면 2인치(5.08cm) 또는 3인치(7.62cm)까지도 가능하지만 다음 두 가지 사항을 지켜야 한다. 굽이 매우 높은 경우, 앞서 말한 굽은 최소 0.5인치(1.27cm) 두께의 코르크가 달려있어야 펌프스를 신었을 때만큼의 반향음을 만들어낼 필요 없이 '사람들의 눈'을 완전히 가릴 수 있다. 바지는 땅에 닿을 정도로 길고 끈으로 고정해야 한다. 오오, 키 작은 남자의 엄청난 변신을 보라! … 내가 지시한 대로 따르면 실제로 키 높이 구두를 신고 걷고 있다고 의심을 살 여지가 없다."

The Whole Art of Dress! or, The Road to Elegance and Fashion at the Enormous Saving of Thirty Per Cent!!! Being a Treatise upon That Essential and Much-cultivated Requisite of the Present Day, Gentlemen's Costume; … by a Cavalry Officer (London, 1830), p. 67.

20 James Dacres Devlin, *Critica Crispiana; or, the Boots and Shoes, British and Foreign, of the Great Exhibition* (London, 1852), p. 69.

21 Grace Greenwood, 'The Heroic in Common Life: A Lecture by Grace Greenwood', *Christian Inquirer*, xiv/11 (1859).

22 Bellamy Brownjohn, 'A Severe Family Affliction', in *The Grecian Bend* (New York, 1868), p. 3.

23 *New York Times*, 2 September 1871, p. 4.

24 이는 소스타인 베블런이 『유한계급론』(1899)에서 자세히 다루고 비평했다.

25 M.E.W. Sherwood, 'How Shall Our Girls Behave?', *Ladies' Home Journal and Practical Housekeeper*, v/11 (1888), p. 2.

26 'The Social Problem. Young Men Responsible for the Fashions of Young Women', *Circular*, vi/35 (Oneida, ny, 1869), p. 279.

27 George Wood Wingate, *Through the Yellowstone Park on Horseback*(New York, 1886), p. 21.

28 Julian Ralph, *Our Great West: A Study of the Present Conditions and Future Possibilities of the New Commonwealths and Capitals of the United States* (Chicago, il, 1893), p. 388.

29 몬태나의 카우보이에 대해 다룬 잡지 《코스모폴리탄》의 1886년 기사에는 카우보이 부츠의 굽에 대해 이렇게 설명했다. "신발은 언제나 매우 높은 굽이 달린 장화를 착용하는데 ⋯ 여기에는 특별한 목적이 있다. 바꾸어 말해 현재의 과학적인 전문 용어로 설명하자면 이 매우 특화된 굽의 형태는 등자의 구멍으로 발이 미끄러지는 것을 방지하기 위해 말을 탈 때 꼭 필요한 기계적인 수단으로 개발되었다." William T. Hornaday, 'The Cowboys of the Northwest', *The Cosmopolitan Monthly Magazine*, ii (1986), p. 222.

30 Dorothy Dunbar Bromley, 'Feminist – New Style', www.harpers.org, October 1927.

31 'Lay the High Heel Low', *Washington Post*, 6 May 1920, p. 6.

32 'Hooch and High Heels, Are Driving Nation to Perdition Fast', *Lebanon Daily News* (Lebanon, pa, 1929), p. 16.

33 'Writes a Bill Limiting Heels to Mere Inch: Texas Solon Would Protect Public Health, Starting at Shoe Bottoms', *The Detroit Free Press*, 3 February 1929, p. 28.

34 'Stand By High Heels: Massachusetts Shoe Men Oppose Law Banning Them', *New York Times*, 15 February 1921, p. 6. "여성의 하이힐 착용을 막기 위해 제안된 법안에 이의를 제기하며 오늘 주 의회 의사당 입법 위원회에 출석

한 신발 제조업자들과 도매업자들은 … 이 법안을 '이상하고 어리석은 조치'라고 규정했다. 한 도매업자는 현재 여성의 60퍼센트가 굽 높이 1인치 반(3.81센티미터) 이상인 힐의 제조와 판매를 금지하는 제안 법안의 적용 범위에 해당하는 신발을 신고 있다고 주장했다."

35 'Use of Footgear in Costumes: Part Played by Shoes and Hosiery Takes on Importance in Ensemble Effects', *New York Time*s, 18 April 1926.

36 위와 같음.

37 'What Women Will Wear When Another Hundred Years Becomes Fashion History', *Spokane Daily Chronicle*, 18 April 1936, p. 5.

38 Paul Popenoe, *Applied Eugenics* (New York, 1920), p. 301.

39 Knight Dunlap, *Personal Beauty and Racial Betterment* (St Louis, mo, 1920), p. 22.

40 C. J. Gerling, *Short Stature and Height Increase* (New York, 1939), p. 148. 이 책은 여성에게는 하이힐이 유용하지만 "남성이 하이힐을 신으면 여성적이고 기괴해 보이므로 남성에게 키를 커 보이게 하는 보조물이 필요하다"며 그러한 장치를 권했다. 이어서 "당연히 이런 종류 중 바람직한 신발은 일반적인 신발과 외관이 크게 다르지 않으면서 키 높이에는 상당한 효과가 있어야 한다"고 덧붙였다.

41 Elizabeth R. Duval, 'Fashion's Fantasies for Feet', *New York Times,* 14 April 1940.

42 'Pinups Ruin Perspective, Veteran Says', *Washington Post*, 12 March 1945.

43 '2,000 mph Flying Stiletto Readied for Advanced Tests', *United Press International*, 17 November 1953.

44 Frances Walker, 'Steel Heel Holds Up New Shoe', *Pittsburgh Post-Gazette,* 8 November 1951.

45 See Elizabeth Semmelhack, *Roger Vivier: Process to Perfection* (Toronto, 2012).

46 Thomas Meehan, 'Where Did All the Women Go?', *Saturday Evening Post*, 11 September 1965, pp. 26~30.

47 'As Hemlines Go Up, Up, Up, Heels Go Down, Down, Down', *New York Times*, 27 January 1966.

48 *Women's Wear Daily*, 22 March 1968, p. 8.

49 'The Shape of Shoes', *Time*, lxxxv/15 (9 April 1965).

50 Ann Hencken, 'Men's Fashions Become Elegant During 1972', *Daily Republic*, 9 March 1972, p. 15.

51 위와 같음.

52 Hollie I. West, 'A Tinseled Pimp-hero', *Washington Post*, 21 April 1973.

53 De Fen, 'Fee Waybill of The Tubes Discusses Music, Theater and the Merger of the Two', www.punkglobe.com, accessed 28 October 2016.

54 데이비드 보위와 같은 일부 아티스트들은 전통적인 성 역할을 뒤엎고자 했다.

55 'The Monsters', *Time*, xcvi/4 (27 July 1970), p. 46.

56 Bernadine Morris, 'On Heels, There's No Firm Stand: "More Functional-minded" Stiletto Heels', *New York Times*, 8 August 1978, p. c2.

57 Gloria Emerson, 'Women Now: Your Clothes: What They Tell about Your Politics', *Vogue*, 1 September 1979, p. 300.

58 'Reagan White House Gift: "Ronald Reagan" Cowboy Boot with Presidential Seal', www.maxrambod.com, accessed 25 August 2016.

59 E. Salholz, R. Michael, M. Starr et al., 'Too Late for Prince Charming?', *Newsweek*, cvii/22 (1986), pp. 54~57, 61.

60 'Sex and the City: Carrie Bradshaw Quotes', www.tvfanatic.com, 17 August 2010.

61 Leora Tanenbaum, 'Our Stripper Shoes, Ourselves', www.huffingtonpost.com, 25 May 2016.

62 Jennifer Finn, 'Survivor's Shoes Symbolize Distress, Despair', www.911memorial.org, 10 July 2014.

63 'The Armadillo Shoes by Alexander McQueen: History of an Icon', www.iconicon.com, 18 May 2016.

64 Rachael Allen, 'Alexander McQueen Armadillo Shoes Bring In $295,000 at Christie's', www.footwearnews.com, 24 July 2015.

65 펜실베이니아 대학의 경제학자 니콜라 페르시코와 앤드루 포슬웨이트 그리고 미시건 대학의 댄 실버맨은 2004년 일찍이 십대 시절의 신장이 향후의 소득에 직접적인 영향을 미친다고 주장하는 논문을 발표했다. 이후 앤 케이스와 크리스티나 팩슨도 마찬가지로 신장과 관련된 우위에 대해 논한 「신장과 지위: 키, 능력 그리고 노동 시장 성과」라는 논문을 발표했다. 두 논문 모두 사회적 지위, 수치심, 영양 섭취의 효과 및 기타 요인과 관련된 미묘한 문제를 제기했다. Nicola Persico, Andrew Postlewaite and Dan Silverman, 'The Effect of Adolescent Experience on Labor Market Outcomes: The Case of Height', *Journal of Political Economy*, cxii/5 (2004), pp. 1019~1053; Anne Case and Christina Paxson, 'Stature and Status: Height, Ability, and Labor Market

Outcomes', *Journal of Political Economy*, cxvi/3 (2008), pp. 499~532.

66 Joel Waldfogel, 'Tall on Intelligence', *National Post*, 14 September 2006.

67 'Uplifting Speech, Mr Sarkozy', *Daily Mail*, 10 June 2009, p. 26.

68 Katya Foreman, 'Prince, He's Got the Look', www.bbc.com, 29 September 2014. 밴드 '더 루츠'의 드러머 퀘스트러브는 《롤링 스톤》지에 프린스를 기리는 글에 이렇게 썼다. "아동용 브리프에 레그 워머, 하이힐을 신고 히트곡 없이 무대에 섰던 1981년 그의 정신 상태가 어땠는지 궁금하다."

69 Georgina Littlejohn, 'Lenny Kravitz Dresses Like an American Woman as He Strolls around New York', www.dailymail.co.uk, 24 September 2010.

70 Stacy Lambe, 'The Five Fiercest Men Dancing in Heels', www.queerty.com, 24 July 2013.

71 Alyssa Norwin, 'Bruce Jenner: His "Girl Parties" at Home and New Love of Heels', www.hollywoodlife.com, 29 April 2015.

72 'Cannes Film Festival "Turns Away Women in Flat Shoes"', www.bbc.com, 19 May 2015. 결국 리처의 입장은 허락되었다.

73 Rachael Revesz, 'Waitress Forced to Wear High Heels at Work Shares Photo of Her Bleeding Feet', www.independent.co.uk, 12 May 2016.

IV 스니커즈

1 이 장은 미국 미술 협회 후원으로 열린 토론토 바타 신발 박물관의 '아웃 오브 더 박스: 스니커즈 문화의 부상Out of the Box: The Rise of Sneaker Culture' 전시와 그 이후의 순회 전시를 위해 이루어진 작업과 엘리자베스 세멀핵의 저서 『아웃 오브 더 박스: 스니커즈 문화의 부상』(뉴욕, 2015)을 바탕으로 하고 있다.

2 영국의 찰스 매킨토시Charles Macintosh는 직물에 고무를 입히는 방법을 발견하여 여전히 매킨토시라는 이름으로 불리는 고무를 입힌 상징적인 레인코트를 세상에 내놓았다.

3 Salo Vinocur Coslovsky, 'The Rise and Decline of the Amazonian Rubber Shoe Industry: A Tale of Technology, International Trade, and Industrialization in the Early 19th Century', unpublished working paper (Cambridge, 2006), pp. 11~12.

4 L. Johnson, *The Journal of Health*, i/6 (Philadelphia, pa, 1829), p. 81.

5 "고무의 특성을 계속해서 시험하며 … 불안한 투기업자들과 열정적인 제조업자들이 이 업계에 과감하게 뛰어들었지만 … '거품'은 곧 꺼지고 … 4월에 생산된 제품은 7월이 되자 끈적거리기만 하는 쓸모없는 대량의 쓰레기가 되었다. 따뜻한 날씨로 인해 말 그대로 희망과 무모한 모험가들의 기대는 녹아내렸다. 그 결과…마치 폭풍에 휩쓸린 것처럼 몇 달 전만 해도 전도유망하던 기업이 공황 상태에 빠졌다." William H. Richardson, ed., Book iii, chap. i: 'Discovery of the Sulphurization and Vulcanization of India-rubber in America', in *The Boot and Shoe Manufacturers' Assistant and Guide: Containing a Brief History of the Trade. History of India-rubber and Gutta-percha … With an Elaborate Treatise on Tanning* (Boston, ma, 1858), p. 113.

6 'History: The Charles Goodyear Story', http://corporate.goodyear.com, accessed 2 November 2016.

7 Thomas Hancock, *Personal Narrative of the Origin and Progress of the Caoutchouc or India-rubber Manufacture in England* (Cambridge, 2014), p. 107.

8 *Manufactures of the United States in 1860: Compiled from the Original Returns of the Eighth Census, under the Direction of the Secretary of the Interior* (Washington, dc, 1865), p. lxxviii.

9 *Public Documents of Massachusetts*, vol. iv (1835).

10 R. Newton, ed., 'The Science of Croquet', *The Gentleman's Magazine*, v/1(London, 1868), p. 235. 혼란스럽게도 세기 후반에는 다양한 종류의 많은 여성 신발이 크로케용 신발로 불렸다.

11 Nancy Rexford, *Women's Shoes in America, 1795–1930* (Kent, oh, and London, 2000), 고무 덧신을 크로케 샌들이라 불렀다고도 쓰여 있다. p. 157.

12 'Lawn Tennis – Costumes for, and Customs of, the Game. From *Harper's Bazaar*', *Toronto Mail*, 28 July 1881, p. 3.

13 위와 같음.

14 R. K. Munkittrick, 'My Shoes–A Cursory Glance through the Closet', *Puck*, 26 August 1885.

15 Mary Anne Everett Green, ed., 'Petitions 17. May 1, 1660', in *Calendar of State Papers, Domestic Series, of the Reign of Charles ii. 1660–1661*, vol. ii (London, 1860), p. 18.

16 'Tennis Courts in Brooklyn Parks', *New York Times*, 20 April 1884, p. 3.

17 Dr. Tahir P. Hussain, 'Concept of Physical Education: Physical Culture:

Origins', in *History, Foundation of Physical Education and Educational Psychology* (New Delhi, 2012).

18 Archibald Maclaren, 'Rules and Regulations for the Gymnasium', in *A System of Physical Education: Theoretical and Practical* (London, 1869), p. 1.

19 Moses Coit Tyler, 'Fragmentary Manhood', *The Independent ··· Devoted to the Consideration of Politics, Social and Economic Tendencies, History, Literature, and the Arts*, 18 November 1869.

20 Josiah Flynt, 'Club Life among Outcasts', *Harper's New Monthly Magazine*, xc/539 (1894), p. 716.

21 'Sporting Shoes: Tennis Shoes', in *Shoe and Leather Reporter*, xliii (New York, Boston, Philadelphia and Chicago, 1887), p. 683.

22 Frederick William Robinson, *Female Life in Prison*, vol. i (London, 1862), p. 209.

23 James Greenwood, 'Christmas in Limbo', in *In Strange Company: Being the Experiences of a Roving Correspondent* (London, 1863), p. 321.

24 '"Sandbagging" in Chicago', *Barnstable Patriot*, 8 February 1887.

25 'Guyer's Shoe Store', *Sacred Heart Review*, 5 August 1895.

26 James Naismith, 'The Need of a New Game', in *Basketball: Its Origin and Development* (Lincoln, nb, and London, 1941), p. 29.

27 '활동적인 여성의 게임: 아가씨들과 기혼 여성들 사이에서 농구 대유행. 버클리 여성 운동 클럽에 상대팀 결집. 젊은 기혼 여성들이 흰색 블라우스를 입은 미혼 여성들과 대결. – 공을 멈추지 마라 – 주장 중 한 명인 아스터 여사 – 노력하며 나아가자 – 살 빠지는 운동. 경기 성향. 곧게 던지는 여성들. 언더핸드 토스 Active Woman's Game: Basket-ball the Rage for Society's Buds and Matrons. Line-up of Opposing Teams at the Berkeley Ladies Athletic Club. Young Matrons Play Against Unmarried Girls, who Wear White Blouses – Keeping the Ball in Motion – Mrs. Astor One of the Captains – Hard Work for the Forwards – Play that Reduces Flesh. Qualities of the Game. Women Who Throw Straight. The Underhand Toss.' *Washington Post*, 12 January 1896, p. 22. 여자 대학인 스미스 칼리지 학생들은 농구를 받아들였다. 《워싱턴 포스트》는 심지어 농구를 여대생들이 처음 고안했다고 주장했다.

28 'Girls Play Basket Ball: How the Game Looks to One Seeing It for the First Time', *New York Times*, 14 May 1896, p. 27.

29 C. Gilbert Percival, 'Basket Ball for Women', *Health*, lvii/5 (1907), p. 294.

30 James Naismith, 'The Uniforms', in *Basketball: Its Origins and Development* (Lincoln, nb, and London, 1941), p. 90.

31 'A Plea for Sports', *Telegraph Herald*, 24 June 1917.

32 'National Disgrace, Says Senator Wadsworth', *Physical Culture Magazine*, xxviii/4 (1917).

33 'Find No Sure Guide to Women's Weight: Reduction Methods Discussed by Physicians in Seeking Proper Health Scale', *New York Times*, 23 February 1926.

34 'Sure-footed We Stand', *Vogue*, 15 July 1927, p. 69.

35 'Barefoot Bathers Warned of Flat Feet: Girls in High Heeled Pumps Have the Right Idea, Say Doctors – Advise Standing Pigeon-toed', *New York Times*, 16 July 1922, p. e6.

36 'The Business World: Good Sales in Rubber Footwear', *New York Times*, 10 August 1923.

37 'Rubber-soled Footgear: All Classes of French Take More to Shoes of This Type', *New York Times*, 11 November 1923.

38 *Shoe and Boot Recorder*, 14 April 1934, p. 24.

39 Adidas archive, 작가와의 대화, 2014.

40 Adolf Hitler, *Mein Kampf*, trans. James Murphy (London, 1939), p. 418.

41 DeWitt MacKenzie, 'Fitness Becomes State Objective: Interesting Conditions Grow Out of Upheaval in Europe and Orient', *Kentucky New Era*, 20 July 1939.

42 'Women and Sport: Physical Culture in Europe. News from Many Centres', *The Age*, 27 December 1935.

43 'Heritage: Episode 02, Bata's Golden Age', www.bata.com, accessed 1 November 2016. 다음도 참조하라. 'Bata World News: Bata Tennis: An Old Favorite from Bata India is Launched Worldwide' [2014], www.bata.com, accessed 1 November 2016: "바타는 1993년 인도에서 스니커즈를 만들기 시작했다. 1994년 바타는 인류에게 신을 신기고자 하는 토머스 바타Tomas Bata의 꿈을 이루기 위해 콜카타 인근의 바타나가르 공장을 열었다. 2년 후 인도의 학생들이 체육 수업 시간에 신을 바타 테니스 운동화가 처음으로 생산되었다."

44 'Rubber in the Military', *Milwaukee Journal*, 1 February 1942.

45 Stephen L. Harp, *A World History of Rubber: Empire, Industry, and the Everyday*

(Chichester, 2016), p. 103.

46 *The Billboard*, lvi/9 (1944), p. 10.

47 Harp, *A World History of Rubber*, p. 103 (Buna); D. C. Blackley, *Synthetic Rubbers: Their Chemistry and Technology* (London and New York, 2012), p. 20(Neoprene).

48 Harp, *A World History of Rubber*, p. 105. 다음도 참조하라. 'Here Are Chief Facts and Figures about Rubber', *Milwaukee Journal*, 1 February 1942.

49 'Something Afoot', *Globe and Mail*, 13 May 1978.

50 Melvyn P. Cheskin, Kel J. Sherkin and Barry T. Bates, *The Complete Handbook of Athletic Footwear* (New York, 1987), p. 16.

51 Jack Anderson, 'Some Insight on the Flabby American', *Nevada Daily Mail*, 12 April 1973, p. 4.

52 Lara O'Reilly, '11 Things Hardly Anyone Knows About Nike', www.businessinsider.com, 4 November 2014.

53 데이비슨은 1983년 필 나이트로부터 감사의 뜻으로 나이키 주식을 받았다. 'Origin of the Swoosh' at https://web.archive.org/web/20071023034940; http://www.nike.com/nikebiz/nikebiz.jhtml?page=5&item=origin.

54 'Something Afoot'.

55 'Everything you've Ever Wanted To Know about Running, Tennis Gadgetry and Sneakers', *Battle Creek Enquirer*, 14 May 1978, p. 35.

56 Dave Barry, 'Sneaker Plague Threatens to Sap the Strength of This Great Nation', *Bangor Daily News*, 25 January 1991, p. 155.

57 Christopher B. Doob, *The Anatomy of Competition in Sports: The Struggle for Success in Major u.s. Professional Leagues* (Lanham, md, 2015), p. 99.

58 척 테일러는 미국 농구 코치였다. 로베르 아이예는 프랑스 테니스 선수였다. 잭 퍼셀은 캐나다를 대표하는 베드민턴 선수였다.

59 Bobbito Garcia, *Where'd You Get Those? New York City's Sneaker Culture, 1960-1987* (New York, 2003), p. 12.

60 Andrew Pollack, 'Case Study: A Onetime Highflier; Nike Struggles to Hit Its Stride Again', *New York Times*, 19 May 1985.

61 위와 같음.

62 위와 같음.

63 조던이 나이키 에어 쉽 하이Nike Air Ship High의 착용을 금지당했다고 주장하는 이

들도 있었지만, NBA는 그가 일시적으로 그 모델을 신었음에도 불구하고 나이키 아카이브에 보관된 NBA가 나이키에 보낸 편지에 명시되어 있듯이 분명히 에어 조던의 착용을 금지했다. Nike Archives, 저자와의 서신 교환, 2015.

64 이는 예전에 전체가 흰색인 프로 케즈를 지칭하는 단어였다.

65 이 노래는 사회운동가 제럴드 디스Dr Gerald Deas가 만든 〈악한의 신발Felon Shoes〉 이라는 랩에 반박하기 위해 만들어진 곡이라는 이야기가 있다. 디스는 신발 끈이 없는 스니커즈와 타락을 연결 짓고 흑인 청년들에게 신발 조여 매고 '목표를 가 슴에 새기고 악착같이 일하면 인생의 성공이 따를 것'이라고 했다.

66 *International Directory of Company Histories*, v/18 (Farmington Hills, mi, 1997), p. 266.

67 Nathan Cobb, 'Hey, Check It Out – Soles with Soul', www.highbeam. com, 18 December 1988.

68 Semmelhack, *Out of the Box*, p. 162.

69 Bill Brubaker, 'Had to Be the Shoe: An Explosion of Sole', *Washington Post*, 15 August 1991.

70 Rick Telander, 'Your Sneakers or Your Life', *Sports Illustrated*, 14 May 1990, pp. 36~38, 43~49.

71 Ira Berkow, 'Sports of the Times; The Murders Over the Sneakers', *New York Times*, 14 May 1990.

72 Les Payne, 'Black Superstars Get Dunked for Nothing', *Newsday*, 2 September 1990, p. 11.

73 Jane Rinzler Buckingham, 'Trend Watch: Skip Casual: Dress Up to Stand Out', *Ocala Star-Banner*, 11 July 2001.

74 'Dress for Success with Sneakers? Not Her', *Pittsburgh Post-Gazette*, 27 August 1983, p. 17.

75 Oliver Franklin-Wallis, 'Personal Style: LeBron James', *Gentleman's Quarterly*, 14 November 2012.

76 'Raf Simons: About', www.rafsimons.com, accessed 1 November 2016.

77 Katie Abel, 'fn Home: Influencers: Power Players: Red State: q&a With Christian Louboutin', *Footwear News*, 19 November 2012.

78 'Hey Nike, Women Like Trainers Too', www.wonderlandmagazine.com, 5 August 2013.

78 Imogen Fox, 'How 2015 Was the Year the Stan Smith Went Mass', *The*

Guardian, 22 December 2015.

80 Dennis Green, 'A Tennis Shoe from 1963 Has Suddenly Taken the Fashion World by Surprise', *Business Insider*, 26 July 2015.

81 'Is Rap Music Here to Stay?', *Jet*, 17 August 1998, p. 59.

82 자세한 내용은 다음을 참조하라. 'The Rubber Terror', www.takingthelane. com, 25 October 2011, and Andre C. James, 'The Butcher of Congo: King Leopold ii of Belgium', www.digitaljournal.com, 4 April 2011. See also Juan Velez-Ocampo, Carolina Herrera-Cano and Maria Alejandra Gonzalez-Perez, 'The Peruvian Amazon Company's Death: The Jungle Devoured Them', in *Dead Firms: Causes and Effects of Cross-border Corporate Insolvency*, ed. Miguel M. Torres, Virginia Cathro and Maria Alejandra Gonzalez-Perez (Bingley, West Yorkshire, 2016), pp. 35~46.

83 'Labor Slams Nike for Unfair Labor Practices', *Philippine Daily Inquirer*, 12 May 2000, p. b10.

84 Art Buchwald, 'Mister Robots', *Ellensburg Daily Record*, 25 April 1983, p. 4.

85 'Reboot: Adidas to Make Shoes in Germany Again – But Using Robots', *The Guardian*, 25 May 2016.

86 'The Shoe Waste Epidemic', www.usagainblog.com, 17 May 2013.

87 Suzanne Goldenberg, 'Running Shoes Leave Large Carbon Footprint, Study Shows', *The Guardian*, 23 May 2013.

88 'Shoemaker Settles Mercury Suit', *Eugene Register-Guard*, 14 July 1994.

89 'Nike Engineers Knit for Performance', http://news.nike.com, 21 February 2012.

V 신발

1 Barbara Brotman, 'Sole Sisters Possessed, Obsessed and Completely Infatuated with Footwear', *Chicago Tribune*, 19 May 1999.

2 Giorgio Riello, *A Foot in the Past: Consumers, Producers and Footwear in the Long Eighteenth Century* (Oxford, 2006) 참조.

3 James Madison Edmunds, 'Introduction', in Edmunds, *Manufactures of the United States in 1860; Compiled from the Original Returns of the Eighth Census, under*

the Direction of the Secretary of the Interior (Washington, dc, 1865), p. lxxi.

4 위와 같음.

5 Howard Zinn, 'The Lynn Shoe Strike, 1860', in *A People's History of the United States*, www.libcom.org, 9 September 2006.

6 웰트 구조는 발 모양의 구두 골에 맞춰 늘려 제자리에 고정한 신발 갑피에 구두 골 작업 후의 갑피 여분과 안창을 따라 함께 바느질되는 가느다란 가죽 띠인 웰트가 들어가야 완성되었다. 그런 다음 밑창을 웰트에 꿰매었다.

7 Fred A. Gannon, *Shoe Making, Old and New* (Salem, ma, 1911), p. 36.

8 T. S. Taylor, 'Thirteen Remarkable Events: 7. First Great Exhibition', in *First Principles of English History: 1850–1879* (London, 1880), p. 117.

9 'Searching Out for Trade', *Shoe and Leather Reporter*, 2 March 1893, p. 541.

10 부츠와 더불어 장갑도 함께였다. 모두 토론토 바타 신발 박물관 컬렉션 소장.

11 'Old Clothes Fad', *Lewiston Evening Journal*, 4 January 1904, p. 8.

12 'Fashion: A Modern Compatriot of Trilby', *Vogue*, 15 September 1920, p. 70.

13 바타 신발 박물관에 여러 켤레의 얀토르니 신발을 기증한 개인 기증자, 작가와의 대화. 그의 빵과 식단은 다음의 《뉴욕 타임스》 부고란에도 언급되었다. 'Pierre Yantorny, Bootmaker, Dead', *New York Times*, 15 December 1936, p. 25.

14 Baron de Meyer, 'The Pursuit of Elegance', *Vogue*, 15 November 1915, p. 51.

15 'Fashion Adds Half a Cubit to Our Stature', *Vogue*, 1 October 1915, p. 44.

16 'The Fine Art of Cobbling', *Vogue*, 1 January 1914, p. 70.

17 Hugh Brewster, 'To the Lifeboats', in Brewster, *Gilded Lives, Fatal Voyage: The Titanic's First-class Passengers and Their World* (New York, 2012), chap. 13, n. 17.

18 'Fashion: A Modern Compatriot of Trilby', *Vogue*, 15 September 1920, p. 70.

19 De Meyer, 'The Pursuit of Elegance', *Vogue*, 15 November 1915, p. 51.

20 'Fancier Footwear to Rule This Year: Manufacturers Include Lizard and Alligator Effects in Their Style Program', *New York Times*, 16 January 1924, p. 24.

21 'Whole Wardrobe Scheme Is Dependent on Shoe,' source and date unknown.

22 'Men's Shoes', *Washington Post*, 9 October 1927, p. s1.

23 Clinton W. Bennett, 'A Cost Plan for the Women's Shoe Industry', *Nation-*

al Association of Cost Accountants Bulletin, xvi/12 (1935), p. 677.

24 'Shoes Are Bought in "Fast Fashions": Volume Buyers Book Orders for August Deliveries at Boston Fair', *New York Times*, 8 June 1939, p. 34.

25 'Spring Styles Ready for Action', *Shoe and Boot Recorder*, 17 January 1942, p. 17.

26 W. H. Lawrence, 'Nazi Mass Killing Laid Bare in Camp: Victims Put at 1,500,000 in Huge Death Factory of Gas Chambers and Crematories', *New York Times*, 30 August 1944, p. 1.

27 Jonathan Frater, 'The Shoe Room, and What I Learned There: A Visit to the u.s. Holocaust Museum', www.roguescholar.blogs.com, 9 August 2011.

28 Greg Donaldson, 'For Joggers and Muggers, the Trendy Sneaker', *New York Times*, 7 July 1979.

29 Michele Ingrassia, 'Fashion Shoes for Imelda Laid Heel to Heel, the 3,000 Pairs of Shoes She Left Behind Would Stretch for More Than a Mile', *Newsday*, 1 April 1986, p. 3.

30 Rita Reif, 'They Won't Fit Your Foot, They Wear Well', *New York Times*, 10 December 2000, p. 40.

31 위와 같음.

32 'High-heel Shoes Banned in Saudi', *Irish Times*, 18 March 1996.

33 Jarvis Slacks, 'Fly Shoe: Shoe Fanatics – aka – Sneakerheads. They Rack Up Dozens of Pairs, and Spend Thousands of Dollars', *Star News*, 14 July 2005, p. 16.

34 위와 같음.

35 John-John Williams. 'If the Shoe Fits: Avid Sneaker Fans Prove Collecting Shoes Is No Longer a Woman's Game', *Baltimore Sun*, 31 March 2011, p. c1.

36 Tansy Hoskins, 'Robot Factories Could Threaten Jobs of Millions of Garment Workers', www.theguardian.com, 16 July 2016.

Agnelli, Cosmo, *Amorevole aviso circa gli abusi delle donne vane* (Bologna, 1592)

Anderson, Ruth Matilda, 'El chapin y otros zapatos afines', *Cuadernos de la Alhambra*, 5 (1969), pp. 17~41

—, *Hispanic Costume*, 1480 – 1530 (New York, 1979)

Arnold, Janet, *Queen Elizabeth's Wardrobe Unlock'd* (Leeds, 1988)

Blackley, D. C., *Synthetic Rubbers: Their Chemistry and Technology* (London and New York, 2012)

Brackman, Barbara, *Hyer, Justin, and the Origin of the Cowboy Boot* (Topeka, ks, 1995)

Breward, Christopher, 'Men in Heels: From Power to Perversity', in *Shoes: Pleasure and Pain*, ed. Helen Persson (London, 2015)

Brewster, Hugh, 'To the Lifeboats', in *Gilded Lives, Fatal Voyage: The Titanic's First-class Passengers and Their World* (New York, 2012)

Brown, Tony, and Thomas N. Corns, *Edward Carpenter and Late Victorian Radicalism* (Abingdon-on-Thames, Oxon, 2013)

Canby, Sheila R., Shah *'Abbas: The Remaking of Iran* (London, 2009)

Carpenter, Edward, 'Simplification of Life', in *England's Ideal, and Other Papers on Social Subjects* (London, 1887)

Case, Anne, and Christina Paxson, 'Stature and Status: Height, Ability, and Labor Market Outcomes', *Journal of Political Economy*, cxvi/3 (2008), pp. 499 – 532

Cheskin, Melvyn P., Kel J. Sherkin and Barry T. Bates, *The Complete Handbook of Athletic Footwear* (New York, 1987)

Coslovsky, Salo Vinocur, 'The Rise and Decline of the Amazonian Rubber Shoe Industry: A Tale of Technology, International Trade, and Industrialization in the Early 19th Century', unpublished working paper (Cambridge, 2006)

Cramer, Jeffery S., *I to Myself: An Annotated Selection from the Journal of Henry D. Thoreau* (New Haven, ct, 2007)

'Cross-saddle Riding for Women', *Physical Education*, iii/2, ed. James Naismith and Luther Halsey Gulick (Springfield, ma, 1894)

Curta, Florin, *The Earliest Avar-age Stirrups, Or the 'Stirrup Controversy' Revisited* (Leiden, Boston, ma, and Tokyo, 2007)

David, Alison Matthews, 'War and Wellingtons: Military Footwear in the Age of Empire', in *Shoes: A History from Sandals to Sneakers, ed. Giorgio Riello and Peter McNeil* (London and New York, 2006)

Dekker, Thomas, 'Apishnesse: Or the Fift Dayes Triumph', in *The Seven Deadly Sins of London, Drawn in Seven Several Coaches, through the Seven Several Gates of the City; Bringing the Plague with Them*, ed. Edward Arber (London, 1606/1879)

Devlin, James Dacres, *Critica Crispiana; or, The Boots and Shoes, British and Foreign, of the Great Exhibition* (London, 1852)

Doob, Christopher B., *The Anatomy of Competition in Sports: The Struggle for Success in Major u.s. Professional Leagues* (Lanham, md, 2015)

Drake, Judith, and Mary Astell, *An Essay in Defence of the Female Sex: In Which are Inserted the Characters of a Pedant, a Squire, a Beau, a Vertuoso, a Poetaster, a City-critick, &c.: In a Letter to a Lady* (London, 1696)

Dubois, Edward (pseud.), *Fashionable Biography; or, Specimens of Public Characters by a Connoisseur* (London, 1808)

Dunaway, Wilma A., *The African-American Family in Slavery and Emancipation*

(Cambridge, 2003)

Dunlap, Knight, *Personal Beauty and Racial Betterment* (St Louis, mo, 1920)

Edmunds, James Madison, 'Introduction', in *Manufactures of the United States in 1860; Compiled from the Original Returns of the Eighth Census, under the Direction of the Secretary of the Interior* (Washington, dc, 1865)

Evelyn, John, *The Diary of John Evelyn* (Woodbridge, Suffolk, 2004)

Fairholt, Frederick William, *Costume in England: A History of Dress from the Earliest Period until the Close of the Eighteenth Century* (London, 1860)

Faotto, Gabriella Giuriato, *L'arte dei calegheri e dei zavateri di Venezia dal Medioevo ad oggi: due importanti epigrafi in piazza San Marco* (Venice, 1999)

Ferragamo, Savaltore, *Shoemaker of Dreams: The Autobiography of Salvatore Ferragamo* (Florence, 1985)

Ferrier, R. W., 'The European Diplomacy of Shāh Abbās i and the First Persian Embassy to England', *Iran*, xi (1973), pp. 75~92

—, 'The First English Guide Book to Persia: A Discription of the Persian Monarchy', *Iran*, xv (1977), pp. 75~88

—, 'The Terms and Conditions under Which English Trade Was Transacted with Safavid Persia', *Bulletin of the School of Oriental and African Studies, University of London*, xlix/1 (1986), pp. 48~66

Garcia, Bobbito, *Where'd You Get Those? New York City's Sneaker Culture, 1960–1987* (New York, 2003)

Gerling, C. J., *Short Stature and Height Increase* (New York, 1939)

Green, Mary Anne Everett, ed., 'Petitions 17. May 1, 1660', in *Calendar of State Papers, Domestic Series, of the Reign of Charles ii. 1660–1661*, vol. ii (London, 1860)

Griebel, Helen Bradley, 'New Raiments of Self: African American Clothing in the Antebellum South', dissertation, University of Pennsylvania (1994)

Hancock, Thomas, *Personal Narrative of the Origin and Progress of the Caoutchouc, or India-rubber Manufacture in England* (Cambridge, 2014)

Harp, Stephen L., *A World History of Rubber: Empire, Industry, and the Everyday*(Chichester, 2016)

Hayes, Bill, *Hell on Wheels: An Illustrated History of Outlaw Motorcycle Clubs*(Minneapolis, mn, 2014)

Hazard, Blanche E., *The Organization of the Boot and Shoe Industry in Massachusetts before 1875* (reprint [1921], New York, 1969)

Hic Mulier; or, The Man-woman: Being a Medicine to Cure the Coltish Disease of the Staggers in the Masculine-feminines of Our Times. Exprest in a Briefe Declamation (London, 1620)

Hill, Georgiana, *A History of English Dress from the Saxon Period to the Present Day* (New York, 1893)

Hussain, Dr Tahir P., 'Concept of Physical Education: Physical Culture: Origins', in *History, Foundation of Physical Education and Educational Psychology* (New Delhi, 2012)

International Directory of Company Histories, vol. xviii (Farmington Hills, mi, 1997)

Jacoby, David, 'Silk Economics and Cross-cultural Artistic Interaction: Byzantium, the Muslim World, and the Christian West', Dumbarton *Oaks Papers*, lviii (2004), pp. 197~240

Jirousek, Charlotte, 'Ottoman Influences in Western Dress', in *Ottoman Costumes: From Textile to Identity,* ed. Suraiya Faroqhi and Christoph K. Neumann (Istanbul, 2004)

Jones, Ann Rosalind, and Peter Stallybrass, *Renaissance Clothing and the Materials of Memory* (Cambridge, 2000)

Knolles, Richard., *The Generall Historie of the Turkes, from the First Beginning of That Nation to the Rising of the Othoman Familie: With All the Notable Expeditions of the Christian Princes against Them: Together with the Lives and Conquests of the Othoman*

Kings and Emperours unto the Yeare 1610 (London, 1610)

Krafft-Ebing, Richard, *Psychopathia Sexualis* (Philadelphia, pa, and London, 1894)

Kuchta, David, *The Three-piece Suit and Modern Masculinity: England, 1550–1850*(Berkeley and Los Angeles, ca, 2002)

Lincoln, Margarette, *British Pirates and Society, 1680–1730* (London and New York, 2014)

Mandeville, Bernard, *The Virgin Unmasked; or, Female Dialogues, betwixt an Elderly Maiden Lady and Her Niece on Several Diverting Discourses* (London, 1724)

Manufactures of the United States in 1860: Compiled from the Original Returns of the Eighth Census, under the Direction of the Secretary of the Interior (Washington, dc, 1865)

Matthee, Rudolph P., 'Between Venice and Surat: The Trade in Gold in Late Safavid Iran', *Modern Asian Studies*, xxxiv/1 (February 2000), pp. 223~255

—, *The Politics of Trade in Safavid Iran: Silk for Silver, 1600–1730* (Cambridge, 1999)

Middleton, Thomas, 'Father Hubburd's Tales 1604', in *Life in Shakespeare's England*, ed. John Dover Wilson (Cambridge, 1920)

Montez, Lola, *The Arts of Beauty; or, Secrets of a Lady's Toilet* (New York, 1858)

Morrow, Katherine Dohan, *Greek Footwear and the Dating of Sculpture* (Madison, wi, 1980)

Naismith, James, *Basketball: Its Origin and Development* (Lincoln, ne, and London, 1941)

Orwell, George, *The Road to Wigan Pier* (London, 1937)

Perrault, Charles, *Cinderella, and Other Tales from Perrault* (New York, 1989)

Persico, Nicola, Andrew Postlewaite and Dan Silverman, 'The Effect of Adolescent Experience on Labor Market Outcomes: The Case of Height',

Journal of Political Economy, cxii/5 (2004), pp. 1019~1053

Popenoe, Paul, *Applied Eugenics* (New York, 1920)

Ralph, Julian, *Our Great West: A Study of the Present Conditions and Future Possibilities of the New Commonwealths and Capitals of the United States* (Chicago, il, 1893)

Remarque, Erich Maria, *All Quiet on the Western Front* (New York, 1930)

Rexford, Nancy E., *Women's Shoes in America, 1795–1930* (Kent, oh, and London, 2000)

Ribeiro, Aileen, *Dress in 18th-century Europe, 1715–1789* (New Haven, ct, and London, 2002)

—, *Fashion and Fiction: Dress in Art and Literature in Stuart England* (New Haven, ct, 2006)

Richardson, William H., ed., 'Discovery of the Sulphurization and Vulcaniza-tion of India-rubber in America', in *The Boot and Shoe Manufacturers' Assistant and Guide: Containing a Brief History of the Trade. History of India-rubber and Gutta-percha ··· With an Elaborate Treatise on Tanning* (Boston, ma, 1858)

Richter, Gisela M. A., 'Greeks in Persia', *American Journal of Archaeology*, l/1(1946), pp. 15~30

Riefstahl, R. M. 'A Persian Figural Velvet of the Shah Abbas Period', *Bulletin of the Art Institute of Chicago*, xix/1 (January 1925), pp. 1~5

Riello, Giorgio, A Foot in the Past: *Consumers, Producers and Footwear in the Long Eighteenth Century* (Oxford, 2006)

Robinson, Frederick William, *Female Life in Prison*, vol. i (London, 1862)

Semmelhack, Elizabeth, 'A Delicate Balance: Women, Power and High Heels', in *Shoes: A History from Sandals to Sneakers*, ed. Giorgio Riello and Peter McNeil (Oxford and New York, 2006)

—, *Icons of Elegance: The Most Influential Shoe Designers of the 20th Century*(Toronto, 2005)

—, *On a Pedestal: Renaissance Chopines to Baroque Heels* (Toronto, 2005)

—, *Out of the Box: The Rise of Sneaker Culture* (New York, 2015)

—, *Roger Vivier: Process to Perfection* (Toronto, 2012)

—, *Standing Tall: The Curious History of Men in Heels* (Toronto, 2016)

Stanfield, Peter, *Horse Opera: The Strange History of the 1930s Singing Cowboy* (Urbana and Chicago, il, 2002)

Swann, June, *History of Footwear: In Norway, Sweden and Finland Prehistory to 1950* (Stockholm, 2001)

Taylor, T. S., *First Principles of English History, 1850–1879* (London, 1880)

Tosh, John, 'Gentlemanly Politeness and Manly Simplicity in Victorian England', in *Transactions of the Royal Historical Society*, vol. xii (2002), pp. 455~472

Van Driel-Murray, Carol, 'Vindolanda and the Dating of Roman Footwear', *Britannia*, xxxii (2001), pp. 185~197

Veldmeijer, André J., and Alan J. Clapham, *Tutankhamun's Footwear: Studies of Ancient Egyptian Footwear* (Leiden, 2010)

Velez-Ocampo, Juan, Carolina Herrera-Cano and Maria Alejandra Gonzalez-Perez, 'The Peruvian Amazon Company's Death: The Jungle Devoured Them', in *Dead Firms: Causes and Effects of Cross-border Corporate Insolvency*, ed. Miguel M. Torres, Virginia Cathro and Maria Alejandra Gonzalez-Perez (Bingley, West Yorkshire, 2016)

The Whole Art of Dress! or, The Road to Elegance and Fashion at the Enormous Saving of Thirty Per Cent!!! Being a Treatise upon That Essential and Muchcultivated Requisite of the Present Day, Gentlemen's Costume; ··· by a Cavalry Officer (London, 1830)

Wingate, George Wood, *Through the Yellowstone Park on Horseback* (New York, 1886)

이 책에 실린 이미지를 제공해주신 바타 신발 박물관 외 모든 분들에게 감사를 전합니다.

1. 바타 신발 박물관

235 위(사진 ⓒ Bata Shoe Museum) ; 76, 83, 87, 167, 177(사진: Tanya Higgins ⓒ Bata Shoe Museum) ; 21, 33, 133, 206, 209 위·아래, 222, 226, 368(사진: Tanya Higgins, Fiona Rutka ⓒ Bata Shoe Museum) ; 24, 165(사진: Brian Hillier ⓒ Bata Shoe Museum) ; 61, 117, 170, 183, 255, 312, 361, 323(사진: Shannon Linde, Hayley Mills ⓒ Bata Shoe Museum) ; 324(사진: Christine McLean) ; 103, 367, 373, 380 왼쪽, 383(사진: Christine McLean, Nicole Dawkins ⓒ Bata Shoe Museum) ; 134, 391(사진: Faraz Olfat, Celina Hoang ⓒ Bata Shoe Museum) ; 80(사진: Faraz Olfat, Thalia Stafford ⓒ Bata Shoe Museum) ; 35, 44, 74, 77, 113, 137, 179, 342, 281, 314, 328, 369 위·아래, 394(사진: Suzanne Peterson ⓒ Bata Shoe Museum) ; 20, 29, 116, 152(사진: Hal Roth ⓒ Bata Shoe Museum) ; 389(사진 Alex Sandison ⓒ Bata Shoe Museum) ; 55, 64, 67, 69, 78, 85, 88, 118 아래 , 154, 229, 231, 253, 302, 376, 380 오른쪽, 387(사진: David Stevenson, Eva Tkaczuk ⓒ Bata Shoe Museum) ; 17, 19, 23, 52, 105, 110, 111, 114, 125, 127, 129, 157, 159, 173, 188, 193, 196, 200 위·아래, 210, 213, 219, 244, 247, 250, 259, 261, 273, 275, 278, 286, 335, 343, 352, 371, 379, 382(사진: Ron Wood ⓒ Bata Shoe Museum)

2. 기타

Adidas Archive 소장품: 271(사진: ⓒ adidas Archive), 342(사진: ⓒ adidas

AG), 317(사진: ⓒ adidas Archive/studio waldeck), 407(사진: ⓒ adidas AG) ; The British Library 291 (HS85-10-18314) ; Converse Archives 소장품(ⓒ Converse Archives) 369 위, 378 ; 1868년경, Currier and Ives에서 출판, 미국: 215 ; Tom of Finland Foundation 소장품(ⓒ Tom of Finland Foundation) 161 ; Chad Jones 소장품(사진: Ron Wood ⓒ Bata Shoe Museum) 348 ; Library of Congress Prints and Photographs Collection, 워싱턴 DC: 34, 32, 42(사진: Bain News Service, NYC), 45, 112, 118, 121, 131, 139, 141, 144, 149(사진: C. W. Turner), 150(사진: Russell Lee), 228, 235, 237(사진: Alfred T. Palmer), 285(사진: Frances Benjamin Johnston), 295, 296, 307 오른쪽, 375 ; Mache 소장품: 346(사진: Ron Wood ⓒ Bata Shoe Museum) ; 사진: ⓒ Yanis Marshall: 269 ; Ross McIntyre 소장품: Fleece 'n Stuff: 82, 90(사진: ⓒ Ross McIntyre, Fleece 'n Stuff) ; The Metropolitan Museum of Art, 뉴욕: 107(George A. Hearn 기증품/사진: ⓒ The Metropolitan Museum of Art), 195(Joseph Pulitzer 유품과 함께 구매, 1952년), 167(Marquand Collection, Henry G. Marquand 기증품, 1889년), 198(The Elisha Whittelsey Collection, The Elisha Whittelsey Fund, 1953년) ; Muzeum jihovýchodní Moravy ve Zlině, 체코 (ⓒ Muzeum jihovýchodní Moravy ve Zlině) 379 ; ⓒ The National Portrait Gallery, 런던: 40 ; Nike Archvies 소장품: 330, 333(사진: Ron Wood ⓒ Bata Shoe Museum) ; Northampton Museums and Art Gallery 소장품: 288(사진: Greg Washington ⓒ Bata Shoe Museum), 321(사진: Ron Wood ⓒ Bata Shoe Museum) ; Public.Resourve.org(flickr): 50 ; PUMA Archives 소장품: 327 (사진: Ron Wood ⓒ Bata Shoe Museum); 사진 ⓒ Puma: 353 ; 사진 ⓒ Mayan Rajendran: 100 ; Mayan Rajendran 소장품: 356(사진: Ron Wood ⓒ Bata Shoe Museum) ; REX Shutterstock: 171 (Mark Henderson/PYMCA), 327 아래(Ted Polhemus/PYMMCA) ; Tom Sachs 소장품: 405(사진: ⓒ Sperone Gallery) ; Shoes Icons 소장품(ⓒ Shoes Icons Collection): 220, 378 ; Spalding's Atheletic Library Official Collegiate Basket Ball Guide, 미국, 1907: 298 ; Museo Stibbert 소장품: 59(사진: Museo Stibbert) ; The Victoria and Albert Museum, 런던: 30 ; ⓒ Dee Wells: 344.

[인명]

신발, 스타일의 문화사

옮긴이 황희경

홍익대학교에서 섬유미술을 전공하고 영국 브루넬대학교 디자인 전략혁신 과정 석사 학위를 받았다. 의류 대기업 및 컨설팅 회사에서 패션정보기획, 트렌드 분석 리서처로 근무했다. 현재 바른번역 소속 번역가로 활동 중이며, 『고객 경험 혁신을 위한 서비스 디자인 특강』 『드레스코드』(근간) 등을 우리말로 옮겼다.

신발, 스타일의 문화사

초판 1쇄 인쇄 2021년 10월 14일
초판 1쇄 발행 2021년 10월 25일

지은이 엘리자베스 세멀핵 **옮긴이** 황희경
펴낸이 김종길 **펴낸 곳** 글담출판사 **브랜드** 아날로그

기획편집 이은지 · 이경숙 · 김보라 · 김윤아 · 안수영 **영업** 김상윤 · 최상현
디자인 엄재선 · 박윤희 **마케팅** 정미진 · 김민지 **관리** 박지웅

출판등록 1998년 12월 30일 제2013-000314호
주소 (04029) 서울시 마포구 월드컵로8길 41 (서교동 483-9)
전화 (02) 998-7030 **팩스** (02) 998-7924
블로그 blog.naver.com/geuldam4u **이메일** geuldam4u@naver.com

ISBN 979-11-87147-83-1 (03900)

만든 사람들 ————
책임편집 김보라 **디자인** 엄재선 **교정교열** 김은경

글담출판에서는 참신한 발상, 따뜻한 시선을 가진 원고를 기다리고 있습니다. 원고는 글담출판 블로그와 이메일을 이용해 보내주세요. 여러분의 소중한 경험과 지식을 나누세요.